W0033292

Reiseführer Natur Indien

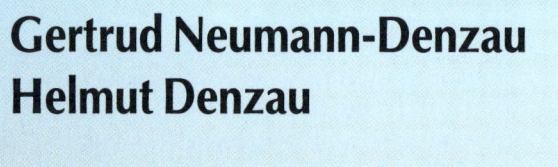

Gertrud Neumann-Denzau
Helmut Denzau

Reiseführer Natur
INDIEN

Die Deutsche Bibliothek – CIP-Einheitsaufnahme

Indien/Gertrud Neumann-Denzau; Helmut Denzau -
München; Wien; Zürich: BLV 1992
(Reiseführer Natur)
ISBN 3-405-14195-8
NE: Neumann-Denzau, Gertrud; Denzau, Helmut

Bildnachweis:
Ambro Lacus Verlag Andechs: 135 ul, 152 o
R. Cramm: 17 Ml
G. Hallmann: 215
R. Jürgens: 174 o
R. Whitaker: 159 o
K. Wothe: 19, 115 o, 174 ul, 175 ul, 190, 202 u, 203 o, 223

Alle anderen Fotos: G. und H. Denzau

Umschlagfotos:
Gertrud und Helmut Denzau (vorn: Junger Tiger in
Ranthambhore; hinten: Hutaffe in Periyar;
großes Foto: Ranthambhore)
Ambro Lacus Verlag Andechs
(hinten: Orchidee *Dendrobium nobile*)

Foto S. 1: Seerose
Foto S. 2/3: Elefantenritt im Kaziranga-Nationalpark

BLV Verlagsgesellschaft mbH
München Wien Zürich
8000 München 40

Das Werk einschließlich aller seiner Teile ist urheber-
rechtlich geschützt. Jede Verwertung außerhalb der engen
Grenzen des Urheberrechtsgesetzes ist ohne Zustimmung
des Verlags unzulässig und strafbar. Das gilt insbesondere
für Vervielfältigungen, Übersetzungen, Mikroverfilmun-
gen und die Einspeicherung und Verarbeitung in elektro-
nischen Systemen.

© 1992 BLV Verlagsgesellschaft mbH, München

Umschlaggestaltung: Julius Negele, München
Karten: Viertaler + Braun, Grafik und DTP, München
Redaktionelle Mitarbeit: Dr. Einhard Bezzel,
Prof. Dr. Josef H. Reichholf
Lektorat: Dr. Friedrich Kögel
Layout: Volker Fehrenbach, München
Herstellung: Hermann Maxant
Satz: Appl, Wemding
Reproduktionen: Fotolitho Longo, Frangart/Bozen
Druck: Appl, Wemding
Bindung: Bückers GmbH, Anzing

Printed in Germany · ISBN 3-405-14195-8

Inhalt

Einführung

Essays

Hauptreiseziele

Nebenreiseziele

Reiseplanung

Anhang

Zum Geleit

Reiseführer Natur – eine Chance für den sanften Tourismus?

Dem Massentourismus ist sehr viel Natur zum Opfer gefallen. Der Versuch, der Unwirtlichkeit der Städte und der Industriegesellschaft in eine »intakte Natur« für die kostbarsten Wochen des Jahres zu entfliehen, mißlang gründlich. Denn der Ruhe, Entspannung und Naturgenuß suchende Mensch wurde im Touristikboom schnell wieder in die Massen einbezogen und beinahe zu einer »Ware« degradiert. Der zähe Brei des Massentourismus wälzte sich, da er fortlaufend seine eigenen Existenzgrundlagen zerstört, immer weiter hinaus bis in die letzten Winkel der Erde. Mit größter Sorge betrachteten Naturschützer in aller Welt diese Entwicklung und versuchten – vergeblich – sich dagegen zu stemmen. Sie waren und sind machtlos gegen die Flut, die über sie und die wenigen geschützten Gebiete hereinbrach. Die Naturschützer hatten so gut wie keine Chancen, die Natur vor dem Massenansturm zu bewahren.

So wurde denn der Tourismus in Bausch und Bogen als nicht natur- und umweltverträglich verdammt und gebrandmarkt. Nicht ganz zu Recht, wie man bei objektiver Betrachtung der Sachlage zugeben muß. Denn nicht wenige der wichtigen, ja unersetzlichen Naturreservate der Welt konnten gerade wegen des Tourismus gesichert werden, der Staaten wie Tansania mit der weltberühmten Serengeti oder Ecuador mit seinen Galápagos-Inseln mehr harte Währung einbrachte, als eine Umwidmung der geschützten Flächen zu anderen Formen der Nutzung. Durch geschickte und gezielte Lenkung des Besucherstromes ist es möglich, die Schäden gering zu halten, aber großen Nutzen einzubringen. Viele Beispiele gibt es hierfür. In

Amerika, in Afrika und in Südostasien gelingt es offenbar weitaus besser, Naturreservate zu erhalten als hierzulande in Mitteleuropa, wo Naturschutzgebiete fast automatisch zu Sperrgebieten für Naturfreunde gemacht werden (während andere Nutzungsformen, insbesondere Jagd und Fischerei, in der Regel uneingeschränkt weiterlaufen dürfen).

Es fehlt an Information und an Personal, das die Schutzgebiete überwacht, Besucher betreut und für die Erhaltung der Natur wie für die Einhaltung der Schutzbestimmungen sorgt. Vielfach können gerade da, wo die Schutzgebiete mit strengem »Betreten verboten« ausgewiesen sind, die Schutzziele nicht eingehalten werden. Es fehlen die »Verbündeten«; sie sind als Naturfreunde ausgeschlossen und damit keine starken Partner. Eine grundsätzliche Änderung, eine Wende zum Besseren ist derzeit nicht in Sicht. So bleibt der Naturfreund auf sich allein gestellt, Natur zu erleben, ohne sie zu stören oder gar zu zerstören.

Die neue Serie »Reiseführer Natur« folgt diesen Leitgedanken. Sie will den engagierten Naturfreunden die Möglichkeiten aufzeigen, sich schöne Landschaften mit einem reichhaltigen oder einzigartigen Tier- und Pflanzenleben auf eine »umweltverträgliche« Art und Weise zu erschließen. Ein Tourismus dieser Art, der auf Information aufbaut und dessen Ziel die Sicherung der Naturschönheiten ist, wird vielleicht die überfällige Wende bringen. Unberührte Natur, naturnahe Landschaften und freilebende Tiere und Pflanzen haben ihren besonderen Wert. Aber er wird nicht zum Nulltarif auf Dauer zu erhalten sein.

Einhard Bezzel
Josef H. Reichholf

Vorwort

Indiens reiche und reizvolle Tier- und Pflanzenwelt konnte im Schutz von Nationalparks und anderen Reservaten einen großen Teil ihrer Vielfalt bis auf den heutigen Tag bewahren. Das ist nicht zuletzt den Naturschutzbemühungen der letzten Jahrzehnte in Indien zu verdanken, die wesentlich mehr internationale Beachtung und Anerkennung verdienen.

Im Bereich des Naturschutzes bestehen zwischen Indien und den europäischen Industrienationen - trotz ähnlich hoher Bevölkerungsdichte - einige recht unterschiedliche Auffassungen und Prioritäten, auf die wir an dieser Stelle kurz hinweisen möchten. Unter Naturschutz wird in Indien der Artenschutz und der Schutz von natürlichen Ökosystemen verstanden. Die Bereitschaft der indischen Landbevölkerung, mit wilden Tieren wie Elefanten, Tigern, Krokodilen usw. grundsätzlich in engster Nachbarschaft zusammenzuleben und dabei Gefahren und materielle Verluste in Kauf zu nehmen, verdient große Anerkennung.

Durch die illegale Beschaffung von Nutz- und Brennholz sowie Viehfutter aus den Naturschutzgebieten werden die Ökosysteme in Mitleidenschaft gezogen, was immer wieder zu Konflikten zwischen Naturschutzbehörden und Landbevölkerung führt. Da viele Inder Vegetarier sind und aus religiöser Tradition einen tiefen Respekt vor der Tierwelt haben, ist die Wilderei im allgemeinen kein großes Problem. Ausnahmen sind hier leider vor allem die Jagd nach Elfenbein und Hörnern des Panzernashorns.

Wegen solcher Bestandsgefährdung bedrohter Tierarten ist der Artenschutz in Indien ein zentrales Thema des Naturschutzes. Während in den Industriestaaten der Umweltschutz zunehmend in den Brennpunkt der Naturschutzdiskussion rückt, steht die Lösung von Umweltschutzproblemen wie die Reinhaltung von Wasser, Luft und Erdreich in Indien noch ganz am Anfang.

Gleichzeitig hat die traditionelle indische Gesellschaft viele »alternative« Technologien entwickelt, die zur Einsparung von Energie und zur Schonung der Umwelt beitragen. Dazu gehört u. a. die Verwendung von Kuhfladen als Brennmaterial oder die Benutzung von abfallfreiem Einweggeschirr aus Ton oder Blättern.

Der »Naturtourismus« in Indien wird bisher nicht durch ausländische Touristen geprägt (wie z. B. in Ostafrika), sondern ist für indische Besucher ausgelegt. Die Unterkünfte und die Verpflegungsmöglichkeiten in den Naturschutzgebieten orientieren sich an indischen Bedürfnissen. Die meist kleinen, preiswerten Rasthäuser bieten keinen übertriebenen Luxus, dafür aber häufig eine unmittelbare Nähe zur Natur.

Bei einer naturkundlichen Reise nach Indien sollten der Gedankenaustausch mit der indischen Bevölkerung im Bereich von Umwelt- und Naturschutz und die Bereitschaft voneinander zu lernen nicht zu kurz kommen.

Ein Ziel dieses Buches sehen wir darin, dem Leser zahlreiche Anregungen zu vermitteln, wie er bei einer Indienreise zu eigenen, unvergeßlichen Naturerlebnissen kommen kann.

Wir möchten uns bei allen Freunden, Naturschützern und Institutionen in Indien für die uns entgegengebrachte Hilfe und Unterstützung herzlich bedanken.

Dr. Gertrud Neumann-Denzau
Dr. Helmut Denzau

Einführung

Zur Benutzung des Buches

Dieser Reiseführer soll es dem Leser ermöglichen, die Natur, d. h. Landschaften, Pflanzen und Tiere Indiens möglichst intensiv kennenzulernen. Um die vielfältigen Informationen im Buch möglichst effizient nutzen zu können, sollte der Leser sich zuerst mit dessen Gliederung vertraut machen. Die »Kleine Landeskunde« am Anfang enthält allgemeine Informationen über den indischen Subkontinent. Man findet hier Angaben zur Geographie und Entstehung der Region, über das Klima, die natürliche Vegetation und die Tierwelt, die Besiedlung sowie über Naturschutz und Schutzgebiete in Indien.

Im Hauptteil des Buches werden die bekanntesten Natursehenswürdigkeiten des Landes, aufgeteilt in 30 Hauptreiseziele und 18 Nebenreiseziele, beschrieben. In der Umschlag-Innenkarte hinten sind sie eingetragen und numeriert.

Den einzelnen Kapiteln werden die charakteristischen Merkmale der Reiseziele stichwortartig vorangestellt, um eine schnelle Orientierung zu erleichtern. Danach folgt eine ausführlichere Beschreibung des Gebiets mit Angaben über seine Lage, Größe, Geologie, Geschichte und den Landschaftstyp. Anschließend werden der Vegetationstyp erläutert und charakteristische Vertreter der Pflanzen- und Tierwelt genannt. Die Angaben erheben keinen Anspruch auf Vollständigkeit.

Verweise auf erwähnte Arten, die an anderer Stelle abgebildet sind, erfolgen durch »S. . . .«, Textverweise durch »s. S. . . .«. Kurze Essays (durch blaue Unterlegung kenntlich) geben zusätzliche Informationen zu bestimmten Themen.

Wo immer möglich werden im Text deutsche Artnamen verwendet. Für die Vögel diente dabei »Wolters, Die Vogelarten der Erde« (1975–1982) als Vorlage. Dort wo deutsche Artnamen nicht bekannt sind (z. B. bei Pflanzen), werden auch Gattungs- oder Familiennamen verwendet und der wissenschaftliche Artname zusätzlich genannt.

Für jedes Hauptreiseziel gibt es einen Abschnitt »Im Gebiet unterwegs« sowie eine Übersichtskarte. Querverweise zwischen Karte und Text (Zahlen im Kreis) sollen eine rasche Orientierung ermöglichen.

Die Schreibweise von Ortsnamen in lateinischen Buchstaben ist in Indien nicht einheitlich geregelt. Es können daher gelegentlich geringfügige Abweichungen von der gewählten Schreibweise auftreten. Da der Straßenzustand sich insbesondere während und nach der Regenzeit, aber auch bereits im Laufe weniger Jahre ändern kann, sollte er vor Ort erfragt werden. Bei der Beschreibung wird, falls von Bedeutung, auf die Erforderlichkeit eines Geländefahrzeugs hingewiesen. Fahrten abseits des Wegenetzes sind in den Schutzgebieten im allgemeinen verboten.

Unter dem Stichwort »Praktische Tips« werden Angaben zu Anreise, Klima, bester Reisezeit und Unterkunft gemacht sowie wichtige Adressen genannt. Dabei ist zu beachten, daß Adressen und Telefonnummern sowie die Infrastruktur in den Schutzgebieten gelegentlichen Änderungen unterworfen sein können. Der »Blick in die Umgebung« gibt Hinweise auf weitere Ziele und Natursehenswürdigkeiten in der Nähe der eigentlichen Hauptreiseziele.

Eine Auswahl von weiteren Schutzgebieten wird unter »Nebenreiseziele« in verkürzter Form vorgestellt, ohne daß dabei eine Abwertung gegenüber den Hauptreisezielen erfolgen soll. Unter den Nebenreisezielen werden auch Hinweise für den naturkundlich interessierten Reisenden gegeben, die sich auf Großstädte wie Delhi,

Kalkutta und Madras beziehen. Entsprechende Hinweise für Bombay finden sich unter »Blick in die Umgebung« von Hauptreiseziel 14.

Am Ende des Buches befindet sich das Kapitel »Reiseplanung«. Hier sind praktische Hinweise und allgemeine Reiseinformationen für das Reiseland Indien zusammengestellt worden. Der Abschnitt »Unterwegs in Nationalparks und Schutzgebieten« enthält spezielle Tips für den Aufenthalt in der Wildnis sowie Hinweise für die Tierfotografie. Eine Auflistung der Zoos in Indien, eine Adressenliste des WWF und des Survey of India (zum Bezug von Kartenmaterial) sind angefügt. Das Literaturverzeichnis verweist auf Bestimmungsbücher und andere Bücher, die sich speziell mit der indischen Tier- und Pflanzenwelt beschäftigen.

Im Anhang ermöglicht ein Wörterbuch die Zuordnung der deutschen zu englischen und wissenschaftlichen Tier- und Pflanzennamen. Wegen der großen Sprachenvielfalt konnten die in Indien gebräuchlichen Namen nicht aufgenommen werden. Die im Wörterbuch angeführten englischen Vogelnamen entsprechen den in Indien gebräuchlichen. Sie sind sowohl in dem sehr umfangreichen Handbuch »Ali, Ripley, The Handbook of the Birds of India and Pakistan« als auch in dem handlichen Vogelbestimmungsbuch »Ali, Ripley, A Pictorial Guide to the Birds of the Indian Subcontinent« zu finden.

Das Register ist dreiteilig und setzt sich aus einem Tier-, einem Pflanzen- und einem Orts-/Sachregister zusammen. Dort wo deutsche Namen nicht verfügbar waren, wurden englische oder wissenschaftliche Namen aufgenommen.

Die in den Übersichtskarten verwendeten Symbole und Abkürzungen werden in der Tabelle unten erklärt. Für viele Gebiete sind es die ersten in einem Reiseführer veröffentlichten Karten, die von den Autoren aus eigener Anschauung und nach indischen Quellen unterschiedlicher Qualität zusammengestellt wurden. Trotz sorgfältiger Bearbeitung der Übersichtskarten können eventuelle Abweichungen im Detail nicht ausgeschlossen werden.

Verwendete Kartensymbole

═══	Straße jeglicher Breite und Ausbaustufe
▬■▬■▬	Eisenbahn
··········	Wanderweg
───	Fluß
─ · ─	Staatsgrenze
▨	Gletscher
▮	See, Meer
▮	Land
▮	Nationalpark, Sanctuary, besondere Schutzzone
▨	besondere Touristenzone

▭	Sumpf
▮	Stadt
●	Ortschaft, markanter Punkt
🏛	Tempel
△	Berg
⋈	Paß
⌂	Unterkunft
ℹ	Information
③	Besuchspunkte (mit Querverweisen im Text)
⬗	Bootsanleger
⬗	Fort

Kleine Landeskunde

Lage und Größe

Der Name Indien geht auf griechische Quellen zurück und war eine frühe Bezeichnung für das »Land am Indus«. In der alt- indischen Literatur heißt das Land »Bharatavarsha« und bezieht sich auf den mächtigen König »Bharat«, der bereits vor mehr als 2000 Jahren in den Puranas (Sanskritwerk mit religiösen, philosophischen und geschichtlichen Inhalten) erwähnt wird. Indien bezeichnet sich heute noch selbst als »Bharat«.

Mit 3,3 Mio. km² ist Indien das siebentgrößte Land der Erde. Viele der indischen Bundesländer sind größenmäßig vergleichbar mit einzelnen europäischen Staaten (Rajasthan hat z. B. eine ähnliche Fläche wie die Bundesrepublik Deutschland).Die Zahl der indischen Bundesländer beläuft sich auf 25 (s. Übersichtskarte rechts). Darüber hinaus existieren mehrere kleinere Unionsterritorien mit eigener Verwaltung.

Zusammen mit den Nachbarländern Pakistan, Bangladesh, Nepal, Bhutan und Sri Lanka bildet Indien einen Subkontinent, der flächenmäßig etwa halb so groß ist wie Europa (bis zum Ural). Geographisch wird die Lage Indiens zu Südasien gerechnet und fällt auch unter den Begriff Mittlerer Osten. Die maximale Nord-Süd-Ausdehnung Indiens ist annähernd gleich der maximalen West-Ost-Ausdehnung von rund 3000 km. Die Südspitze Indiens liegt knapp 900 km nördlich des Äquators. Das nördliche Indien (Kaschmir) liegt auf der geographischen Breite von Nordafrika.

Mit derzeit (1991) etwa 844 Mio. Einwohnern ist Indien nach China das bevölkerungsreichste Land der Welt und wird sich aufgrund seines Bevölkerungswachstums von etwa 2,2 % pro Jahr um die Jahrtausendwende an die Spitze setzen. Die Besiedlungsdichte beträgt vielerorts mehr als 200 Menschen pro Quadratkilometer, was etwa mit den Verhältnissen in Mitteleuropa vergleichbar ist. 70 % der Bevölkerung leben auf dem Lande. Am dichtesten besiedelt sind die Ganges-Ebene und die Südspitze Indiens, während die Hochgebirgsregionen nur äußerst spärlich bewohnt sind. Indien nimmt 2,2 % der Landmasse der Erde ein und beherbergt darauf nicht weniger als 17 % der Erdbevölkerung.

Entstehung

Der Indische Subkontinent war ein Bestandteil des südlichen Ur-Kontinents Gondwana, aufgebaut aus kristallinem Urgestein (Granit, Gneis). Zeugen dieses Urgesteins treten besonders augenfällig im südlichen Indien zutage. Durch Sedimentablagerungen und Intrusionsvorgänge (Eindringen von Magma in die Erdkruste und langsames Erkalten) entstanden vor rund 2 Milliarden Jahren die Gesteine der sogenannten Dharwar-Serie, die heute eine hochgradige Metamorphose aufweisen und reich an Mineralvorkommen und Edelsteinen sind. Zu den Dharwas zählen die Eisenerzlagerstätten in Bihar und Orissa ebenso wie das Kolar-Goldfeld in Karnataka oder die touristisch attraktiven Marmorfelsen bei Jabalpur (s. S. 123).

Die Aravalli-Bergkette ist mit 1 Milliarde Jahren das älteste Faltengebirge Indiens. Entsprechend dem hohen Alter weist es heute einen hohen Verwitterungsgrad auf. Durch horizontale Sedimentablagerungen entwickelten sich vor 500 Mio. Jahren die Cuddapah- und Vindhyan-Schichten. Aus letzteren ging wesentlich später durch Hebung und freilegende Erosionsvorgänge die Vindhya-Bergkette hervor.

Die permo-karbonische Vereisung Indiens, die 300 Mio. Jahre zurückliegt, deutet auf die damalige Nähe zum Südpol hin. Indien blieb nach dem Zerbrechen des Pangaea-Urkontinents vor 200 Mio. Jahren zusammen mit Afrika, Madagaskar, Südamerika, Australien und der Antarktis

Indische Bundesländer und Hauptstädte

zunächst noch ein Bestandteil des Gond-wana-Urkontinents. Vor 100 Mio. Jahren begann auch dieser Gondwana-Kontinent auseinanderzubrechen. Indien driftete nach Norden, wo das zwischen Indien und Asien liegende Tethys-Meer sich mit Sedimenten auffüllte und langsam flacher wurde.

Vor etwa 70 Mio. Jahren entstanden die Dekkan-Traps, flächenhaft große Lava-bzw. Basaltdecken, die mehr als 50 000 km² des mittelindischen Hochlandes bedecken. Experten vermuten, daß die

großräumige vulkanische Aktivität jener Zeit auf die Wirkung eines »Hot Spots« (lokale Hitzequelle im Erdinnern, zur Zeit global über 30 bekannt) zurückzuführen ist, der bei der Kontinentaldrift überquert wurde.

Die Kollision des Indischen Subkontinents mit Asien liegt etwa 50 Mio. Jahre zurück und verursachte die Auffaltung des Hima-laya-Gebirges. Indien schob sich dabei teilweise unter die eurasische Platte und bedingte die Anhebung der tibetischen Hochebene.

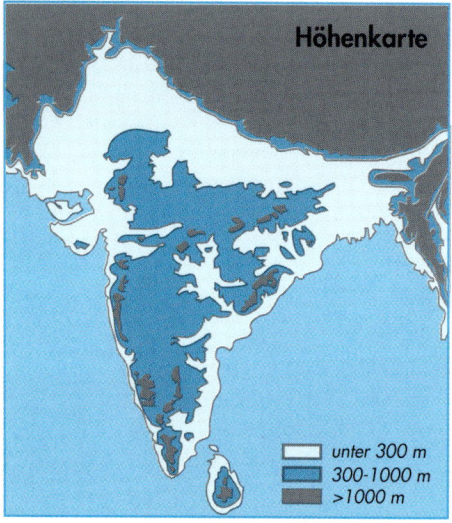

Höhenkarte

unter 300 m
300-1000 m
>1000 m

Die Füsse **Indus** (Länge: 3180 km), **Ganges** (Länge: 2700 km) und **Brahmaputra** (Länge: 2900 km) bilden breite Flußtäler. Das fruchtbare Schwemmland in diesen Flußebenen ist besonders dicht besiedelt. Nach Westen zu Afghanistan, Nordosten zu Tibet und Osten zu Burma bilden **Bergregionen** die geographische Begrenzung des Subkontinents.

Der Himalaya (s. S. 38), das Terai (s. S. 76), die Tharr-Wüste, die Aravalli-Bergkette (s. S. 44), die Vindhya-Bergkette (s. S. 45), die West-Ghats (s. S. 185), die Ost-Ghats, die Sundarbans (s. S. 144), die Korallenriffe (z. B. auf den Andamanen, s. S. 217) sowie die Malabar- und Kormandel-Küste sind besonders markante Landschaftselemente.

Der Gebirgsbildungsprozeß des geologisch noch jungen Himalayas läßt 3 Faltungensphasen erkennen, die 25–40 Mio. Jahre, 14 Mio. Jahre und 750 000 Jahre zurückliegen. Dabei wurden die sedimentären Ablagerungen des Tethys-Meeres in Höhen bis über 8000 m aufgefaltet. Die derzeitige seismische Aktivität Indiens beschränkt sich weitgehend auf die Himalaya-Region, den äußersten Nordwesten und den Nordosten. Dies ist ein deutlicher Hinweis darauf, daß der Kollisionsvorgang des Indischen Subkontinents mit dem asiatischen Kontinent noch heute fortschreitet.

Naturräumliche Gliederung

Der Indische Subkontinent läßt sich in 3 natürliche Großräume einteilen: Das mittelindische Plateau, die Flußebenen und die Gebirgsregionen. Diese Gliederung läßt sich in der Höhenkarte (oben) erkennen. Das mittelindische Plateau ist ein flaches Hochland zwischen den großen Flüssen Indus und Ganges, das sich bis nach Süd-Indien und Sri Lanka fortsetzt. Es weist im Mittel Höhen zwischen 300 m und 500 m auf.

Klima

Das Klima in Indien läßt sich in 3 Jahreszeiten einteilen (Hochgebirgsregionen ausgenommen): Sommer, Regenzeit und Winter.

Die Bezeichnung »Sommer« wird in Indien für die heißen, trockenen Monate von März bis Mai/Juni verwendet und darf nicht mit der Bezeichnung »Sommer« auf der übrigen Nordhalbkugel gleichgesetzt werden. Diese Jahreszeit, die mit Sandstürmen oder heißen Winden, Gewittern und Temperaturen bis über 40 °C (extreme Hitzerekorde in Nord-Indien) einhergeht, wird in der Regel von Reisenden gemieden. Für Tierbeobachtungen ist sie günstig, da sich die Wildtiere an den verbliebenen Wasserstellen konzentrieren. Weil viele Pflanzen in dieser Zeit blühen (z. B. Orchideen ab Mai) und dann mit Beginn der Regenzeit die reifen Samen tragen, eignet sich der indische Sommer ganz besonders für botanisch interessierte Besucher.

Ab Mai/Juni beginnt je nach Breitengrad die Regenzeit, die auch Monsunzeit genannt wird. Die grafische Darstellung (S. 14) verdeutlicht die Ankunft des Monsuns, die von Süden nach Norden fortschreitet und in umgekehrter Richtung den

Rückzug antritt. Große Landesteile werden dabei nur vom Südwest-Monsun erfaßt. Der Nordost-Monsun trifft im wesentlichen die Ostküste Süd-Indiens und schließt sich dort mit nur kurzer Unterbrechung von Oktober bis Dezember an den ausklingenden Südwest-Monsun an. Die Regenzeit wird von vielen Reisenden wegen der feuchten Hitze, der langanhaltenden Regenfälle, der Überflutungen, die die Verkehrswege unterbrechen, und wegen der vielen Insekten als unangenehm empfunden. Naturfreunde schätzen diese

Jahreszeit wegen der üppig wachsenden Vegetation, der Insektenvielfalt, der Geburt vieler Jungtiere sowie der Balz und Brutsaison der Wasservögel. Für die höchsten Regionen des Himalayas, ist die Zeit von Juni bis September die beste Reisezeit. Der Winter, der zwischen Oktober und Dezember beginnt und bis zum Februar dauert, ist in Indien eine beliebte Reisezeit mit angenehmen Temperaturen und viel Sonnenschein. In den trockenen Regionen tragen die Bäume nur wenig Laub, so daß die Wälder den Blick für Tierbeobachtun-

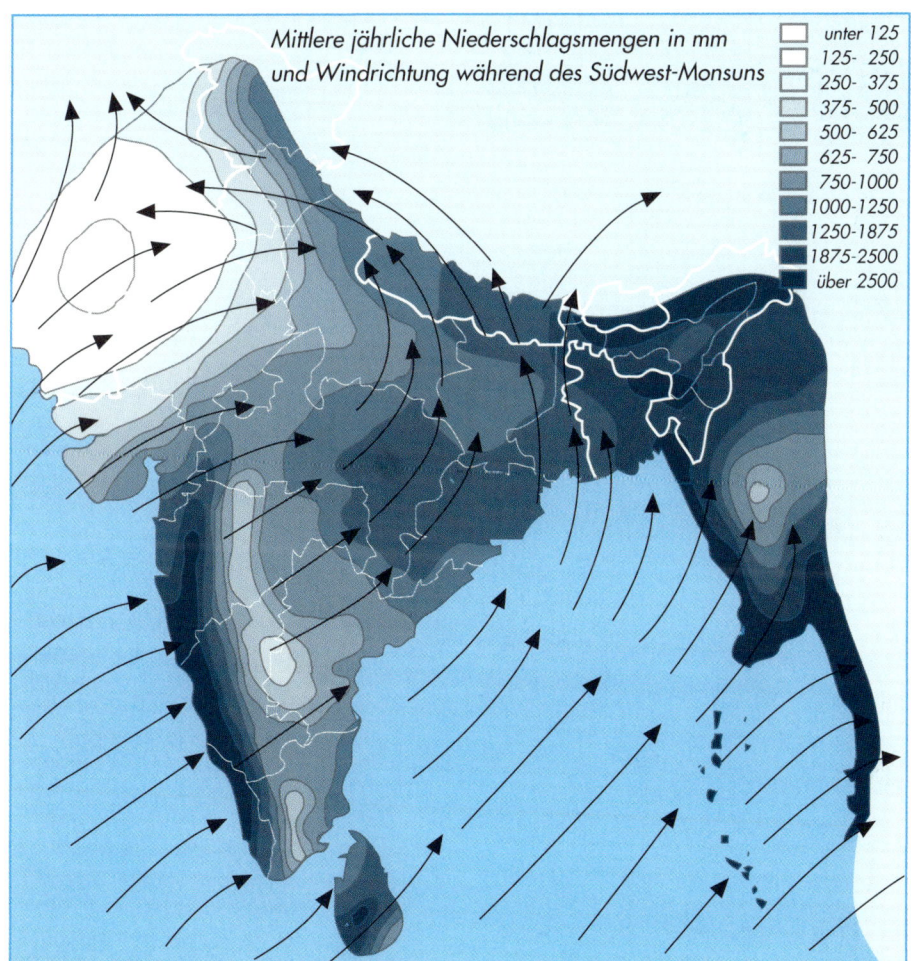

Mittlere jährliche Niederschlagsmengen in mm und Windrichtung während des Südwest-Monsuns

	unter 125
	125- 250
	250- 375
	375- 500
	500- 625
	625- 750
	750-1000
	1000-1250
	1250-1875
	1875-2500
	über 2500

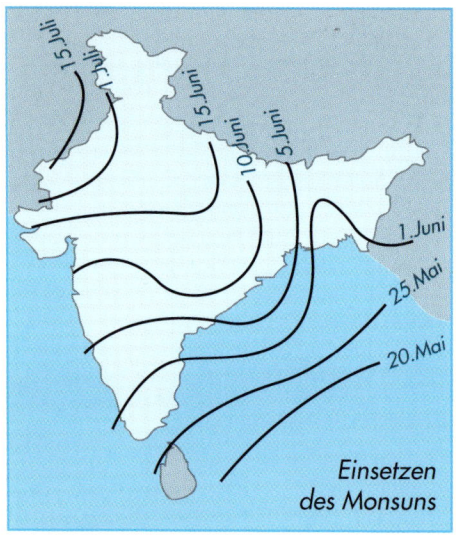

Einsetzen
des Monsuns

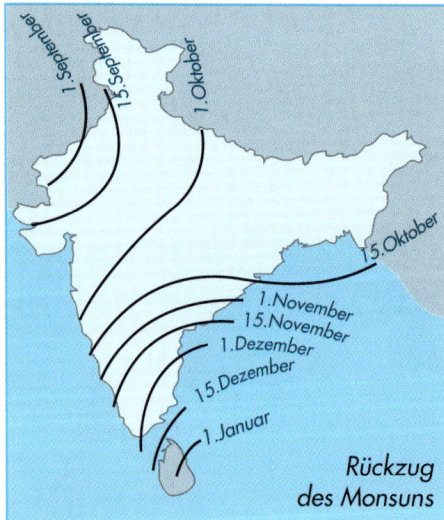

Rückzug
des Monsuns

Ghats), regnet es besonders viel, während die windabgewandte Seite (z. B. das Gebiet östlich der West-Ghats) wesentlich weniger Niederschläge erhält. Neben den großen Regenmengen entlang der Westküste fallen auch im Nordosten hohe Niederschläge. Dort regnet sich der Monsun besonders ergiebig an den Shillong-Bergen ab, die mit über 10 000 mm Niederschlag pro Jahr zu den regenreichsten Gebieten der Erde zählen.

Pflanzen und Tiere

Vegetation

Eng verknüpft mit den Niederschlagsmengen, Temperaturen und Höhenlagen haben sich auf dem Indischen Subkontinent charakteristische Vegetationszonen ausgebildet, die hier nur grob charakterisiert werden können. Entsprechend der Karte (rechts) sind folgende Vegetationszonen zu unterscheiden:
– alpine Flora,
– Dornbuschzone,
– trockener Laubwald,
– feuchter Laubwald,
– Regenwald und feuchter Laubwald mit Regenwaldanteilen,
– Mangrovenwald.
Eine wesentlich genauere Klassifizierung der Waldtypen ist dem Standardwerk von Champion & Seth, »Forest Types of India«, zu entnehmen. Am ausführlichsten ist die Botanik Indiens in dem siebenbändigen Werk von Hooker »The Flora of British India« beschrieben worden, das inzwischen zwar etwas veraltet, jedoch von keiner späteren Darstellung vollständig ersetzt worden ist.
Indiens Pflanzenwelt ist sehr reich. Bisher wurden rund 15 000 Arten Blütenpflanzen und rund 30 000 Arten Sporenpflanzen nachgewiesen, davon sind mehr als 50 % endemisch, d. h. nur in Indien verbreitet. Einige der typischen Baumarten (von

gen freigeben. Zu den großen naturkundlichen Attraktionen im Winter gehören die Wintergäste aus der Vogelwelt, deren Zahl in die Millionen geht.
Die Niederschlagskarte (S. 13) zeigt u. a. auch die Windrichtung des Südwest-Monsuns. Dort wo die Regenfront auf Berghänge trifft (z. B. an den Westhängen der West-

annähernd 1200 in Indien) sind Teak, Sal, Almend, Feigen (z. B. Banyan und Pepul), Mango, Palmen (z. B. Walddattel und Palmyrapalme) und Bambus. Zu den wertvollen Edelhölzern gehören Sandel- und Rosenholz.

Aus anderen tropischen und subtropischen Ländern wurden etliche Bäume und Pflanzen nach Indien eingebürgert oder eingeschleppt (z. B. Eukalyptus-, Kasuarinen- und Mesquitebäume, Feigenkaktus, Wandelröschen, S. 170, Mexikanischer Stachelmohn, S. 68, Wasserdost, S. 183, Mimose, S. 199).

Das Wort Dschungel leitet sich von dem Hindi-Wort »jangal« ab und bedeutet auch in anderen indischen Sprachen ganz allgemein »Wald«. In Indien ist also jeder Wald ein »jangal«. Dagegen verbinden Fremde eine sehr spezielle Vorstellung mit dem

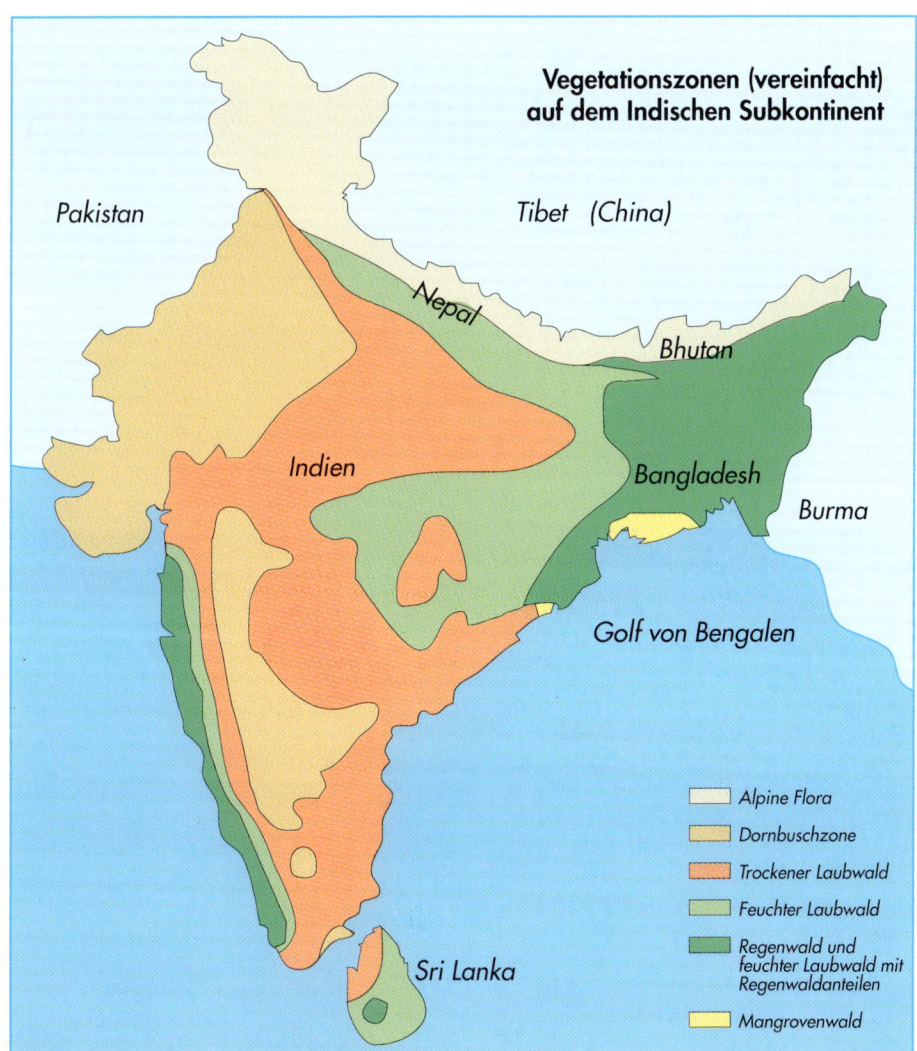

Vegetationszonen (vereinfacht) auf dem Indischen Subkontinent

Pakistan

Tibet (China)

Nepal

Bhutan

Indien

Bangladesh

Burma

Golf von Bengalen

Sri Lanka

Alpine Flora

Dornbuschzone

Trockener Laubwald

Feuchter Laubwald

Regenwald und feuchter Laubwald mit Regenwaldanteilen

Mangrovenwald

Wort »Indischer Dschungel«, die am ehesten auf die feuchten Regenwaldzonen in den West-Ghats und im Nordosten zutrifft. Nur knapp 8 % der Landfläche Indiens sind derzeit noch von Waldgebieten bedeckt, obwohl den Forstbehörden des Landes wesentlich größere Flächen (offiziell 22,7 %) unterstellt sind. Vielerorts sind staatliche Waldgebiete längst abgeholzt worden und stellen sich heute als Brachland dar, auf dem jedermann sein Vieh weidet.

In der Landwirtschaft überwiegt der Anbau folgender Produkte: Weizen, Hirse, Mais, Reis, Gerste, Raps, Rizinus, Erdnüsse, Gemüse, Obst, Baumwolle, Zuckerrohr, Tabak, Kokosnüsse, Betelnüsse, Jute, Gewürze, Tee und Kaffee.

Tierwelt

Tiergeographisch gehört Indien zur orientalischen Region, die in eine indische, eine indo-chinesische und eine indo-malayische Unterregion gegliedert wird.

Indiens Tierwelt ist sehr artenreich, was sich daran ablesen läßt, daß dort auf 2,2 % der Landmasse der Erde rund 8 % aller Säugetierarten, 14 % aller Vogelarten und 9 % aller Reptilienarten beheimatet sind. Im Gegensatz zu ihrem Artenreichtum ist die orientalische Region ausgesprochen arm an exklusiven Tierfamilien und hat nur wenige selbständige Entwicklungen zu verzeichnen. Lediglich 5 Säugetier-, 5 Reptilien- und 2 Vogelfamilien sind ausschließlich auf die orientalische Region beschränkt. Der hohe Artenreichtum ergibt sich aus dem Zusammentreffen von Elementen der Fauna aus anderen Regionen. Durch die Vereisung der Nordkontinente während des Pleistozäns wurden die Tiere zum Vordringen in Richtung Süden gezwungen und siedelten sich in der orientalischen Region an (z. B. Tiger, Elefant, Nashorn). Durch die Landverbindung mit dem afrikanischen Kontinent besteht auch eine enge Verwandtschaft zwischen der indischen und der afrikanischen Fauna (z. B. Gazellen, Mungos, Hyänen). Arten wie Löwe und Gepard konnten von Westen kommend bis nach Indien vordringen.

Säugetiere

Zur indischen Tierwelt gehören etwa 350 Säugetierarten, von denen 40 als Großtierarten bezeichnet werden können. In keinem anderen Land gibt es so viele Vertreter der Katzenfamilie wie in Indien. Neben 7 größeren Arten (Tiger, Löwe, Leopard, Schneeleopard, Nebelparder, Luchs und Wüstenluchs) kommen noch 7 kleinere vor. Der Gepard gilt seit 1952 als ausgestorben. Die Primaten sind in Indien mit 19 Arten vertreten, hauptsächlich durch Affen wie Languren und Makaken. Eine Besonderheit ist der Hulock. Unter den Hundeartigen sind Dekkan-Rothund (S. 175), Goldschakal (S. 171) und Bengalfuchs (S. 88) nicht selten, während der Indische Wolf (S. 98) vom Aussterben bedroht ist. Die Bärenfamilie besteht aus 3 Arten, von denen der Lippenbär (S. 207) eine für Indien endemische Tierart ist. Aus der Familie der Marder, zu denen auch die Otter zählen, sind 14 Arten bekannt. 15 Arten gehören zu den Schleichkatzen, deren bekannteste Vertreter die Mungos (6 Arten) sind.

Die Unpaarhufer sind in Indien durch das Panzernashorn und die Asiatischen Halbesel (Khur und Kiang) vertreten. Die Ordnung der Paarhufer besteht aus 32 Arten, denen u. a. Wildschweine, Sambar- und Axishirsche angehören. Hangul, Barasingha (S. 115) und Leierhirsch sind vom Aussterben bedrohte Tierarten in dieser Gruppe. Innerhalb der Paarhufer bilden die Hornträger mit 21 Arten die größte Familie mit Gazellen, Antilopen, Wildziegen, Wildschafen und Wildrindern. Davon sind Hirschziegenantilope (S. 95), Vierhornantilope und Nilgiri-Thar (S. 190) endemisch. Die Fledertiere sind auf dem Indischen Subkontinent mit über 70 Arten präsent. Die Indischen Flughunde (S. 170) sind die

Der Kleine Alexandersittich fällt in Stadt und Land durch seine laute Stimme auf.

Der sprechbegabte Beo, ein weltweit beliebter Zoo- und Volierenvogel, ist im indischen Dschungel beheimatet.

Indiens Nationalvogel ist der Pfau. Seine durchdringenden »me-au«-Rufe sind unverwechselbar.

Der Tiger: Symbol für Indiens Naturschutz (s. S. 23).

Axishirsche zählen zu den schönsten Hirschen der Welt.

Palmhörnchen leben in Wildnissen, Parks und Städten. Sie klettern bei der Nahrungssuche sogar durch offene Fenster.

größten und auffälligsten. Nagetiere, zu denen neben diversen Ratten und Mäusen auch Stachelschweine, Hörnchen und Murmeltiere zählen, stellen mit 95 Arten die größte Säugetierordnung.

Weitere Besonderheiten unter den indischen Säugetieren sind Fleckenkantschil, Vorderindisches Schuppentier, Ohrenigel, Borstenkaninchen, Elliots Tupaia, Katzenbär, Dugong und Ganges-Delphin.

Der Aufenthalt in indischen Naturschutzgebieten ist besonders spannend, weil im dichten Wald meistens nicht vorhersehbar ist, welchen Wildtieren man begegnet. Für viele Besucher ist der Anblick eines Tigers in freier Wildbahn der Höhepunkt einer naturkundlichen Reise. Außerdem zählen Panzernashörner und Indische Elefanten zu den Attraktionen des Natur-Tourismus.

Vögel

Der Indische Subkontinent weist über 1200 Brutvogelarten auf, von denen 176 endemisch sind. Dazu kommen im Winter die Zugvögel aus dem nördlichen und mittleren Asien, so daß insgesamt mehr als 2000 Vogelarten nachgewiesen werden konnten. Ein Großteil der indischen Vogelarten zeigt eine enge Verwandtschaft mit

Arten der indo-chinesischen Region. Die Vertreter der Blattvögel und Feen- oder Elfenblauvögel sind auf die orientalische Region beschränkt und in Indien z. B. durch den Goldstirn-Blattvogel (S.135) und die Türkis-Irene vertreten.

Typisch für Indien sind aufgrund ihres Artenreichtums und ihrer weiten Verbreitung Eulen, Spechte, Tauben, Nashornvögel, Nektarvögel, Bülbüls, Timalien, Raupenfänger, Kuckucke, Drongos und Grasmücken. Weitere Charaktervögel sind Fasane und Pittas.

Versierte Ornithologen, die besonders viele Arten sehen möchten, halten bevorzugt am Himalaya-Rand und in den West-Ghats nach Vögeln Ausschau. Tierfotografen werden von großen Vögeln wie Reihern, Störchen, Kranichen, Trappen und Nashornvögeln begeistert sein. Ein für jedermann eindrucksvolles Spektakel sind die Brutkolonien von Wasservögeln, die in Bharatpur, Vedanthangal und Ranganthittu leicht einzusehen sind.

Der indische Nationalvogel ist der Pfau (S.17). Er ist nicht nur in der Wildnis weit verbreitet, sondern wird in vielen Dörfern als halbzahmer Vogel verehrt und gefüttert. Souvenirs aus dekorativen Pfauenfedern können ohne Bedenken gekauft werden, da die Vögel ihre Schuckfedern während der Mauser (im Winter) auf natürlichem Wege verlieren.

Reptilien

In Indien leben 540 von weltweit etwa 6000 Reptilienarten. Die Zahl der Schlangenarten liegt bei 230, davon sind 55 giftig. Der Tigerpython ist mit bis zu 6 m Länge die größte Schlangenart Indiens. Zu den für den Menschen gefährlichen Giftschlangen zählen hauptsächlich Kobra, Kettenviper, Sandrasselotter sowie Gewöhnlicher Krait, die als »Big Four« bezeichnet werden. Das Gift von etlichen anderen Schlangen reicht zwar zur Betäubung von Kleintieren, ist jedoch für den Menschen ungefährlich. Selbst bei 90 %

der Bisse durch gefährliche Giftschlangen ist die injizierte Giftmenge zu gering, um tödliche Folgen zu haben. Trotzdem wird die Zahl der Giftschlangenopfer in Indien pro Jahr auf 5000 geschätzt. Das Haffkine Institut in Bombay stellt ein Kombinationsserum zur Behandlung von Schlangenbißopfern her (hält sich 5 Jahre ohne Kühlung). Die Inder haben ein sehr spezielles Verhältnis zu Schlangen, das von der Verehrung in Tempeln bis zur Schaustellung durch Schlangenbeschwörer reicht.

Von 3 Krokodilarten gehört der Gangesgavial (S. 70) zu einer nur in Indien vorkommenden Familie. Die Verbreitung des Sumpfkrokodils (S. 71) ist auf Indien begrenzt, während die des Leistenkrokodils (S. 162) bis nach Australien reicht.

In Indien leben etwa 150 Echsenarten, zu denen Skinks, Geckos, Agamen (38 Arten) und Chamäleons gehören. Die größten sind die Warane, von denen der Bengalenwaran der häufigste ist.

Von den 46 in Indien nachgewiesenen Schildkrötenarten gehören 5 zu den Meeresschildkröten.

Weit verbreitet sind die Hausgeckos (S. 219), die an Zimmerwänden nach Insekten jagen und sich zur Paarungszeit durch lautes Schirpen bemerkbar machen.

Amphibien und Fische

Die Zahl von 2000 Fischarten in Indien übersteigt die Zahl aller anderen Wirbeltiere. Aus der geographischen Verteilung und der Verwandtschaft der indischen Süßwasserfische mit Arten in der indochinesischen und indo-malayischen Region lassen sich Erkenntnisse über erdgeschichtlich alte Landverbindungen ableiten (Satpura-Hypothese).

Über 100 Frosch- und Krötenarten, von denen einige erst in unseren Tagen entdeckt wurden, leben in Indien. Während der Wintermonate und der trockenen Jahreszeit vergraben sich viele von ihnen in der Erde. Bei Beginn der Regenzeit beeindrucken sie durch ihre lauten Konzerte.

Verehrt, gefürchtet, von Schlangenbeschwörern zur Schau gestellt, in der Wildnis jedoch selten zu sehen: die Kobra.

Einer der spektakulärsten indischen Frösche ist der Malabar-Ruderfrosch, der sich von Baum zu Baum durch die Luft gleitend fortbewegt.

Der Export von Froschschenkeln, der vor allen Dingen den Bestand der Indischen Ochsenfrösche (S. 77) bedrohte, ist seit 1986 verboten.

Wirbellose

Auf die Vielzahl der Tiere in dieser Kategorie näher einzugehen, würde den Rahmen des Buches sprengen. Der Naturfreund wird ihnen in Indien nichtsdestoweniger auf Schritt und Tritt begegnen. Größtenteils rufen sie mit interessanten Formen, Farben und Aktivitäten Bewunderung hervor, manchmal treten sie auch als Plagegeister

Viele indische Wildtiere, wie der Hanuman-Langur als Abbild des Affengottes Hanuman, werden religiös verehrt.

in Erscheinung. Während der Regenzeit sind sie besonders zahlreich.

Die Zahl der Schmetterlingsarten in Indien liegt in der Größenordnung von 1000. Der größte Schmetterling ist der Vogelflügelfalter mit 19 cm Flügelspannweite.

Mensch und Geschichte

Schon bevor die Einwanderung der Drawiden nach Indien einsetzte, lebten Ureinwohner auf dem Subkontinent. Vermutlich sind einige der noch heute in abgelegenen Waldregionen ansässigen Stämme Nachfahren dieser vor-drawidischen Bevölkerung. Nach den dunkelhäutigen **Drawiden**, deren Ursprung ungewiß ist, wanderten von Nordwesten **arische Völker** (ab 1800 v. Chr.) nach Indien ein. Die hochentwickelte **Induskultur**, die ihren kulturellen

Höhepunkt zwischen dem 3. und 2. Jahrtausend v. Chr. erreichte, ging gegen 1400 v. Chr. aus ungeklärter Ursache zugrunde. Es ist nicht genau bekannt welcher Volksgruppe die Menschen der Induskultur angehörten und welche Kontakte mit den drawidischen und arischen Völkern bestanden. Die arischen Einwanderer sprachen Sanskrit (eine indo-germanische Sprache) und hinterließen viele bedeutende Schriftwerke (Veden), von denen die ältesten etwa um 1500 v. Chr. verfaßt sein dürften. Auch das Kastensystem wurde von ihnen begründet. Der **Buddhismus**, der sich gegen das Kastensystem wandte, wurde von Gautama Buddha (etwa 550–480 v. Chr.) begründet und hatte seine Blütezeit in Indien von 250 v. Chr. bis 350 n. Chr. Danach setzte sich der **Hinduismus** als Religion durch. Ab 1000 n. Chr. kam der **Islam** mit den nach Indien vorrückenden Persern

Problembewältigung: Tiefe Gräben schützen Naturschutzgebiete (links) vor Überweidung durch Haustiere.

ins Land und drängte den Hinduismus zurück. Das 1206 n. Chr. gegründeten Sultanat von Delhi diente der nachfolgenden **Mogulherrschaft** über Indien (1526–1709) als Wegbereiter. Der unterdrückte Hinduismus erlebte im 15. und 16. Jh. eine Renaissance.

Als erster Europäer drang Alexander der Große mit seinen Feldherren und dem Heer 325 v. Chr. bis zum Indus vor. Aus dieser ersten Begegnung ging später eine bescheidene Handelstätigkeit hervor, die von den Römern fortgeführt wurde. Auf der Suche nach dem legendären Gewürzland entdeckte Vasco da Gama den Seeweg nach Indien und landete 1498 n. Chr. an der Malabar-Küste. Nach den Portugiesen kamen auch Holländer, Engländer, Franzosen und andere Europäer an die indischen Küsten. Aus der Tätigkeit der englischen »East India Company« entwickel-

ten sich weitreichende Machtansprüche, die durch den Zerfall der Mogulherrschaft begünstigt wurden. Nach vielen Kriegen mit den neuen Eroberern, die 1757 mit der Schlacht von Plassey begannen, wurde Indien 1858 ein Teil des britischen Imperiums. Die **Kolonialzeit**, die von vielen Indern noch heute als demütigend empfunden wird, ging 1947 nach langen Verhandlungen und dem gewaltlosen Widerstand Mahadma Gandhis zu Ende. Die Unabhängigkeit war mit einer staatlichen Aufspaltung in Indien und Pakistan verbunden.

Zu den in Indien beheimateten Religionen bekennen sich in Indien heute Hindus (80,3 %), Sikhs (1,1 %), Buddhisten (0,7 %) und Jains (0,5 %). Den von außerhalb nach Indien vorgedrungenen Religionen gehören Moslems (11 %), Christen (2,4 %), Parsen (120 000) und Juden (5000) an.

Naturschutz

Schon im 3. Jh.v. Chr. finden sich in den Gesetzbüchern Kautilyas und in den Edikten des Kaisers Ashoka Gesetze zum Schutz wildlebender Tiere und Pflanzen, die als die ältesten Naturschutzgesetze der Welt anzusehen sind. Die großen indischen Religionen Hinduismus, Buddhismus und Jainismus lehren die Ehrfurcht vor allen Lebewesen und die Wesensverwandtschaft zwischen Mensch und Tier. Die religiöse Verehrung von Tieren wirkt sich vielerorts als Artenschutz aus.

Die Mogulkaiser waren leidenschaftliche Jäger. Sie betrieben auch die Falkenerei und benutzten Jagdtechniken wie die Hetzjagd auf Antilopen mit gezähmten Geparden. Später teilten die Maharadschas das Jagdprivileg mit den Kolonialherren. Durch Abholzung und Jagd zeichnete sich bereits im 19.Jh. ein Verlust natürlicher Resourcen ab, dem durch Forstschutzgesetze (z. B. 1856 im Staat Madras) und erste Jagdverbote Einhalt geboten werden sollte.

Viele der heutigen Naturschutzgebiete sind ehemalige Jagdreviere von Fürsten und Maharadschas. Nach der Unabhängigkeit geriet der Jagdwaffengebrauch zunächst außer Kontrolle, so daß die indische Tierwelt hohe Verluste erlitt. Erste Bestimmungen zum Schutz der Natur aus dem Jahr 1952 faßten nur langsam Fuß. 1972 wurde mit dem »Indian Wildlife Protection Act« eine für ganz Indien verbindliche Naturschutzgesetzgebung in Kraft gesetzt. Indien hat außerdem alle großen internationalen Naturschutzübereinkommen unterzeichnet (z. B. das Washingtoner Artenschutzabkommen). Die Naturschutzgesetze und -bemühungen gelten als vorbildlich, jedoch ist ihre Einhaltung und Überwachung oft schwierig. Zu den größten Problemen des Naturschutzes zählen die hohe Bevölkerungsdichte und die Mittellosigkeit der Menschen, mit ihrem hohen Bedarf an Brennholz und Viehfutter.

Indiens Schutzgebiete lassen sich in verschiedene Kategorien einteilen: In einem »Sanctuary« stehen sowohl die Vegetation als auch die Tierwelt unter Schutz. Zu »National Parks« können nur Gebiete erklärt werden, die eine unbewohnte Kernzone aufweisen, in der der Zutritt von Menschen durch Zugangsbeschränkungen reguliert wird. Zum »Tiger Reserve« werden »Sanctuaries« oder »National Parks«, wenn sie durch Eingliederung in das »Projekt Tiger« einen besonders hohen Schutz durch zusätzliche finanzielle und personelle Ausstattung erhalten. »Biosphere Reserves« unterstehen der Kontrolle der Zentralregierung während alle anderen Schutzgebiete von den Bundesländern verwaltet werden. Ein »Reserved Forest« ist kein Schutzgebiet, sondern jeder Wald und jedes Ödland, das dem Staat gehört und von ihm entsprechend den Gesetzen bewirtschaftet werden kann.

Die Zahl der Naturschutzgebiete (National Parks und Sanctuaries) steigt ständig. Während es 1960 lediglich 65 waren, lag ihre Zahl 1989 bereits bei 445. Die Zahl der Tigerschutzgebiete ist von 1972 bis 1990 von 9 auf 19 gestiegen. Insgesamt stehen rund 4 % der Fläche Indiens unter Schutz. Indiens erstes Vogelschutzgebiet (Vedanthangal, s. S. 216) wurde 1798 gegründet, Kaziranga (s. S. 138) zum Schutz der Panzernashörner 1908 zum Reservat erklärt, der erste Nationalpark (Corbett N.P., s. S. 70) 1936 eingerichtet.

In unseren Tagen kämpfen indische Umweltgruppen gegen die weitere Zerstörung der Natur. Während frühere Bewegungen sich gegen das lokale Abholzen von Bäumen richteten (z. B. Bishnois [s. S. 41] in Rajasthan bereits vor 500 Jahren, Chipko am Himalaya ab 1973), protestieren die Naturschützer heute vor allen Dingen gegen Pläne zum Bau von Staudämmen (am Narmada-Fluß und anderswo), die mit großräumiger Waldvernichtung verbunden sind.

Projekt Tiger

Das in Indien durchgeführte »Projekt Tiger« ist eines der weltweit erfolgreichsten Beispiele für die Rettung einer bedrohten Tierart in letzter Minute. Erst 1970 wurde die Tigerjagd in Indien endlich verboten, nachdem ein langfristiges Überleben dieser Großkatze mit etwa 1800 verstreuten Tieren schon sehr fraglich schien.

1973 wurde mit dem »Projekt Tiger« das wohl bedeutendste Schutzprojekt in Angriff genommen, das jemals zur Erhaltung einer Tierart ins Leben gerufen wurde. Für die Rettungsaktion mußte in den zunächst 9 (bis 1992 erweitert auf 19) ausgewählten Tigerschutzgebieten ein ganz neues Konzept entwickelt werden. Es galt nicht nur den Tiger selbst, sondern ein ausreichend großes Ökosystem zu schützen, in dessen Nahrungskette der Tiger ganz am Ende steht.

Jedes Tigerschutzgebiet besteht aus einer völlig geschützten Kernzone und einer Pufferzone, in der den Bewohnern der Umgebung eingeschränkte Nutzungsrechte wie Viehweide und Feuerholzsammeln zugestanden werden. Das Konzept konnte nur durch die Umsiedlung vieler Dörfer verwirklicht werden. Die Trennung zwischen Mensch und Wildtieren funktioniert aber nicht immer problemlos. Die Tiger verlassen manchmal die Reservate und töten Haustiere wie Kühe und Büffel. Dafür sind Entschädigungen an die Eigentümer vorgesehen. Auf der anderen Seite lassen die Hirten nicht selten ihr Vieh bis hinein in die Kernzone weiden, was die Gefahr einer Übertragung von Krankheiten mit sich bringt sowie eine Störung und Nahrungsverknappung für die grasfressenden Beutetiere des Tigers bedeutet. Dagegen müssen die Reservatsverwaltungen immer wieder einschreiten.

Menschentötende Tiger, deren Vorkommen sehr selten ist und auf wenige Gebiete (Dudhwar, Corbett, Sunderbans) begrenzt zu sein scheint, werden geschossen oder für Zoos gefangen. Dieses Thema wird im Lande oft erregt diskutiert.

Über 90 % der für das »Projekt Tiger« bisher ausgegebenen Mittel wurden von den Indern selbst aufgebracht. Die internationale Hilfe des WWF wurde vor allem für technische Ausrüstungsgegenstände verwendet.

Aufgrund der verbesserten Bedingungen in den speziellen Tigerschutzgebieten hat sich dort innerhalb von 10 Jahren die Anzahl der Tiger verdreifacht. Die Gesamtzahl der Tiger in Indien liegt heute wieder bei über 4000. Erfreulicherweise sind die Bemühungen um den Tiger nicht nur an steigenden Bestandszahlen abzulesen. Während es noch vor einigen Jahren ausgesprochen schwierig war, einen Tiger zu Gesicht zu bekommen – wir brauchten dafür viele Wochen –, hat man heute eine gute Chance ihn innerhalb weniger Tage zu sehen. Zwar sind Tiger immer noch hauptsächlich nachtaktiv, aber seit sie nicht mehr gejagt werden, unternehmen sie auch bei Tageslicht lange Wanderungen. Es ist ein unvergeßlicher Anblick, die faszinierende Großkatze im Wechselspiel von Licht und Schatten durch die Wildnis streifen zu sehen. Wir konnten sogar beobachten, wie Jungtiger mit ihren Müttern gemeinsam auf die Jagd gehen.

Natürlich kommt der besondere Schutz der Tiger auch seinen Beutetieren und der gesamten Natur im Schutzgebiet zugute.

1 Dachigam und Dal-See

Mittelhohe Bergregion in Kaschmir bis 4300 m Höhe; bekannt für Kragenbär und Hangul; das Wasser des hier entspringenden Daghwan-Flusses speist den lieblichen Dal-See im Kaschmir-Tal, der in seinen Schilf- und Lotusfeldern eine interessante Vogelwelt beheimatet.

Viele bewaldete Bergregionen in Kaschmir sind von Abholzung, Überweidung und nachfolgender Erosion bedroht. Im Fall des Dachigam-Nationalparks, der das wichtigste Wassereinzugsgebiet für den Dal-See ist, haben die eingeleiteten Schutzmaßnahmen nicht nur die ökologische Situation im Park selbst verbessert. Auch die Versandung und Verschlammung des Dal-

Sees soll langfristig aufgehalten und die Trinkwasserversorgung der Stadt Srinagar gewährleistet werden.

Bereits 1910 erklärte der Maharadscha von Kaschmir das Gebiet um Dachigam als sein privates Jagdrevier und veranlaßte die Umsiedlung mehrerer Dörfer. Seit 1951 hatte das Gebiet zwar den Status eines Sanctuary, illegale Nutzung und Wilderei konnten jedoch nicht unter Kontrolle gehalten werden. Erst als der dramatische Rückgang der Kaschmirhirsche (auch Hangul genannt) in der internationalen Öffentlichkeit bekannt wurde, leiteten die Behörden Anfang der siebziger Jahre durchgreifende Schutzmaßnahmen ein. Der Hangulbestand erholte sich daraufhin von 140 (1970) auf 320 (1979) und liegt heute bei etwa 500 Tieren.

Seit 1981 ist das Dachigam-Gebiet ein Nationalpark, der 141 km² umfaßt. Er wird

Der Herbst lockt in Dachigam die Kragenbären ins Tal und ist die Brunftzeit der Kaschmirhirsche.

entsprechend seiner höhenbedingten Vegetationszonen eingeteilt in Upper Dachigam (2/3 der Fläche) und in Lower Dachigam (1/3 der Fläche). In der Parkmitte verläuft das Tal des Daghwan-Flusses, der im Bereich des Marsar-Sees entspringt. Die Existenz einer Schafzucht (eingezäunt) und von Forellenbecken in Lower Dachigam sind umstritten.

Das Kaschmir-Tal liegt mit einer Ausdehnung von 130 km Länge und 30 km Breite zwischen zwei Gebirgskämmen. Im Norden erhebt sich der geologisch ältere Himalaya-Hauptkamm, im Süden das jüngere Pir-Panjal-Gebirge. Der Dachigam-Nationalpark gehört zum Himalaya-Hauptkamm, dessen Berge zur Hauptsache aus geologisch alten Tiefengesteinen (Granit,Gneis) aufgebaut sind. Während der Eiszeit (Pleistozän) war das Kaschmir-Tal offenbar von einem einzigen See ausgefüllt (Karewa-See). Die als Karewas bezeichneten See-Ablagerungen bedecken heute noch etwa 50 % des Kaschmir-Tales, obwohl der größte Teil dieser ehemals sehr mächtigen Schicht vom Jhelum-Fluß abgetragen wurde.

Von den heute im Kaschmir-Tal liegenden, sehr schönen Seen sind fast alle von einer rasch fortschreitenden Verlandung bedroht. Nach dem Wular-See (200 km^2) ist der Dal-See der zweitgrößte. Er liegt in einer Höhe von etwa 1600 m und bedeckt eine Fläche von 17 km^2, davon nehmen die offenen Wasserflächen 12 km^2 ein.

Pflanzen und Tiere

Dachigam

Im Lower-Dachigam-Gebiet wächst entlang des Flusses ein dichter Laubwald mit Eichen, Ulmen, Platanen, Pappeln, Roßkastanien, Walnuß- und Maulbeerbäumen. In höheren Hanglagen schließen sich Tränenkiefern, Weißtannen, Wacholder, Birken und Rhododendren an. Auf den alpinen Hochflächen blühen im späten

Die Blumen in den Mogulgärten am Dal-See ziehen Insekten und Insektenjäger, wie diese Gottesanbeterin, an.

Frühjahr wunderschöne Blumenteppiche mit Kaiserkronen, dem Lerchensporn *Corydalis diphylla*, Glänzendem Storchenschnabel, der Nelkenwurz *Sieversia elata*, der Anemone *A. obtusiloba* und vielen anderen Blütenpflanzen. An verschiedenen anderen Standorten finden sich Wohlriechendes Veilchen, die Wildtulpe

Die Tränenkiefer dominiert in den Hanglagen zwischen 2000m und 3000 m Höhe.

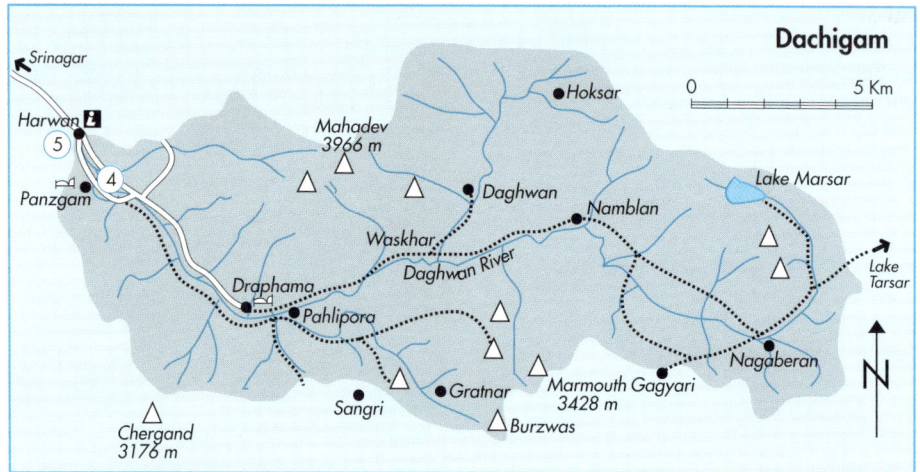

Tulipa clusiana, die Schwertlilie *Iris hoo-keriana*, die Aster *A. thomsonii*, der Salbei *Salvia hians*, der Ziest *Stachys sericea*, die Zeitlose *Colchium luteum* und die Akelei *Aquilegia fragrans*.

Im Lower-Dachigam-Gebiet beginnt die Vegetation im März zu sprießen und tritt im September/Oktober mit goldenen Herbstfarben ihren Rückzug an. In den höheren Lagen erreicht die Pflanzenwelt zwischen Juni und August ihre größte Üppigkeit. Darauf abgestimmt verlaufen die Wanderungen vieler Säugetiere.

Die Kaschmirhirsche ziehen im Sommer in die Hochlagen. Zur Brunft im September kehren sie nach Lower Dachigam zurück. Ihr klangreiches Röhren mit Höhepunkten am Vor- und Nachmittag ist nicht zu überhören, jedoch bekommt man die Hirsche nur selten zu Gesicht. Nachdem Schnee gefallen ist, verbringen sie den Winter in größeren Rudeln (gelegentlich 40–60 Tiere) und sind zu dieser Zeit am ehesten zu beobachten.

Bevor sie ihren Winterschlaf antreten, legen sich die Kragenbären ab September ihren Winterspeck zu, indem sie im Wald von Lower Dachigam in die Bäume klettern und Eicheln und Kastanien ernten. Während die Zahl der Kragenbären in Da-chigam etwa 60–70 Tiere beträgt, wird die Zahl der Braunbären, die sich meistens in größerer Höhe aufhalten, auf nur 10 Tiere geschätzt. Sehr selten sind auch Serau und Moschustier. Wildschweine wurden in das einstige Jagdrevier eingebürgert, ihre Zahl ist rückläufig. Zu den häufigeren Säugetierarten gehören Hanuman-Langur (S. 57), Rotfuchs, Goldschakal (S. 171), Buntmarder und Murmeltier. Schneeleoparden besuchen den Dachigam-Nationalpark nur in Ausnahmefällen. Leoparden (S. 106) folgen im Winter regelmäßig den Hanguls nach Lower Dachigam und töten in dieser Jahreszeit auch Haustiere in den nahegelegenen Dörfern.

Bemerkenswerte Vögel von Lower Dachigam sind Borstenhäherling, Tannenhäher, Flußwasseramsel, Langschwanz-Mennigvogel und Himalaya-Laubsänger. Upper Dachigam ist Lebensraum von Mauerläufer, Gänse- und Bartgeier, Schwarzkehlchen (S. 73) und Brauenschnäpper, um nur einige zu nennen. Insgesamt sind 140 Vogelarten nachgewiesen worden. Eine besondere Attraktion des Gebiets sind Gelbschwanz-Glanzfasan (Monal) und Koklasfasan. Einige Fasane werden im Rahmen eines Zuchtprogramms in Gehegen ④ gehalten.

Dal-See

Der im Juli rosa blühende Lotus verleiht der Seenlandschaft eine besondere Schönheit. Seine Samenkapseln werden geerntet und auf dem Markt angeboten. Die grünen Samenkörner in Erbsengröße sind ein gutes Gemüse und schmecken sogar roh. Auch jede Menge andere Gemüsesorten wachsen buchstäblich auf dem See und zwar auf sogenannten schwimmenden Gärten (»floating gardens«). Dies sind künstlich angelegte, große Flöße aus schwimmenden Schilfbündeln, die mit Schlamm bedeckt für den Gemüseanbau genutzt werden. Die schwimmenden Gärten befinden sich hauptsächlich im Südwesten des Dal-Sees.

Zur natürlichen Vegetation des Sees gehören Ähriges Tausendblatt, Gewöhnliches Hornblatt, Laichkraut-Arten, Gewöhnlicher Froschlöffel, Binse und Wasserquirl. Unter den schwimmenden Pflanzen sind Wasserlinsen-Arten, Gewöhnlicher Schwimmfarn und Teichlinse am häufigsten.

Viele Vögel des Dal-Sees sind in besonderem Maße an das Vorbeifahren von Booten gewöhnt und zeigen kein ausgeprägtes Fluchtverhalten. Diese erstaunliche Vertrautheit der Wasservögel ist ein unvergeßliches Erlebnis. Schon am Bootsanleger und auf den Hausbooten fallen die ersten Eisvögel auf. Weiter draußen auf dem See sitzen sie gern auf Lotus-Knospen und -Fruchtständen. Aus der Familie der Eisvögel kommen hier auch der Braunliest und der Graufischer (S. 200) vor. Recht häufig sind Zwergdommeln im Röhricht zu beobachten. Zu den typischen Vögeln, die man auf einer Bootsfahrt sehen kann, gehören außerdem Zwergtaucher, Rauchschwalben sowie verschiedene Bachstelzen-, Würger-, Reiher-, und Seeschwalbenarten.

Im Gebiet unterwegs

Dachigam

Dachigam ist ein Gebiet, das für Fußwanderungen und Trekkingtouren prädestiniert ist. Die ersten 5 km des am Daghwan-Fluß entlangführenden Weges sind asphaltiert, danach kann ein Fahrzeug mit Allradantrieb noch wenige Kilometer weiter bergauf kommen. Für die Erkundung des Gebiets ist die Benutzung eines Fahrzeugs jedoch nicht erforderlich und von der

Nur in der Himalaya-Region trägt der Weißohrbülbül ein Häubchen auf dem Kopf.

Im Laubwald des unteren Daghwan-Flußtals lebt der Himalaya-Rotfuchs (*Vulpes vulpes montana*).

Bootsfahrten auf dem Dal-See sind erholsam und ideal für naturkundliche Beobachtungen.

Parkverwaltung auch nicht erwünscht. Da der Park nur von wenigen Touristen besucht wird, haben Wanderer die Natur meistens ganz für sich allein.

VORSICHT: Kragenbären, denen man zu Fuß im dichten Wald begegnet, können gefährlich werden! Plötzlich vom Menschen überraschte Tiere, insbesondere Bärenmütter in Begleitung ihrer Jungen, greifen unter Umständen an. Beim Anblick eines Bären sollte man sich unbedingt ruhig verhalten –

◀ Der Braunliest fängt nicht nur Fische, sondern auch Mäuse, Eidechsen und Heuschrecken.

Breitbeinig steht die Zwergdommel zwischen den Schilfstengeln und wartet regungslos auf Beute. ▶

Lotus gilt als Symbol der Reinheit. Der Legende nach soll Weltschöpfer Brahma einer Lotusblume entsprungen sein.

Recht häufig und wenig scheu ist der Eisvogel am Dal-See.

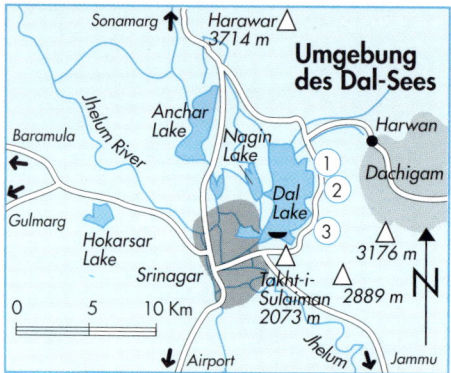

in den meisten Fällen nimmt dieser keine Notiz vom Menschen. Nur im Notfall: den Bär mit lauten Schreien und wildem Fuchteln der Hände in die Flucht zu treiben versuchen. Zur Beruhigung: Die meisten Angriffe von Bären sind Scheinangriffe. Es ist ratsam, einen einheimischen Wildhüter als Begleiter bei sich zu haben, der weiß, wie man sich in kritischen Situationen zu verhalten hat. Außerdem kennen die Einheimischen die von den Bären bevorzugten Waldgebiete. Es ist sehr eindrucksvoll, die Kragenbären in freier Wildbahn zu beobachten (empfohlener Mindestabstand 15 m). Dieses Erlebnis erfordert jedoch einigermaßen starke Nerven. Man muß morgens schon sehr zeitig aufbrechen, um in der Dämmerung (6 Uhr) vor Ort zu sein, wenn die Tiere sich aus dem Wald in ihre Tagesverstecke zurückziehen.

Dal-See

Der See läßt sich geruhsam mit den hier typischen Booten erkunden, die als Shikaras bezeichnet werden. Durch ein System von natürlichen Wasserstraßen und künstlich angelegten Kanälen können auch der benachbarte **Nagin-** und **Anchar-See** in die mehrstündigen Bootsfahrten mit einbezogen werden. Besonders beeindruckend ist dabei einerseits das Panorama der Berge in der Ferne und andererseits das lautlose Vorbeigleiten an aquatischen Pflanzen und Wasservögeln im Nahbereich.

Am Ostufer des Dal-Sees liegen die legendären **Mogulgärten Shalamar** ①, **Nishat** ② und **Chasma Shahi** ③. Zwischen 1520 und 1658 wurden sie von den Moghulherrschern erbaut. Die kunstvoll angelegten Gärten haben ihren ganz großen Glanz, was den Zustand der Arkaden, Pavillons und Wasserkaskaden betrifft, vielleicht nicht bewahren können. Heute beherrschen Rasenflächen, große Bäume und üppige Blumenrabatten das Bild. Die Blütenpracht ist für die Beobachtung von Insekten recht ergiebig.

Auf dem Wasserweg kann von Srinagar sogar der etwa 50 km entfernte **Wular-See** erreicht werden. Bei der Vorbereitung dieser Tour müssen 2–3 Übernachtungen (auf dem Boot oder im Zelt) sowie Verpflegung mit eingeplant werden.

Praktische Tips

Anreise

Der Dachigam-Nationalpark hat seinen Eingang in Harwan ⑤, das von Srinagar 21 km entfernt liegt (Anreise mit Bus oder Taxi). Der Dal-See liegt am Stadtrand von Srinagar und läßt sich innerhalb der Stadt mit Bus, Taxi oder zu Fuß erreichen.

Klima/Reisezeit

Das Klima im Kaschmir-Tal wird als subtropisches Bergklima bezeichnet. Im Januar liegen die Tages- bzw. Nachttemperaturen im Mittel zwischen 5 °C und –4,5 °C, im April zwischen 19,5 °C und 6,5 °C, im Juli zwischen 31 °C und 18 °C. Es fallen 665 mm Niederschläge über das Jahr verteilt, oft in Verbindung mit Gewittern (54 Gewittertage pro Jahr), im Winter als Schnee. Es gibt keine ausgeprägte Regenzeit.

Das Klima in Dachigam ist stark von der Höhenlage abhängig. Die extremen Höhenlagen sind nur von Juni bis August frostfrei und gelten in den Wintermonaten als unzugänglich. Die mittleren Tagestemperaturen im Lower-Dachigam-Gebiet erreichen in den Sommermonaten etwa 20 °C.

Beste Reisezeiten: Mai bis Oktober für den Dal-See, Juni bis August für Upper Dachigam, September bis Oktober für Lower Dachigam.

Unterkunft

Große Auswahl an Unterkünften in Srinagar. Rasthäuser im Dachigam-Nationalpark, einige Hütten, eigenes Zelt (bei Genehmigung) in der höheren Bergregion des Parks.

Adressen

▷ Tourist Office of the Jammu & Kashmir State Government, Tourist Reception Centre, Srinagar 190 001, Kashmir, Tel. 74259, 74887;

▷ Office of the Chief Wildlife Warden, Tourist Reception Centre, Srinagar 190 001, Kashmir, Tel. 75411.

Überall im Kaschmir-Tal begegnet man dem Schwarzmilan. Der Jungvogel im Bild hat ein noch unausgefärbtes Gefieder.

Blick in die Umgebung

Hokarsar und **Hygam** sind flache Seen mit großen Schilfzonen in ländlicher Umgebung des Kaschmir-Tals, die als Feuchtgebiete unter Schutz stehen. Der Hokarsar Lake (9 km westlich von Srinagar) bedeckt etwa 3 km², während der Hygar Lake (35 km westlich von Srinagar) 10 km² groß ist. In Hokarsar und Hygam überwintern große Entenschwärme. Zwischen November und März ist die Entenjagd dort erlaubt. Auch in den übrigen Jahreszeiten lohnen Bootsfahrten zur Vogelbeobachtung, jedoch sind die Vögel hier scheuer als auf dem Dal-, Nagin- oder Anchar-See, da sie nicht an dichten Bootsverkehr gewöhnt sind. Beide Gebiete sind mit Taxi oder Bus von Srinagar aus (Richtung Baramula) erreichbar.

Das **Overa Sanctuary** liegt 76 km östlich von Srinagar (11 km von Pahalgam) und weist, obwohl etwas höher gelegen, eine ähnliche Flora und Fauna wie der Dachigam-Nationalpark auf.

Das Overa Sanctuary liegt in Sichtweite des **Kolahoi-Gletschers** (4415 m), der im Sommer ohne besondere Schwierigkeiten erreicht werden kann (Auskünfte über die mindestens 2-tägige Tour beim Tourist Office in Pahalgam einholen).

Die Ortschaft **Gulmarg** (52 km westlich von Srinagar) ist Ausgangspunkt für mehrstündige Wanderungen mit Blick auf den berühmten **Nanga Parbat**. Der etwa 130 km entfernte Berg (8126 m Höhe), der in Pakistan liegt, läßt sich nur bei gutem Wetter sehen. Im Frühling sind die alpinen Blumenwiesen von Gulmarg (2700 m) eine besondere Augenweide. Allerdings ist die nähere Umgebung von Gulmarg touristisch überlaufen. Wanderern, die die Einsamkeit suchen, kann das Gebiet, in dem sich Bergführer und Ponyvermieter aufdrängen, nur bedingt empfohlen werden. Im Oktober stehen bei **Pampur** (15 km südöstlich von Srinagar) die Felder mit Safran in violetter Blüte.

2 Hemis-Nationalpark

Eindrucksvolle Hochgebirgsregion in Ladakh; nur wenige Tier- und Pflanzenarten sind den extremen Bedingungen angepaßt; typische Säugetiere sind Murmeltier und Blauschaf; sehr selten ist der Schneeleopard; ideales Gebiet für Hochgebirgs-Trekking.

Der Hemis-Hochgebirgsnationalpark im Himalaya (s. S. 38) wurde 1981 deklariert. Er erstreckt sich über eine Fläche von rund 1300 km² südlich des Indus-Flusses in Ladakh. Vom Indus-Tal (3200 m) aufwärts werden im Park Höhen bis 6400 m erreicht. Die größten Täler sind das **Markha-** und das **Zanskar-Tal**.

Die Pässe, die die Bezeichnung »La« tragen, sind in dem beschriebenen Gebiet etwa zwischen 4500 m und 5400 m hoch. Am Südrand des Hemis-Nationalparks liegt neben dem (namenlosen) höchsten Berg der Region (6401 m) der bekannte **Nimaling-Gletscher**.

Innerhalb des Parks leben 65 Großfamilien in 19 Dörfern. Dazu kommen in den Hochtälern in den Sommermonaten Nomaden mit Schaf- und Ziegenherden. Die buddhistische Religion (hier der Lamaismus) verbietet das Töten von Tieren aller Art und kommt den Wildtieren in La-

Ladakh bietet einsame Hochgebirgslandschaften für reizvolle Trekking-Touren (im Vordergrund blüht Rittersporn).

dakh besonders zugute. Das berühmte **He-mis-Kloster** ②, nach dem das Schutzgebiet benannt wurde, liegt nicht innerhalb der Parkgrenzen, sondern an einem der Zugangswege (über den Gongmaru La ③) ins Markha-Tal.

In Ladakh läßt sich der Himalaya-Hauptkamm in 3 Teile gliedern: den **Karakorum** nördlich des Shyok, die **Ladakh-Kette** zwischen Shyok und Indus und die **Zanskar-Kette** südlich des Indus. Der Hemis-Nationalpark liegt in der Zanskar-Kette. Während die Ladakh-Kette aus einem Granitkern besteht, treten in der Zanskar-Kette vielgestaltige Sedimentgesteine zutage: Sandstein, Schiefer, Quarzit, Kalkstein, Phyllit und Mergel. In fossilführenden Kalksteinbänken sind Nummuliten und Schneckengehäuse, in Schiefern und Sandsteinen versteinerte Pflanzenreste gefunden worden.

Die Monsunregen Indiens werden bereits an den südlichen Himalaya-Ketten zurückgehalten und haben keinen wesentlichen Einfluß auf die Niederschlagsmengen in Ladakh.

Pflanzen und Tiere

Zu den häufigsten Pflanzen in den Schluchten und Tälern gehören Gelbe Waldrebe, die Wildrose *Rosa webbiana*, die Tamariske *Myricaria germanica*, der Erbsenstrauch *Caragana pygmea*, Sanddorn, Heckenkirschen-Arten und Reifweide.

Auf den trockenen Schotterhängen wachsen kniehohe Büsche des Strandbeifuß, Salzsträucher der Art *Haloxylon thomsonii* und Wucherblumen. Das Himalaya-Edelweiß bildet auf feuchten Wiesen oft ausgedehnte Teppiche. Charakteristische Pflanzen der mittleren Höhenzone sind das Federgras *Stipa barbata*, der Knöterich *Polygonum affine*, der Bärenklau *Heracleum pinnatum* und der Rhabarber *Rheum spiciforme*.

Auf Felsschutt gedeiht das Weidenröschen als niedrige Staude.

In der alpinen Hochgebirgszone spielt sich der harte Überlebenskampf der Pflanzenwelt mit den Naturgewalten ab. Die farbenfrohen Blüten, die sich zwischen den unwirtlichen Felsen in einer äußerst kurzen Wachstumsperiode entwickeln müssen, rufen beim Betrachter offene Bewunderung hervor. Mehrere Arten von Enzian, Mohn, Aster, Anemone, Steinbrech und der kleinwüchsige Rittersporn *Delphinium brunonianum* kommen hier vor. Zu den seltenen Raritäten gehören die wollig behaarten Vertreter aus der Familie der Alpenscharten.

In den Dörfern wachsen Walnuß- und Aprikosenbäume, sowie Weiden und Pappeln. Auf den künstlich bewässerten Feldern wird hauptsächlich Gerste angebaut. Ladakh ist reich an Wildziegen und Wildschafen. Im Bereich des Hemis-Nationalparks ist das Blauschaf der häufigste Vertreter aus dieser Gruppe, danach folgen Asiatischer Mufflon (Urial) und das große Tibetische Wildschaf (Nayan). Steinböcke sind nur selten zu beobachten.

Die Wölfe, die hier größer sind als die kleine indische Unterart in den Ebenen, haben es nicht nur auf die Herdentiere der Nomaden abgesehen. Sie ernähren sich auch von Wildschafen, Großohrigen Pfeifhasen oder Himalaya-Murmeltieren. Die Mur-

lerche und Zippammer. Eine Ausnahme machen allenfalls Karmingimpel und Zitronenstelze. Im Bereich der menschlichen Siedlungen ist der Wiedehopf nicht selten. Auch die Alpenkrähe (roter Schnabel) kommt gelegentlich in die Dörfer, während die Alpendohle (gelber Schnabel) sich dazu nicht herabläßt und eher im Bereich der Pässe anzutreffen ist. Steinadler oder Bartgeier sind relativ selten zu beobachten. Greifvögel, die sich häufiger zeigen, sind Turm- und Rotfußfalke. Chukarsteinhühner, die in Trupps bis zu 30 Vögeln zusammenleben, können bis in 4000 m Höhe angetroffen werden. Oft wird man durch ihre Sammel- oder Alarmrufe auf sie aufmerksam. Himalaya-Königshühner, die im gleichen Lebensraum vorkommen, sind seltener als die Chukarsteinhühner.

Im Frühjahr und Herbst wird der Himalaya von vielen Zugvögeln aus der Paläarktis überquert, die insbesondere nachts oder bei schlechtem Wetter in Ladakh eine kurze Rast einlegen.

Im Gebiet unterwegs

Die Benutzung einer Hängebrücke, wie hier über den Zanskar-Fluß, ist ein besonderes Abenteuer.

meltiere leben kolonieweise in Bauten unter der Erde. Sie kommen überall dort vor, wo die Vegetation üppig genug ist, um ihnen eine gute Ernte von Sämereien zu gewährleisten.

Der Schneeleopard ist so selten, daß kaum mehr als einmal pro Jahr ein Tier gesichtet wird. Er kommt höchstens im Winter in die tieferen Regionen, wenn auch seine Beutetiere bergab gewandert sind. Etwas häufiger ist der Luchs anzutreffen.

Da sie keine Möglichkeiten haben sich in einer dichten Vegetation zu verbergen, besitzen die Vögel der Hochgebirgsregion ein gutes Tarnkleid, um wenig aufzufallen. Dazu gehören u. a. Schneeammer, Ohren-

Bergwanderungen in Ladakh sind eindrucksvolle Begegnungen mit der Natur und mit sich selbst. Der meist tiefblaue Himmel, der erhabene Anblick der Berge und die große Stille lösen bei vielen Besuchern eine glückliche Hochstimmung aus. Bergwanderer benötigen keine Klettererfahrung, wenn sie die vorhandenen Wege in den Tälern und die begangenen Pfade über die Pässe nicht verlassen. Sie sollten jedoch einigermaßen schwindelfrei sein. Einige Saumpfade führen durch steile Felsschluchten. Schwierige Flußdurchquerungen nimmt man frühmorgens in Angriff. Da nachts weniger Eis von den Gletschern abschmilzt, führen die Flüsse dann weniger Wasser als zu anderen Tageszeiten. Beim Wandern in schmalen Tälern sind Flußdurchquerungen häufig notwendig.

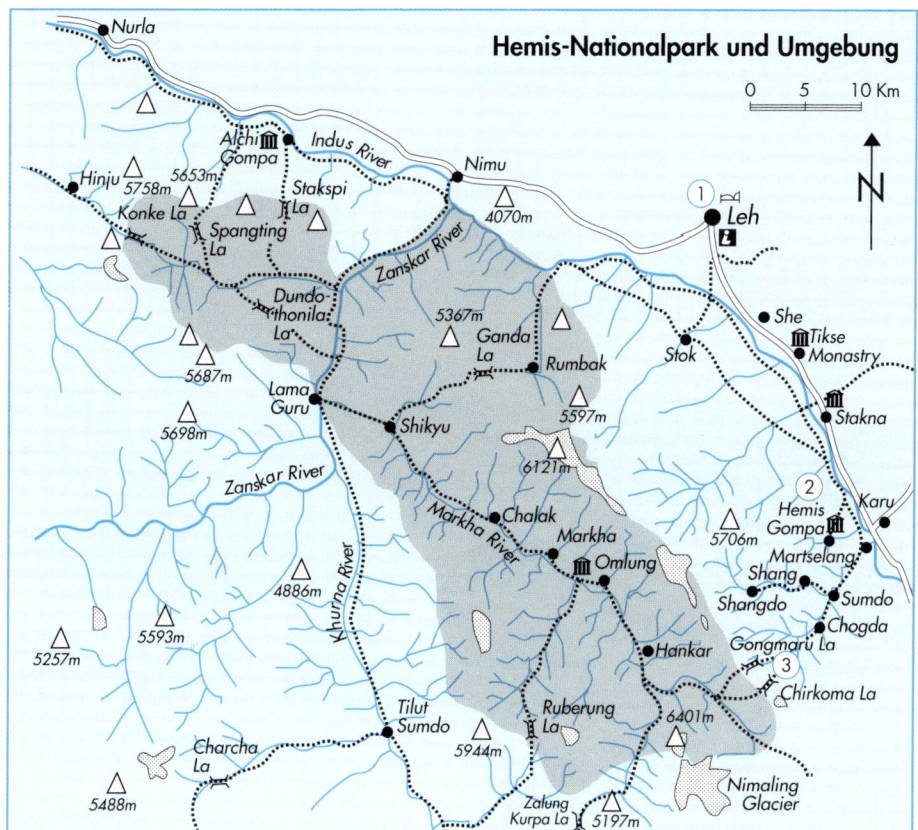

Hemis-Nationalpark und Umgebung

0   5   10 Km

Nurla
Alchi Gompa
Indus River
Hinju 5758m 5653m Stakspi
Konke La La
Spangting La
Nimu
4070m
Leh
Dundo-Rithonila La
5367m
Ganda La
Rumbak
Stok
She
Tikse Monastry
Stakna
5687m
Lama Guru
Shikyu
5597m
5698m
6121m
Zanskar River
Markha River
Chalak
Markha
Omlung
Hemis Gompa
Karu
5706m
Martselang
Shang
Shangdo
Sumdo
Chogda
4886m
Khurna River
5593m
Hankar
Gongmaru La
5257m
Chirkoma La
Tilut Sumdo
Ruberung La
6401m
Charcha La
5944m
Nimaling Glacier
5488m
Zalung Kurpa La 5197m

Dafür sollte man sich mit kurzen Hosen und Turnschuhen ausrüsten. Für die kalten Abende und Nächte sind Daunenjacken und warme Schlafsäcke angebracht. Kopfbedeckung, Handschuhe und kräftiges Schuhwerk sollten ebenso selbstverständlich mitgenommen werden wie Sonnenbrille, Hautschutzcreme und Kompaß. Das mitgeführte Zelt sollte einigermaßen windfest sein.

Als Tragtiere für den Transport der Ausrüstung kommen Esel, Pferde oder Yaks in Frage. Lastentiere und Begleitpersonen werden in Leh von professionellen Expeditions- und Karawanenausrüstern zur Verfügung gestellt. Auch in den Bergdörfern finden sich Einwohner meistens gern bereit, eine Expedition für einige Tage mit einem

Tragtier zu begleiten und sich dadurch etwas zu verdienen. Diese nicht-professionellen Begleiter kennen sich sehr gut in ihrer näheren Umgebung aus. Da sie in den Nachbardörfern Freunde und Verwandte kennen, bekommt man in ihrer Begleitung guten Kontakt zur einheimischen Bevölkerung. Bevor sie den Rückweg antreten, sind sie bei der Vermittlung des nächsten Begleiters behilflich. Nur wer sehr leichte Trocken- oder Bergsteigernahrung aus Europa mitgebracht hat, kann sein Gepäck gewichtsmäßig so klein halten, daß er 2–3 Wochen ohne ein Tragtier auskommt. Ohne einheimische Begleitung hat man es jedoch etwas schwerer, die Wege zu finden und Kontakte zu den Bewohnern zu bekommen.

Bei den Wanderungen in Ladakh müssen oft eiskalte Flußläufe durchquert werden, hier der Khurna River.

In den weit abgelegenen Tälern müssen die Menschen zwangsläufig mit vielen mittelalterlichen Techniken arbeiten, um zu überleben. Bei Aufenthalten in den Dörfern können Geräte und Verfahren bestaunt werden, die bei uns als alternativ gelten würden. Die Ladhakis müssen im Gleichgewicht mit der Natur leben und sehr sparsam mit allen Produkten umgehen. Als Beispiel für die Nutzung der knappen Resourcen soll erwähnt werden, daß Aprikosen nicht nur frisch verzehrt und für den Winter getrocknet werden. Auch die Aprikosenkerne werden nicht achtlos weggeworfen, sondern liefern mandelähnliche Innenkerne von überzeugendem Wohlgeschmack. Darüber hinaus werden die Schalen der geknackten Kerne in dem

Blauschafe sind sehr wachsame Hochgebirgsbewohner, die sich nur auf große Entfernung beobachten lassen.

brennstoffarmen Land als Brennmaterial verwertet.

Lebensmittel müssen mitgenommen werden, da die Einwohner unter den schwierigen Anbaubedingungen keinen Überschuß produzieren und wegen der schwierigen Transportwege auf Selbstversorgung angewiesen sind. Zum Buttertee laden die freundlichen Ladakhis gern ein. Dieses aus grünem Tee gekochte Getränk ist salzig und wird mit Butter angereichert. Es erinnert im Geschmack eher an eine Gemüsebrühe als an einen Tee.

Voraussetzung für ein Trekking in dieser Höhe ist neben einer entsprechenden Ausrüstung eine gute Gesundheit und eine gewisse Kondition.

Praktische Tips

Anreise

Ausgangspunkt für den Besuch des Hemis-Nationalparks ist Leh ① (3500 m Höhe). Leh ist in den Sommermonaten auf dem Landweg in 2 Tagen von Srinagar erreichbar (434 km). Diese Straße ist in der niederschlagsreichen Umgebung des Zoji La 7–8 Monate im Jahr unter Schneemassen begraben. Nach Leh bestehen Flugverbindungen von Delhi, Chandigar und Srinagar. Bevor große körperliche Anstrengungen unternommen werden, sollte man sich nach Ankunft in Leh mehrere Tage im Indus-Tal aufhalten, um den Körper an die Höhenlage zu gewöhnen.

Klima/Reisezeit

Es fällt sehr wenig Niederschlag (76 mm pro Jahr in Leh, mehr an exponierten Bergkämmen). Oft blasen sehr stürmische Winde, die man besonders in weiten Tälern und auf offenen Hochflächen zu spüren bekommt.

Der Alant (*Inula* sp.) ist im Himalaya mit vielen Arten vertreten, von denen einige bis in 4000 m Höhe vorkommen.

Die Kugeldistel wächst auf trockenen Schotterflächen.

Hagebutten am Wildrosenstrauch (*Rosa webbiana*).

Der Himalaya, das höchste Gebirge der Welt

Der Himalaya erstreckt sich über eine Länge von mehr als 2500 km bei einer Breite von etwa 200 km bis 400 km. Der höchste Berg ist der Mt. Everest mit 8848 m, darüber hinaus gibt es 13 weitere Berge über 8000 m. Viele hohe Berge über 6000 m sind noch ohne Namen. Indiens höchster Berg ist der Nanda Devi mit 7817 m Höhe.

Vor rund 50 Mio. Jahren (im Tertiär) begann die Entstehung des Himalayas, der von Geologen als junges Gebirge bezeichnet wird. Beim Aufschieben des Indischen Subkontinents auf den Eurasischen Kontinent infolge der Kontinentaldrift entstand eine Kollisionszone. Durch das fortwährende Einwirken der Kräfte faltete sich diese Zone und wuchs zum Gebirge empor. Dieses besteht größtenteils aus den Gesteinen der alten Kontinentalplatten (Granit, Gneis). Die Meeresablagerungen des Tethys-Meeres, das einst zwischen Indien und Asien bestand, wurden bei der Gebirgsbildung in die höchsten Bergregionen verfrachtet. Dort finden sie sich heute als Sedimentgesteine mit Fossilien.

Durch die Gebirgsbildungsprozesse, die offenbar noch anhalten, sind die Gesteinsmassen hochgradig verformt worden, was zur Methamorphose vieler Gesteine führte. Mehrere Eiszeiten haben ihre Spuren in Form von abgelagerten Moränen, Schotterflächen und verfestigten Konglomeraten hinterlassen.

Drei parallel verlaufende Kämme werden voneinander unterschieden: der Himalaya-Hauptkamm, der Mittelkamm und das Himalaya-Vorgebirge (auch als Siwaliks bezeichnet). Die mittlere Höhe der Bergspitzen des Hauptkamms liegt über 6000 m, die des Mittelkamms bei 4000 m und die des Vorgebirges bei 1000 m.

Die Temperaturen in den Sommermonaten liegen in Leh tagsüber bei maximal 33 °C, nachts in Gefrierpunktnähe und sind andernorts stark von der Höhe abhängig. Ab September und bis Juni muß mit Schneefall gerechnet werden. Im Winter können die Temperaturen gelegentlich bis –40 °C absinken.

Beste Reisezeit: Juli bis September.

Unterkunft

Zelt. Gelegentlich bieten Klöster oder gastfreundliche Dorfbewohner leere Zimmer oder windgeschützte Nischen als Quartier an.

Adressen

⇨ Divisional Forest Officer, Hemis National Park, Leh, Ladakh, Jammu & Kashmir;

⇨ Tourist Office, Leh (near Khangri Hotel), Ladakh, Jammu & Kashmir.

Blick in die Umgebung

Das bevorzugte Ziel von Bergsteigern in der Region sind die Gipfel des **Nun-Kun-Massivs** (Nun 7135 m, Kun 7085 m) im Westen der Zanskar-Kette. Die Straße von Kargil nach Padam führt unmittelbar an dem großen Gletscher des Nun-Kun-Massivs vorbei.

Die hellen **Seetone bei Lamayuru** (an der Straße zwischen Kargil und Leh) sind eine geologische Sehenswürdigkeit. Es handelt sich um verfestigte, tonhaltige Rückstände vom Boden eines ehemaligen Gletschersees. Dieses Zeugnis einer früheren Eiszeit ist heute starken Verwitterungserscheinungen ausgesetzt.

3 Desert-Nationalpark

Großes Teilgebiet der Tharr-Wüste mit wandernden Sanddünen; Indische Gazellen (Chinkaras) sind häufig; interessante Vogelwelt mit Hindutrappe als Brutvogel, Überwinterungsgebiet für viele Zugvögel wie Kragentrappe, Sandflughuhn und Rennvogel; artenreiche Reptilienwelt.

Die Tharr-Wüste liegt im Nordwesten Indiens und setzt sich im Westen nach Pakistan fort. Es ist im Grunde genommen eine Halbwüste, die eine Gesamtfläche von 280 000 km² bedeckt. Davon gehören 62 % zu Indien und 38 % zu Pakistan. Etwa 50 % dieser Fläche werden von Sanddünen bedeckt. Dazwischen finden sich trockene Ödlandflächen, die mit niedrigem Buschwerk bewachsen sind.
Da die Wüstenregion mit 25 Einwohnern pro Quadratkilometer eine relativ dichte Besiedlung aufweist, die mit einer intensiven Haustierhaltung einhergeht, wird die natürliche Vegetation stark beansprucht. Mit der Schaffung des Desert-Nationalparks soll erreicht werden, daß die einmalige Pflanzen- und Tierwelt der Region wirksam geschützt wird und erhalten bleibt. 1984 wurde daher ein 3162 km² großes Schutzgebiet als Sanctuary ausgewiesen, das langfristig zu einem Nationalpark entwickelt werden soll. Voraussetzung dafür ist die Umsiedlung von 37 Dörfern (31 000 Menschen mit 230 000 Schafen und Ziegen). Bereits jetzt ist der populäre Name des (geplanten) Desert-Nationalparks in Indien ein fester Begriff. Es ist jedoch noch ein aufwendiger und mühsamer Weg, um alle Voraussetzungen zur Errichtung eines Nationalparks mit seinen strengen Anforderungen zu erfüllen.

In der Zwischenzeit konzentrieren sich die Naturschutzbehörden auf die Schaffung von kleinräumigen, gut geschützten Kernzonen innerhalb des großen Gebiets. Um frei herumlaufendes Vieh davon abzuhalten, die Vegetation zu beschädigen, wurden viele Zäune gezogen. Die abgezäunten Areale zeigen bereits nach wenigen Jahren eine deutliche Regeneration der Pflanzenwelt. Solche Kernzonen gibt es u. a. bei Sam ②, Sudasari ③, Phulia ④ und Miajalar ⑤. Dort hat man auch Tränken eingerichtet, um die Vermehrung der Wildtierbestände zu unterstützen. Die Gesamtfläche aller streng geschützten Kernzonen beläuft sich bisher auf etwa 90 km². Eine unabsehbare Gefahr für den wertvollen Wüstenbiotop im Desert-Nationalpark geht von einem großangelegten Bewässerungsprojekt aus. Seit 1958 wird an einem Kanal gebaut (heute Indira Gandhi Nahar genannt, früher Rajasthan Canal), der Indus-Wasser in den Punjab, nach Haryana und nach Rajasthan bringen soll. Der Ka-

Indische Gazellen (Chinkaras) leben nicht nur in Schutzgebieten, sondern auch auf den Feldern der Bishnois.

Gut getarnt: Braunbauch-Flughuhn (hier weiblicher Vogel).

Die Kragentrappe ist nur Wintergast in Nordwest-Indien.

Bindenflughühner sind in der Regel zu zweit oder dritt, während andere Flughühner größere Trupps bilden.

Die Orobanche, ein Sommerwurzgewächs ohne eigenes Blattgrün, ist ein Wurzelparasit. Sie blüht im Winter.

nal selbst wird den Desert-Nationalpark nicht berühren, aber ein geplanter Stichkanal von Mohangarh nach Gadra Road soll auf einer Länge von 80 km durch den Park führen, bzw. knapp an der Parkgrenze vorbeilaufen. Naturschützer versuchen, diese Planungen aufzuhalten.

Archäologische und geologische Untersuchungen lassen vermuten, daß die Region erst während der letzten 3000–4000 Jahre zur Wüste geworden ist. Die Tatsache, daß es in Rajasthan in historischen Zeiten Elefanten und Nashörner gegeben hat, spricht für ein ehemals feuchteres Klima.

Die gelben Sandsteine und grauen Kalksteine in der nahegelegenen Stadt Jaisalmer enthalten viele Fossilien, aus denen abgeleitet werden kann, daß sie in einem Meer der Jurazeit (vor 180 Mio. Jahren) abgelagert wurden. Höher gelegene Gesteinsschichten in Jaisalmer lassen sich auf ein Alter von 135 Mio. Jahren datieren. In noch jüngeren Formationen wurden unter dem Wüstenboden Erdgas und Erdöl gefunden.

Trockene Ebenen mit Sanddünen und niedrigen Dornenbüschen charakterisieren die Tharr-Wüste.

Pflanzen und Tiere

In der Halbwüste wachsen den ariden Bedingungen gut angepaßte Sträucher und dorniges Buschwerk, z. B. der Kapernstrauch *Capparis decidua* (S.45), der Oscherstrauch *Calotropis procera* und der Hakenkopf *Calligonum polygonoidis*. Wenige niedrige Bäume (wie die Akazie *A. nilotica, Prosopis cineraria, Salvadora persica, Tecomella undulata*) schaffen es, an günstigen Standorten Fuß zu fassen. Nach den ersten Regenschauern der Monsunzeit wird die Wüste für wenige Wochen grün. Die meisten Pflanzen sind einjährig und müssen Blüte und Fruchtentwicklung abgeschlossen haben, bevor ihre Stengel wieder verdorren. Nur das harte, hohe Sewan-Gras ist mehrjährig. Zierliche Indische Gazellen (Chinkaras) beleben überall das Bild der Wüstenlandschaft. Selbst außerhalb des Parks sieht man sie in diesem Teil Rajasthans häufig auf den bewirtschafteten Feldern, wo sie von der Religionsgemeinschaft der Bishnois geschützt werden. Weitere typische Säugetiere der Region sind Bengalfüchse (S.88), Goldschakale (S.171), Mungos

(S.104), Sindhasen und Indische Sandmäuse (S.87).

Zu den eindrucksvollsten Vögeln im Park gehören zweifellos die Hindutrappen (S.65, s.S.66), die hier besonderen Schutz genießen. Ihre Zahl im Desert-Nationalpark wird auf 400 Vögel geschätzt. In den geschützten Kernzonen kann man sie auf weite Entfernung erkennen, da ihre weißen Hälse sehr auffällig sind.

Als Wintergäste aus Mittelasien finden sich ab Oktober die Kragentrappen ein, deren Gefieder eine gute Tarnwirkung hat. Neben gewöhnlichen Haussperlingen treten im Winterhalbjahr große Schwärme von Weidensperlingen in Erscheinung. Andere Wintergäste, die in Massen auftreten, sind Sandflughühner.

Die Wüstenlandschaft übt eine große Anziehungskraft auf Greifvögel aus. Während Schikra, Laggarfalke, Wespenbussard, Schlangenadler, Zwergadler (S.88) und Raubadler Jahresvögel sind, tauchen Schelladler, Steppenadler, Adlerbussard und Habicht speziell im Winter auf. Auch Lannerfalke, Wanderfalke, Baumfalke (S.88) und Turmfalke halten sich nur vorübergehend hier auf.

Unter den Reptilienarten dieser Trockenzone sind Wüstenwaran, Dornschwanzagame, Panthergecko, Sandgecko und Dreizehiger Schlangenskink vertreten. Außerdem gibt es etliche Schlangen wie Indische Sandboa, Gewöhnlicher Krait, Sandrasselotter, Gewöhnliche Blindschlange und Sandrennatter. Die Sternschildkröte verträgt extreme Trockenheit. Die Strahlen-Dreikielschildkröte dagegen, die eine Sumpfschildkröte(!) ist, gräbt sich in der Trockenzeit in Flußbetten oder den Schlamm von austrocknenden Tümpeln ein, um zu überleben.

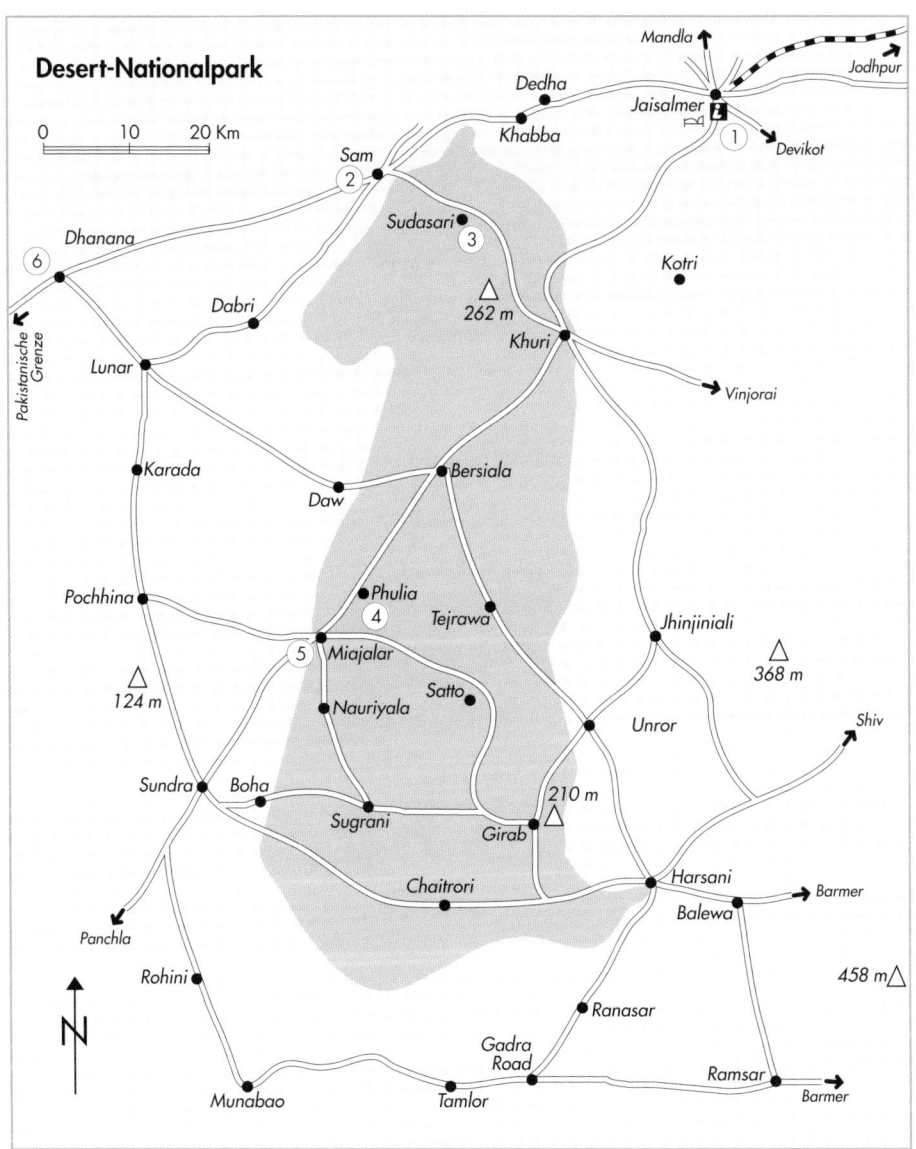

Im Gebiet unterwegs

Die Straße von Jaisalmer ① nach Dhanana ⑥ ist befestigt und kann ohne Geländefahrzeuge befahren werden. In der Umgebung von Sam ② zeigen sich bereits sehr schöne Sanddünen, die einen guten Eindruck von der Wüstenlandschaft vermitteln. Wer tiefer ins Innere des Desert-Nationalparks vordringen möchte, braucht einen Jeep oder ein Reitkamel. Man muß jedoch bedenken, daß selbst ein Jeep sich festfahren kann, wenn Treibsand die Pisten zugeweht hat.

Die Wüstenregion bietet sich für Safaris auf dem Kamelrücken an. Bei den angebotenen Tieren handelt es sich um Dromedare (mit einem Höcker), die in Indien als Kamele bezeichnet werden. Sie können sowohl in Jaisalmer ① (keine Sanddünen in der Nähe), als auch in Sam ② mit Begleitperson für einige Stunden oder mehrere Tage gemietet werden.

Es ist ein wunderbares Erlebnis die Weite der Wüstenlandschaft vom Rücken eines so hochbeinigen Reittieres zu überblicken. Das lautlose, mühelose Getragenwerden ermöglicht dem Reiter, die Eindrücke in Ruhe zu verarbeiten und sich unbeschwert und frei zu fühlen. Das böse Erwachen kommt meist einige Stunden später, wenn man vom Sattel steigt und feststellen muß, daß man sich wundgeritten hat. Wer sich auf eine mehrtägige Kamel-Safari einläßt, sollte sich vorher mit diesem Problem auseinandergesetzt haben.

Praktische Tips

Anreise

Jaisalmer ① liegt etwa 40 km vom Desert-Nationalpark entfernt und ist ein guter Ausgangspunkt für Tagestouren. Fahrzeuge können dort gemietet werden. Jaisalmer kann mit Bus und Bahn erreicht werden. Es liegt 290 km von Jodhpur und 630 km von Jaipur entfernt.

Klima/Reisezeit

Die mittlere jährliche Niederschlagsmenge, die zu 80 % von Juli bis September fällt, liegt unter 200 mm und unterliegt großen Schwankungen. Dürreperioden, in denen überhaupt kein Regen fällt, wiederholen sich alle paar Jahre.

Die Touristensaison beginnt im September und endet im März. Außerhalb dieses Zeitraums können extreme Wetterbedingungen den Aufenthalt in der Region sehr erschweren. Die heiße Jahreszeit (April bis Juni) wird von Staubstürmen und heißen Winden begleitet. Die Lufttemperatur kann dabei im Schatten 48 °C erreichen. Die als kühl empfundenen Wintertemperaturen liegen zwischen 2 °C und 25 °C. Insbesondere nach Sonnenuntergang wird es so kalt, daß Pullover und Jacke angebracht sind. Nachts werden Wolldecken oder ein warmer Schlafsack benötigt.

Unterkunft

Jaisalmer verfügt über ein großes Angebot an Unterkünften. Im Desert-Nationalpark stehen mehrere kleine Rasthäuser zur Verfügung.

Adressen

- Director, Desert National Park, Jaisalmer, Rajasthan;
- Tourist Office, Government of Rajasthan, Moomal Tourist Bungalow, Amar Sagar Road, Jaisalmer, Rajasthan, Tel. 92.

Blick in die Umgebung

Bei **Akal** gibt es versteinerte Baumstämme zu bewundern, die ein Alter von 180 Mio. Jahren aufweisen. Akal liegt 17 km von Jaisalmer entfernt (14 km auf der Straße in Richtung Barmer, danach 3 km Piste). Das Gelände mit den Fossilfunden, das als Wood Fossil Park bezeichnet wird, ist von einem Steinwall umgeben und wird bewacht. Die gut erhaltenen Stämme sind durch zusätzliche Gitter geschützt.

4 Sariska

Ehemaliges Jagdgebiet des Maharadschas von Alwar in den Aravalli-Bergen; jetzt Tigerschutzgebiet; künstliche Wasserstellen entlang der Straße ermöglichen Tierbeobachtungen aus dem Auto; Leoparden werden häufiger gesehen als Tiger.

Wenn der trockene Laubwald im Winter ohne Laub dasteht, das Gras welk ist und kahle Felsen in den Himmel ragen, dann ist der erste Eindruck von Sariska zunächst etwas trostlos. Doch bereits nach wenigen Kilometern Pirschfahrt zeigt sich, daß man unter den Gegebenheiten dieser recht kargen Landschaft besonders viele Wildtiere zu Gesicht bekommt.

Vor der Unabhängigkeit Indiens nannte der Maharadscha von Alwar das wildreiche Jagdgebiet in den Aravalli-Bergen sein eigen. Alte Fotos, die im Palast von Sariska ① an den Wänden hängen, vermitteln einen Eindruck von den Jagdfreuden aus jenen Tagen. Nach 1947 mußten Verfügungsgewalt und Verantwortung an den Staat übergeben werden. 1955 wurden erste 195 km² als Sanctuary deklariert. Seit 1979 ist Sariska ein Tigerschutzgebiet, das 800 km² umfaßt. Die Kernzone (498 km²) zerfällt in 3 Teilgebiete (Nord, Mitte, Süd), von der die große, mittlere Kernzone 1982 den Status eines Nationalparks erhalten hat.

Die Aravalli-Bergkette (höchster Berg: 1722 m im Mt.Abu-Massiv), die sich von Gujarat bis nach Delhi über mindestens 800 km verfolgen läßt, bildet die Wasser-

Walddatteln, die häufigsten Palmen in Rajasthan, säumen den Weg zum Kankwari Fort in Sariska.

scheide zwischen Indus und Ganges. Geologisch gesehen sind die Aravallis das
einzige Faltengebirge des Indischen Subkontinents, das bereits vor der Auffaltung
des Himalayas bestand. Andere Bergket-
ten, wie z. B. die Vindhyas, sind stehenge-
bliebenes Hochland, dessen Umgebung
durch Erosion abgetragen wurde. Der tek-
tonische Gebirgsbildungsprozeß der Aravallis fand bereits im Präkambrium statt.
Mit einem Alter von 1 Milliarde Jahren
zählen die Aravallis zu den ältesten Geo-
synklinalen (Einsenkungströge) der Erde.
Verwitterungskräfte haben der ehemals
imposanten Bergkette seither, das heißt im
Lauf von vielen Jahrmillionen, stark zuge-
setzt.
Die Berge in Sariska erreichen Höhen bis
700 m. Zu den häufigsten Gesteinen
gehören Quarzite, Konglomerate und
Kalksteine. Daneben treten auch kristalli-
ner Schiefer, Phyllit, Grit und Granit in Erscheinung.

Der Kapernstrauch (*Capparis decidua*) ist fast blattlos.
Die reifen Früchte (unten) sind süß und saftig, zerplatzen
jedoch beim Pflücken leicht.

Pflanzen und Tiere

Sariska trägt einen trockenen Laubwald,
dessen häufigste Bäume Weihrauchbaum
und *Anogeissus pendula* sind. Eingestreut
im offenen Grasland wachsen niedrige
Bäume und Buschwerk wie die Akazie
Acacia catechu und Ber-Büsche. Zum
Vegetationstyp einer Dornbuschzone
gehören das Wolfsmilchgewächs *Euphorbia neriifolia*, die Grewie *Grewia flaves-
cens* und die Bauhinie *Bauhinia racemosa*.
Unter der meist stacheligen, niedrigen Bo-
denvegetation finden sich Stumpfgras, das
Bartgras *Heteropogon contortus* und der
Goldbart *Chrysopogon fulvus*. In der Nähe
von Wasserstellen wachsen Walddatteln,
an schattigen, feuchten Standorten der
Feigenbaum *Ficus racemosa*, Jambolanapflaume und Brustbeerenbaum.

Das Stachelschwein verbringt den Tag in selbstgegrabenen
Erdhöhlen und ist nur nachts auf den Beinen.

Die häufigsten Huftiere im Park sind Sambarhirsche (S. 59), Nilgaiantilopen, Axishirsche (S. 17) und Wildschweine. Um eine Vierhornantilope zu sehen, sollte man sich bei der Parkverwaltung nach deren bevorzugten Aufenthaltsorten und den günstigsten Tageszeiten erkundigen. Aus der Familie der Hundeartigen sind Goldschakale (S. 171) zahlreich vertreten, während Streifenhyänen und Bengalfüchse (S. 88) seltener sind. Das mysteriöse, plötzliche Auftauchen eines Paares von Dekkan-Rothunden im Jahr 1986 konnte bisher nicht erklärt werden. Der extrem seltene Wüstenluchs (Caracal) wird pro Jahr kaum mehr als einmal beobachtet. Die wesentlich kleinere Rohrkatze (S. 129) kann dagegen regelmäßig gesehen werden. Hanuman-Languren (S. 57) sind stärker vertreten als Rhesusaffen (S. 109). Beide Arten vertragen sich erstaunlich gut.

Tiger waren in Sariska stets scheu und blieben den Besuchern meistens verborgen. Mitte der achziger Jahre wurde entdeckt, daß Wilderer ihnen jahrelang unbemerkt nachgestellt hatten, um Felle und Knochen nach China zu verkaufen. Der Tigerbestand ist dadurch von annähernd 40 auf unter 20 zurückgefallen. Leoparden sind dagegen weiterhin mit rund 40 Tieren gut vertreten. Das felsige Gelände bietet ihnen ideale Lebensbedingungen. Besucher haben besonders am späten Nachmittag keine schlechten Chancen, eine der gefleckten Großkatzen in den Felsen auszumachen. Dafür ist der Einsatz eines Fernglases empfehlenswert, denn durch ihre perfekte Tarnung bleiben sie dem unbewaffneten Auge oft verborgen.

Unter den Singvögeln sind Steinortolan, Scharlachmennigvogel (S. 179), Russbülbül, Strauchschmätzer, Gangesbrillenvogel und Bayaweber (S. 109) anzutreffen. Hirtenmaina, Dschungeldrossling, Hinduracke (S. 112), Kleiner Alexandersittich (S. 17), Rotlappenkiebitz, Raubwürger, Königsdrongo (S. 98), Pirol, Wanderelster und Glanzkrähe gehören zu den ganz gewöhnlichen Vogelarten in Sariska. Brauner Fischuhu, Halsbandeule (S. 75), Brahmakauz (S. 69), Perlspornhuhn, Wachtelfrankolin, Bindenflughuhn (S. 40), Triel, Orangespecht, Bengalen- (S. 64) und Kahlkopfgeier (S. 72) sind weitere Charaktervögel. Typische Wintergäste sind Hausrotschwanz, Klappergrasmücke und Rosenstar, letzterer oft in großen Schwärmen. An ungestörten Wasserstellen überwintert der Schwarzstorch. Die am Rande des Schutzgebiets gelegenen Seen bei Tehla sind im Winter ein Sammelplatz für viele Arten von Wasservögeln.

Der Pfau (S. 17) ist Indiens Nationalvogel und gilt den Hindus als heilig. Es gibt kaum ein Gebiet, in dem er sich einfacher beobachten läßt als in Sariska. Die Balzzeit beginnt wenige Wochen vor Eintritt der Regenzeit im Mai/Juni und setzt sich bis Juli/August fort. Daher wird dem wunderbaren Tanz der Pfauenhähne die Kraft zugeschrieben, den Regen herbeizurufen. Die dekorativen Schwanzfedern werden während der Mauser im Oktober abgeworfen.

Im Gebiet unterwegs

Da die Hauptstraßen im Gebiet (Sariska ① – Pandupol ② und Kalighati ③ – Tehla ④) asphaltiert sind, können sie ganzjährig, also auch während der Regenzeit mit einem normalen Personenwagen befahren werden. Die Fahrten auf Nebenstrecken wie z. B. zum Kankwari Fort ⑤ und nach Neelkanth ⑥ sollten nur in der trockenen Jahreszeit und mit einem Geländefahrzeug in Angriff genommen werden (Geländefahrzeuge können in Sariska gemietet werden). In **Pandupol** ② befindet sich ein Hanuman-Tempel. Hanuman-Languren und Rhesusaffen lassen sich hier von den Tempelbesuchern gerne füttern. Hinter dem Tempel endet die Straße in einem engen, schattigen Felsental. Ein kurzer Fußweg führt zu einem kleinen Wasserfall (versiegt in trockenen Jahren), dessen klares Wasser sich in einem Becken zwischen den Felsen sammelt. Hier lassen sich Fischnattern (S. 195) im flachen Wasser beobachten, wenn man sich sehr ruhig verhält. Im **Siliserh-See** ⑦ leben Sumpfkrokodile (S. 71), die besonders im Winter zum Sonnenbaden an Land gehen.

In **Taalvriksh** ⑧, wo Wasser aus einer heißen Schwefelquelle zum Baden in einem Wasserbecken gesammelt wird, finden sich sehr viele Rhesusaffen. Das **Kankwari-Fort** ⑤, eine gut erhaltene Ruine, liegt malerisch auf einem Berg (Auffahrt für Fahrzeuge vorhanden). Hier soll ein Bruder des Mogulherrschers Aurang-

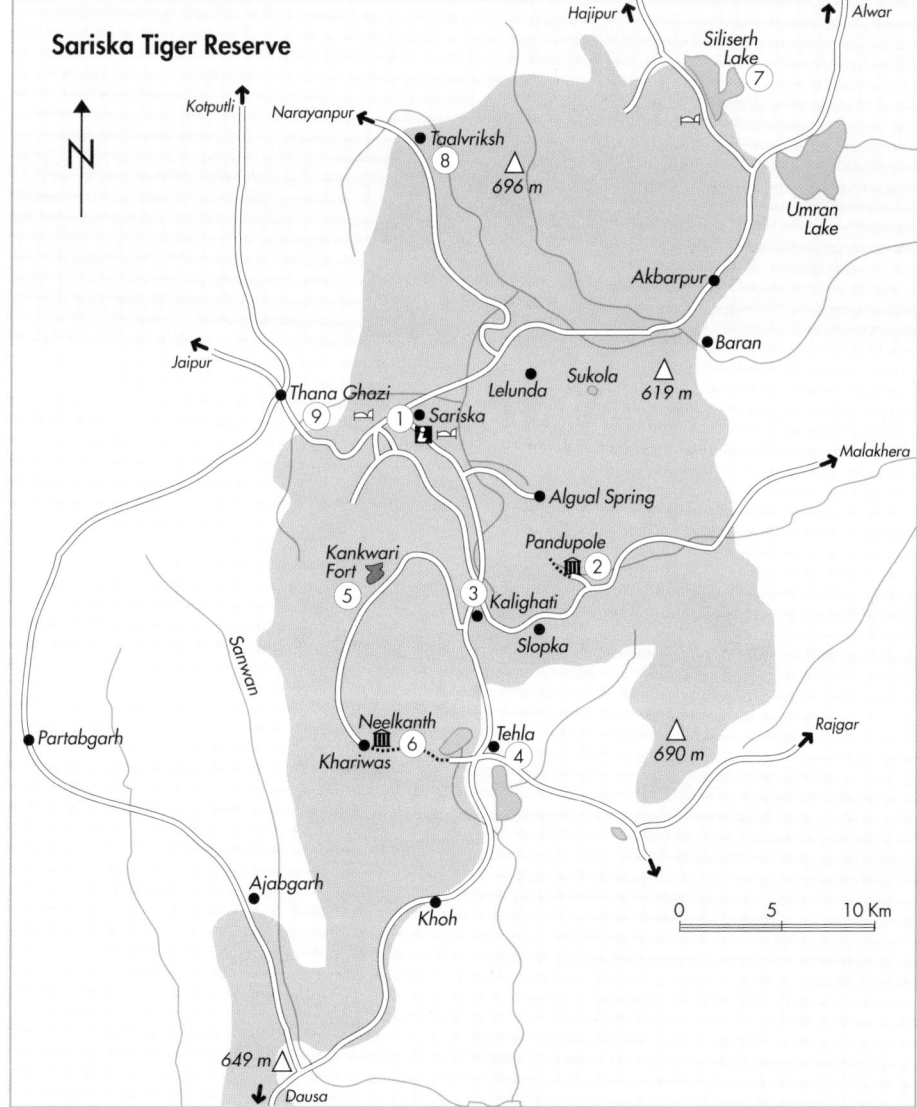

Da natürliche Wasserstellen wie diese knapp sind, wurden in Sariska auch künstliche angelegt.

zeb in der Verbannung gelebt haben. Heute nutzt der Leopard die steilen Hänge unterhalb des Forts als Lebensraum. Bei der Weiterfahrt in Richtung Neelkanth liegen kleine Dörfer an der Piste, die langfristig

umgesiedelt werden sollen. Die landwirtschaftlich noch genutzten Flächen in diesem Tal, sollen zukünftig ganz von der Wildnis zurückerobert werden. **Neelkanth** ⑥ ist ein archäologisch interessanter Ort, bei dem große Mengen von Tempelskulpturen aus dem 6.–13. Jh. liegen.

Das Sariska-Schutzgebiet ist an Feiertagen und Wochenenden, besonders in den Wintermonaten, ein viel besuchtes Ausflugsziel. Die Monate März bis Juni, wenn sich die Wildtiere wegen der Trockenheit in zunehmendem Maße an den Wasserstellen konzentrieren, sind für Tierbeobachtungen günstiger. Wegen der großen Hitze ist die Zahl der Besucher dann sehr gering. Für Pirschfahrten kommen nur die ersten 2 Stunden nach Sonnenaufgang und die letzten 2 Stunden vor Sonnenuntergang in Frage. Zu anderen Tageszeiten ziehen sich die Tiere weitgehend in den Schatten zurück.

Diese Pirolart ist auch in Europa verbreitet; in Indien ist es nur eine unter 5 Pirolarten.

Seit Maharadschas Zeiten ist Sariska berühmt für seine Jagdtürme und -ansitze an künstlichen und natürlichen Wasserstellen, insbesondere Kalighati und Slopka. Sie waren auch unter Tierfotografen sehr geschätzt. Die Genehmigungen zur Benutzung der Ansitze wurden in den vergangenen Jahren erheblich eingeschränkt, um Störungen der Tiere zu vermeiden. Nächtliche Pirschfahrten mit Handscheinwerfern durch das Gebiet waren jahrelang ebenso beliebt wie umstritten und sind deswegen wiederholt mit Verboten belegt worden.

Die Nilgaiantilope wird im Hinduismus wegen ihrer Ähnlichkeit mit einer heiligen Kuh verehrt.

Praktische Tips

Anreise
Von Alwar (37 km) stehen Busverbindungen und Taxis nach Sariska zur Auswahl. Alwar liegt 110 km von Jaipur und 160 km von Delhi entfernt und ist von beiden Städten mit Bahn oder Bus erreichbar. Die Busse, die direkt nach Delhi fahren, sind oft schon recht voll, wenn sie in Sariska halten. Sie werden in Thana Ghazi ⑨ (8 km vor Sariska) eingesetzt und es ist besser, schon dort einzusteigen, um einen Sitzplatz zu bekommen. Da es von Alwar bessere Verkehrsverbindungen als von Sariska gibt, bietet es sich andererseits an, die Weiterreise von dort fortzusetzen.

Klima/Reisezeit
Das subtropische Klima zeichnet sich durch einen milden Winter (Temperaturen zwischen 0 °C und 25 °C), eine trocken-heiße Jahreszeit (März bis Juni) und eine 3-monatige Regenzeit (Juli bis September) aus. Im Juni wehen aus den westlichen Wüstengebieten heiße, staubbeladene Winde herüber. Die Tagestemperatur steigt im Mai/Juni bis über 40 °C, bevor die Regenzeit ab Ende Juni feucht-warme Klimaverhältnisse schafft. Im Mittel fällt eine jährliche Niederschlagsmenge von 650 mm. Sariska ist ganzjährig geöffnet.

Unterkunft
In Sariska ① gibt es verschiedene Unterkünfte vom stilvollen Hotel im Palast über die Tourist Lodge (Tiger Den) bis zum Forest Resthouse. Am Siliserh-See ⑦ liegt ein weiterer Palast mit Hotelbetrieb.

Adressen
- ➭ The Field Director, Project Tiger, Sariska, Dist. Alwar, Rajasthan;
- ➭ Tourist Information Bureau, Near Purjan Vihar Garden, Alwar, Rajasthan, Tel. 3863;
- ➭ Tourist Office, Goverment of Rajasthan, Chandralok Building, 36, Janpath, New Delhi 110 001, Tel. 322332, 321820;
- ➭ Rajasthan Tourism, 100, Jawaharlal Nehru Marg, Jaipur 302 004, Rajasthan, Tel. 73873, 74857.

Blick in die Umgebung
Das bekannte Vogelschutzgebiet bei Bharatpur (Keoladeo-Ghana-Nationalpark, Hauptreiseziel 5) liegt kaum mehr als 100 km von Alwar entfernt in südöstlicher Richtung (bei Benutzung von öffentlichen Bussen in Dig umsteigen).
Ein weiteres Tigerschutzgebiet in Rajasthan (Ranthambhore, Hauptreiseziel 6) liegt 130 km von Jaipur entfernt.

5 Keoladeo-Ghana-Nationalpark (Bharatpur)

Weltbekanntes Vogelparadies im Bundesland Rajasthan; besonders im Winter werden viele Zugvögel (darunter seltene Arten wie Nonnenkranich und Sichelente) von den künstlich angelegten Wasserflächen angelockt; Brutkolonien von Wasservögeln sind im Juli/August besetzt; sehr gute Beobachtungsmöglichkeiten für paläarktische Greifvögel; ideal für Wanderungen und Radfahrten.

Das außergewöhnlich vogelreiche Feuchtgebiet ist ein Mekka für Ornithologen aus aller Welt. Während es im Winter durch die Vielzahl und Massen von Zugvögeln beeindruckt, sind die dichtbesetzten Brutkolonien der Wasservögel eine Attraktion der Regenzeit. In der Trockenzeit brüten die meisten heimischen Singvögel, im Mai sammeln sich Hunderte von Saruskranichen, im Juni beginnt die grazile Balz der Edelreiher mit den schönen Schmuckfedern, im August/September blühen die Seerosen *Nymphea stellata,* und so hat jede Jahreszeit ihre speziellen Sehenswürdigkeiten.

Das Gebiet liegt in einer natürlichen Senke, in der sich während der Regenzeit ein Sumpf bildet. Im Winter sammelten sich hier seit jeher Wasservögel, so daß die Maharadschas von Bharatpur dort ein ergiebiges Jagdrevier vorfanden. Um die Wasserflächen im Hinblick auf die Entenjagd noch zu vergrößern, wurden ab 1850 künstliche Bewässerungskanäle, Dämme und Becken geschaffen und bis 1930 schrittweise ausgebaut. Tatsächlich wurde das so von Menschenhand gestaltete Feuchtgebiet ein Magnet für die Vogelwelt in einer ansonsten recht trockenen Umge-

Dieses Feuchtgebiet ist zu jeder Jahreszeit sehenswert. In der Regenzeit beherrschen die Brutvögel das Bild.

bung. Von den Ergebnissen der damaligen Jagden, denen pro Tag nicht selten mehrere tausend Wasservögel zum Opfer fielen, berichten die historischen Steintafeln in der Nähe des Keoladeo-Tempels ③. 1956 wurden 29 km² (davon 8,5 km² Feuchtgebiet) zum Vogelschutzgebiet und 1981 zum Nationalpark erklärt. Für die Bauern der Umgebung war es unfaßbar, daß sie ihre Wasserbüffel und Kühe nicht mehr zum Grasen in die Wildnis vor ihrer Haustür schicken durften. Bei einer Auseinandersetzung mit der Polizei gab es sogar Tote und Verletzte. Seither ist der Nationalpark völlig eingemauert, um zu verhindern, daß Haustiere illegal in das Gebiet gelangen. Durch das Ausbleiben der Wasserbüffel haben sich neue Probleme eingestellt. Da die Büffel die aquatische Vegetation nicht mehr kurz halten, verkrauten die Wasserflächen zusehens. Jetzt dürfen die Bauern zu bestimmten Jahreszeiten das im Wasser schwimmende Gras *Paspalum distichum* per Hand ernten und als Viehfutter mit nach Hause nehmen. Dadurch werden sie mehr oder weniger unbewußt als Landschaftspfleger in das Nationalparkkonzept mit einbezogen.

Die Fischkatze ist ein heimliches Nachttier.

Tausendfüßer (hier der Unterklasse Diplopoda) treten während der Monsunzeit häufig in Massen auf.

Pflanzen und Tiere

Der größte Teil der trockenen Landfläche ist Dornbuschzone, in der Ber-Büsche, der Kapernstrauch *Capparis decidua* und niedrige Bäume (die Akazie *A. nilotica* und *Salvadora-Arten*) vorherrschen. Im Nordosten des Parks befindet sich ein Waldgebiet mit alten Kaddambäumen, das während der Regenzeit überflutet wird. In Wassernähe stehen Walddatteln. Die wichtigsten Nistbäume, die auf künstlich angelegten Inseln wachsen, sind Akazien (*A. nilotica*).

Der Mittelreiher, vom Silberreiher nicht immer auf Anhieb zu unterscheiden, gehört zu den Brutvögeln. Reiher und Seerosen sind eine typische Komposition der Regenzeit.

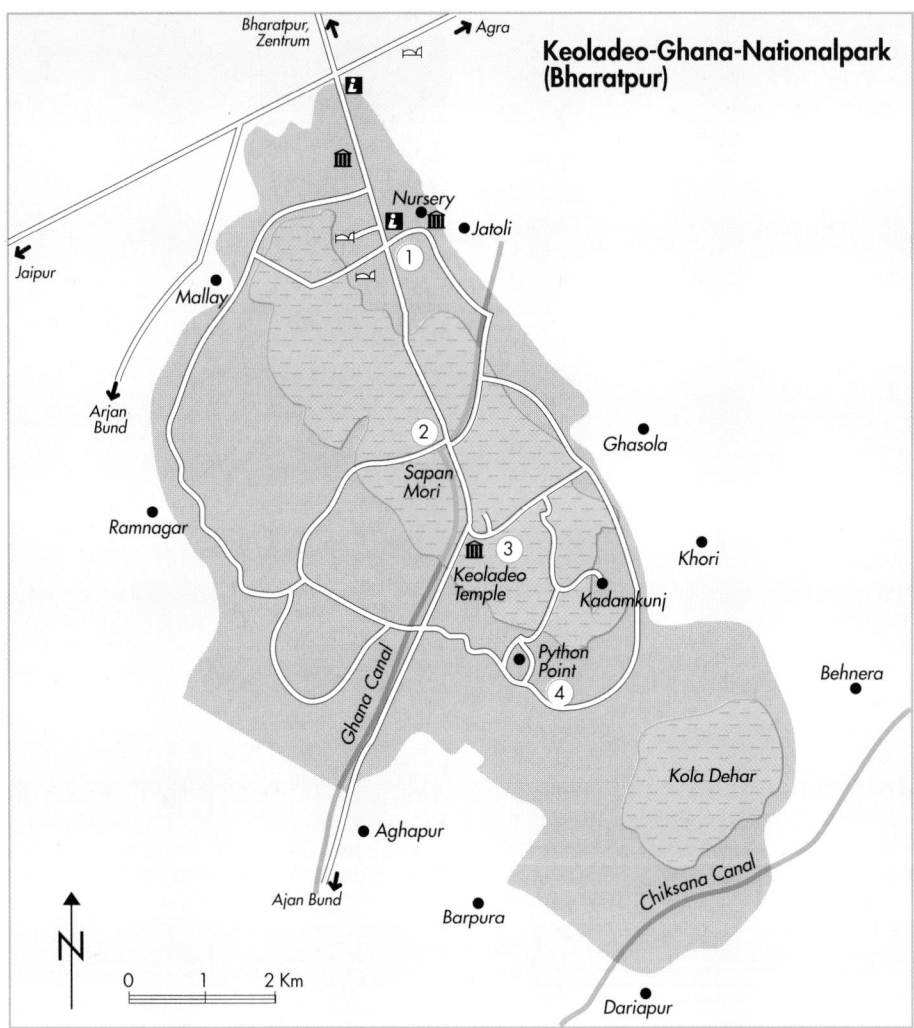

Keoladeo-Ghana-Nationalpark (Bharatpur)

Bharatpur, Zentrum

Agra

Jaipur

Nursery

Jatoli

1

Mallay

Arjan Bund

2

Sapan Mori

Ghasola

Ramnagar

3

Keoladeo Temple

Kadamkunj

Khori

Ghana Canal

Python Point

4

Behnera

Kola Dehar

Aghapur

Chiksana Canal

Ajan Bund

Barpura

Dariapur

N

0   1   2 Km

Folgende Säugetiere leben im Keoladeo-Ghana-Nationalpark: Axis- und Sambarhirsche, Nilgaiantilopen, Hirschziegenantilopen (im trockenen Nordwesten), Wildschweine, Goldschakale, Rohrkatzen, Rhesusaffen, Mungos, Goldstaubmangusten, Indische Fischotter, Nordindische Hasen und Palmhörnchen. Ausschließlich nachtaktiv sind Fleckenmusangs (S. 152), Stachelschweine (S. 45), Streifenhyänen, die seltene Fischkatze und verschiedene Fledermausarten, darunter auch Zwergfledermäuse.

Etwa 370 Vogelarten (davon 130 Brutvögel) wurden bisher in Bharatpur beobachtet. In der trockenen Dornbuschzone sind Pfau, Wachtelfrankolin, Schikra, Triel, Wiedehopf, Raubwürger, Mohrenschwarzkehlchen und Bayaweber zu Hause. In der heißen Jahreszeit beginnen Rotstirn-Schneidervogel, Russbülbül, Kupferschmied, Purpurnektarvogel und Dajaldrossel mit dem Bau ihrer Nester. Im Mai ist der unverkennbare »Brainfever«-Ruf des Wechselkuckucks (S. 173) am intensivsten, der sein Ei mit Vorliebe in das Nest des Dschungeldrosslings legt.

Die Wasservögel müssen natürlich mit dem Brutgeschäft bis zur Regenzeit warten. Auf und am Wasser brüten zur Jahresmitte: Fleckschnabelente, Weißbauch-Zwerggans, Höckerglanzente, Javapfeifgans, Wasserfasan (S. 94), Hindublatthühnchen, Purpurhuhn und Goldschnepfe (S. 167). Zu den in Kolonien auf Bäumen brütenden Wasservögeln gehören: Seidenreiher, Silberreiher, Mittelreiher, Löffler, Schwarzhalsibisse, Buntstörche (S. 148), Silberklaffschnäbel, Graureiher, Purpurreiher, Nachtreiher, Kuhreiher (S. 68), Paddyreiher (S. 195), Schlangenhalsvögel (S. 200), Kormorane, Braunwangenscharben und Mohrenscharben. Es ist ein unvergeßliches Erlebnis während der Brutzeit in der Nähe der Nistbäume zu stehen und das unermüdliche Anfliegen der Elternvögel zu beobachten. Das Füttern und alle Aktivitäten auf den Nestern, wie der Streit um Nistmaterial, wird vom fortwährenden Geschrei der bettelnden Jungvögel begleitet. Früher konnten Besucher im Boot dicht an den Nistbäumen vorbeifahren. Heute ist dies nicht mehr möglich, weil Störungen vermieden werden sollen. Statt dessen ist die Benutzung eines Fernglases aus gebührender Entfernung zu empfehlen. Dabei kann man z. B. erkennen, daß die jungen Schlangenhalsvögel im Kontrast zu ihren schwarzen Eltern ein blendend weißes Dunengefieder besitzen.

Die Touristen, die Bharatpur im Winter besuchen, sehen von dem Spektakel des Brutgeschäftes fast nichts mehr. Lediglich einige junge Buntstörche stehen auch im Dezember noch auf ihren Nestern und sind mit letzten Flugübungen beschäftigt. Ab Oktober treffen die ersten Wintergäste ein. Neben einer Vielzahl paläarktischer Entenarten tummeln sich nordische Limikolen, Gänse (darunter Streifengänse) und

Diademschildkröten nehmen nur dort ein Sonnenbad, wo sie bei Gefahr schnell ins Wasser zurückgelangen können.

Bläßhühner zu Tausenden auf den Wasserflächen. Zwischen Oktober und März kommen auch die seltenen Nonnenkraniche (s. S. 93) nach Bharatpur, die sonst nirgends in Indien überwintern. Flamingos und Rosapelikane besuchen den Park nur sporadisch.

Zu den Wintergästen aus der Greifvogelwelt gehören Fischadler, Schreiadler, Schelladler, Kaiseradler, Habichtsadler, Raubadler, Steppenweihe, Rohrweihe und Wanderfalke, während Schlangenadler, Zwergadler (S. 88), Bindenseeadler (S. 166), Wespenbussard, Gleitaar (S. 89) und Schwarzmilan (S. 31) hier Brutvögel sind. Eulen sind mit Brahmakauz, Mangokauz (S. 122), Halsbandeule (S. 75), Zwergohreule und Koromanduleuhu in guter Zahl vertreten.

Die Indische Klappen-Weichschildkröte, die Ganges-Weichschildkröte und die Indische Dachschildkröte sind die häufigsten Schildkrötenarten im Gebiet. Der Indische Ochsenfrosch (S. 77) und die Schwarznarbenkröte (S. 105) sind nicht selten. Bisher konnten 36 Fischarten nachgewiesen werden. Die Regenzeit ist reich an Insekten wie Libellen, Heuschrecken, Gottesanbeterinnen, Käfern, Schmetterlingen und Glühwürmchen, leider auch an Moskitos.

Nistbäume mit Buntstörchen bei Tagesanbruch. Die Jungstörche werden häufig erst im Dezember flügge.

Im Gebiet unterwegs

Autos sind im Park nicht zugelassen. Sie müssen nicht gleich am Haupteingang, sondern erst nach 2 km neben einer Schranke ① auf einem Parkplatz abgestellt werden.

Das Gebiet ist ideal für Spaziergänge und Radfahrten. Gleich an der Schranke ① befindet sich ein Fahrradverleih. Außerdem warten hier auch Fahrrad-Rikschas auf Kunden. Ihre Fahrer halten an den besten Plätzen im Park, um dem Besucher die Vögel zu zeigen. Während die Rikschas, die hinter dem Fahrer Platz für 2 Personen bieten, auf dem asphaltierten Hauptweg bleiben müssen, kann man zu Fuß oder mit dem Fahrrad jeden schmalen Seitenweg benutzen. Der meistbefahrene Abschnitt ist die Strecke zwischen der Schranke ① und dem **Keoladeo-Tempel** ③. Dabei wird in der Regel bei **Sapan Mori** ② eine Pause eingelegt, bei der die Besucher ein Stück auf dem Seitenweg nach Westen gehen, um einen Blick auf die Brutkolonie zu werfen. Schlangenfreunde sollten an der

Die Zahl der hier überwinternden Nonnenkraniche aus Sibirien ist leider seit Jahren rückläufig (s. S. 93).

Gewitterstimmung in der Monsunzeit. Heftige Regenfälle und Phasen mit Sonnenschein lösen sich ab.

Schleuse bei Sapan Mori nach zierlichen Wasserschlangen, den Fischnattern Ausschau halten.

Entlang des Hauptweges sind viele Vögel an den Anblick von Menschen gewöhnt und haben nur geringe Fluchtdistanzen. Naturfreunde, die sich dort vom Besucherstrom (insbesondere an Feiertagen und Wochenenden) gestört fühlen, sollten sich bevorzugt auf die Nebenstrecken zurückziehen, wo man oft stundenlang keiner Menschenseele begegnet.

Im Winter lohnt sich der Besuch des **Python Points** ④, wo sich die Tigerpythons nach kalten Nächten gern in der Sonne wärmen. Um eine der Schlangen sehen zu können, muß allerdings absolute Ruhe herrschen, da sie andernfalls in ihren Erdhöhlen verschwinden. An Tagen mit hohem Besucheraufkommen lassen sich die Tiere kaum blicken, da die Störungen zu groß sind. Wer Wert darauf legt, die Pythons zu sehen, sollte sich unter Umständen nach anderen Python-Höhlen, von denen es annähernd 40 im Park gibt, erkundigen.

Schmuckfedern zieren das Hochzeitskleid der Reiher. Ihre Balz beginnt hier in Nord-Indien im Juni/Juli.

Der trompetende Ruf der Saruskraniche dient der Paarbindung. Er ist ganzjährig, nicht nur bei der Balz zu hören.

Schwarzhalsibisse sind Brutvögel in Bharatpur. Wenn sie ihre Flügel öffnen, zeigt sich ein tiefroter Achselfleck.

Praktische Tips

Anreise
Bharatpur liegt an der Eisenbahnlinie Delhi–Bombay und ist auch von vielen anderen Orten mit der Bahn zu erreichen (teilweise per Kurswagen, z. B. von Ahmedabad). Außerdem gibt es von Bharatpur gute Busverbindungen in Städte wie Jaipur (176 km), Agra (50 km) und Delhi (180 km).
Wer es besonders eilig hat, fährt gleich nach der Ankunft vom Flughafen in Delhi mit einem Taxi nach Bharatpur (Fahrzeit etwa 2 Stunden).
Bei der Ankunft am Bahnhof in Bharatpur nimmt man sich eine Fahrrad-Rikscha, die bis zum Eingang des Nationalparks etwa 1/2 Stunde benötigt. Der Park beginnt am südöstlichen Stadtrand von Bharatpur.

Klima/Reisezeit
Im Winter (November bis Februar), der oft mit Morgennebeln einhergeht, liegen die Temperaturen zwischen 1 °C und 29 °C, von März bis Juni zwischen 15 °C und 48 °C und während des übrigen Jahres zwischen 21 °C und 36 °C. Während der Regenperioden im Juli/August sinkt die Temperatur manchmal selbst nachts nicht unter 30 °C, so daß bei hoher Luftfeuchtigkeit ein schwer erträgliches Klima herrscht. Die Regenzeit dauert in der Regel von Ende Juni bis September. Von der mittleren jährlichen Niederschlagsmenge (660 mm) fällt etwa die Hälfte im Juli. Da die Regenzeiten häufig sehr unterschiedlich ausfallen, zeigt der Park von Jahr zu Jahr ein anderes Gesicht, das von Dürre oder ergiebigen Niederschlägen geprägt sein kann.
Der Nationalpark ist ganzjährig geöffnet und hat zu jeder Jahreszeit etwas zu bieten. Die meisten Besucher kommen wie die Zugvögel zwischen Oktober und März.

Unterkunft
Innerhalb des Parks stehen die Forest Lodge (oft mit Gruppenreisenden belegt) und das Forest Resthouse. Letzteres ist für offizielle Zwecke reserviert und wird Touristen nur selten zur Verfügung gestellt. Wenig außerhalb des Parkeingangs (1–2 km) liegen mehrere private Unterkünfte und eine Tourist Lodge. In der Stadt Bharatpur gibt es darüber hinaus weitere Hotels.

Adressen
⇨ Director, Keoladeo National Park, Shanti Kutir, Bharatpur 321 001, Rajasthan, Tel.2265;
⇨ Government of Rajasthan Tourist Office, Chandralok Building, 36, Janpath, New Delhi, Tel. 322332, 321820.
Weitere Tourist Offices z. B. in Agra, Jaipur, Jodhpur und Udaipur.

Blick in die Umgebung
Ranthambhore (Hauptreiseziel 6), Sariska (Hauptreiseziel 4), Karera (Hauptreiseziel 7), Shivpuri (Nebenreiseziel N5) und Sultanpur (Nebenreiseziel N3) liegen bis zu einer Tagesreise weit von Bharatpur entfernt.

6 Ranthambhore

Bekanntes Tigerreservat in Rajasthan;
hügelige Landschaft mit teilweise
steilen Felswänden; im Gebiet finden
sich versteckte Ruinen, die von der
Wildnis zurückerobert wurden; charakteristische Tiere: Tiger, Languren,
Sambarhirsche, Axishirsche, Nilgaiantilopen, Wildschweine, Lippenbären, Sumpfkrokodile.

Ranthambhore ist eine zauberhafte Naturoase, die sich in einer kargen Bergkette
verbirgt. Die schroffen Felswände und die
steinigen Hänge haben die Wildnis in
Ranthambhore über Jahrtausende vor einer Umwandlung in Ackerland bewahrt.
Die Gegend war jedoch in historischen
Zeiten durchaus kein unberührtes Naturparadies, sondern ein hart umkämpftes
Schlachtfeld mit vielen feindlichen Aus-
einandersetzungen. Das mächtige Fort
von Ranthambore, dessen Existenz sich
mehr als 1000 Jahre zurückverfolgen läßt,
war nicht leicht einnehmbar. Trotzdem
wurde es mehrfach erobert: z. B. 1301
durch den Sultan von Delhi und 1569
durch die Mogulherrscher unter Akbar.
Später wurde aus dem wildreichen Gebiet
um das Fort, in dem sich noch deutlich
sichtbar Verteidigungswälle aus aufge-
schichteten Steinen hinziehen, ein Jagdrevier des Maharadschas von Jaipur.
1957 wurden 392 km² als Sanctuary unter
Schutz gestellt. 1974 wurde Ranthambhore zum Tigerschutzgebiet erklärt, darüber
hinaus ist es seit 1981 Nationalpark.
Die Anzahl der Tiger ist seit Beginn des Tigerschutzprojektes (s. S. 23) von 14 auf
rund 40 angewachsen. Es war keine einfache Aufgabe, die in 16 verstreuten Dörfern
lebenden 1500 Menschen umzusiedeln,

um den Lebensraum der Tiger von Störungen zu befreien. Seit Abschluß der Um-
siedlungsaktion zeigten sich Rantham-
bhores Tiger dann immer häufiger bei
Tageslicht. Sie benutzen nicht nur die historischen Gemäuer als Unterschlupf, sondern wandern heute auch sorglos durch
die verbliebenen Grundmauern der ehemaligen Dörfer. Ihr Leben wurde in
Büchern, Filmen und internationalen Zeit-
schriften beschrieben und ließ den Strom
von Touristen sprunghaft ansteigen.
Nachdem für die Tiger ideale Lebensbedingungen hergestellt worden sind, geht
man jetzt daran, die Lebensbedingungen
der Menschen am Parkrand zu verbessern.
Um zu verhindern, daß sie mit ihren Viehherden immer wieder ins Gebiet eindrin-

Hanuman-Languren und ihr Familienleben lassen sich hier
besonders gut beobachten.

◄ Tigerbeobachtungen sind atemberaubend und gehören zu den unvergeßlichen Höhepunkten einer Indienreise.

gen oder wegen mangelnder legaler Erwerbsmöglichkeiten Bäume im Schutzgebiet fällen, will die Ranthambhore Foundation hier grundlegende Hilfe leisten. Wer genug Zeit hat, sollte eines der Dörfer besuchen, um sich ein Bild vom Dorfleben in unmittelbarer Nähe eines Tigerschutzgebietes zu machen. Sehenswert sind dort auch die Wandmalereien mit Tiermotiven, die jedes Jahr nach der Regenzeit (zum Diwali-Fest) von den Frauen neu gestaltet werden.

In der Trockenzeit konzentrieren sich die Tierbestände im Bereich der Seen; hier Axishirsche am Rajbagh Talao.

Zwischen der dicht besiedelten Ebene und den Bergen von Ranthambhore besteht eine Höhendifferenz von 250 m (das Fort befindet sich 480 m über dem Meeresspiegel). Ranthambhore liegt südöstlich der **Aravalli-Berge** und nördlich der **Vindhya-Berge**. Die Geologie in Ranthambhore weist Elemente von beiden Bergregionen auf und gibt Hinweise auf eine Kollisionszone. Die horizontalen Sandsteinplateaus sind ein Merkmal der Vindhya-Berge. Die stark verfalteten und geschieferten Quarzite, die durch Metamorphose aus einem feinkörnigen Sandstein hervorgingen, sind ein Ergebnis von tektonischen Kräften. Zwischen den Quarzitplatten deutet Harnisch (teils blanke, teils mit Gleitstriemung versehene Oberflächenstruktur) auf Verschiebungen durch Gebirgsbildungsprozesse hin.

Pflanzen und Tiere

Ranthambhore wird von einem niedrigen, trockenen Laubwald bedeckt, der auf kargen Böden von Dorngebüschen unterbrochen ist. Nur in tief eingeschnittenen, schattigen Tälern und entlang von Wasserläufen können sich immergrüne Laubbäu-

me üppig entwickeln. Ein weiteres Landschaftselement ist das Grasland, das auf feuchtem Boden als hoher Grasdschungel, auf steinigen Hängen als magerer Rasen auftritt.

Ranthambhore beheimatet viele Banyanbäume, die durch ihre Luftwurzeln beeindrucken. Der größte und schönste von ihnen steht vor Jogi Mahal. Pepulbäume sprießen aus den Astgabeln anderer Bäume oder aus Mauerritzen und entwickeln kräftige Wurzeln, die die Wirtsbäume erwürgen und Mauerwerk sprengen können.

Sambarhirsche sind nirgends besser als in Ranthambhore zu sehen, wenn sie zwecks Nahrungssuche in die Seen waten.

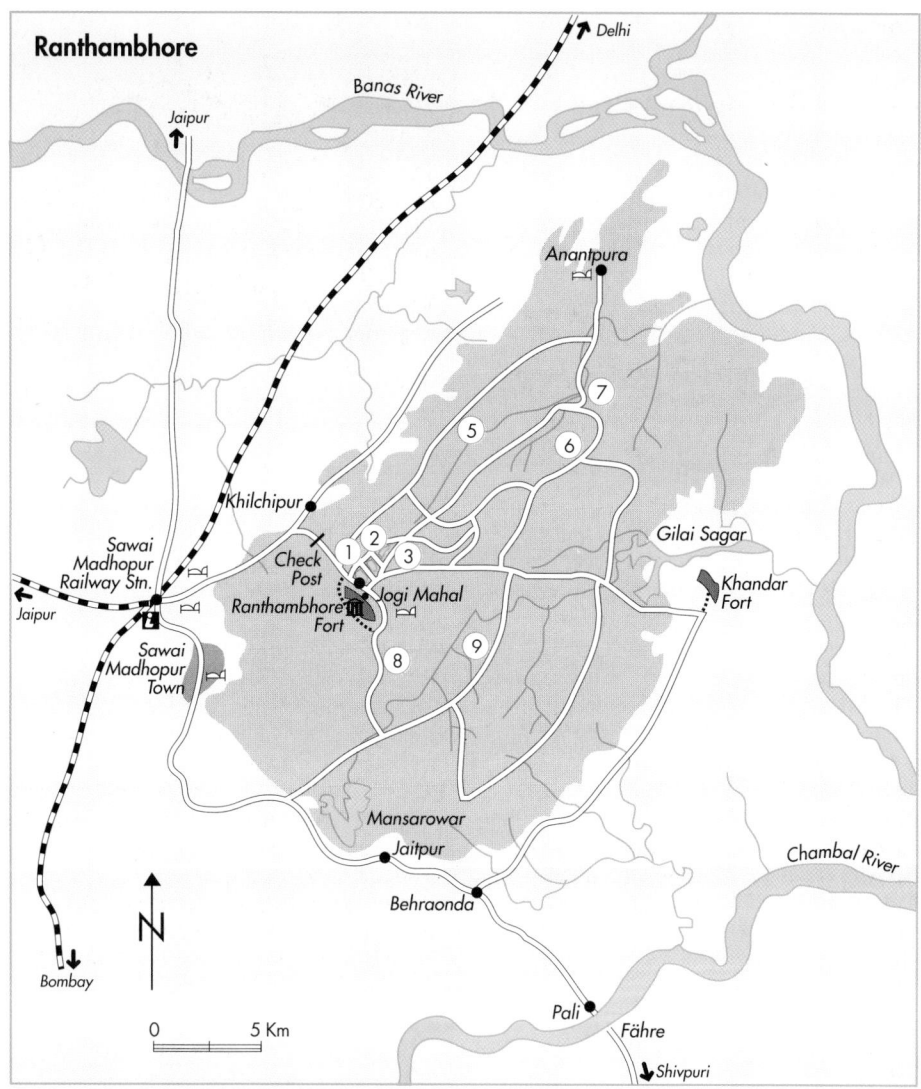

Ranthambhore

Delhi

Banas River

Jaipur

Anantpura

7

5

6

Khilchipur

Gilai Sagar

Sawai
Madhopur
Railway Stn.

1 2
3

Check
Post

Ranthambhore
Fort

Jogi Mahal

Khandar
Fort

Jaipur

Sawai
Madhopur
Town

8

9

Mansarowar

Jaitpur

Chambal River

N

Behraonda

0   5 Km

Bombay

Pali

Fähre

Shivpuri

Am Wasser stehen Walddatteln und immergrüne Feigenbäume der Art *Ficus racemosa*.

Die häufigsten Bäume des Trockenwaldes (*Anogeissus pendula*, die Akazie *A. catechu*, Dattelpflaume) erreichen selten Höhen von 10 m. Im März blüht korallenrot und weithin sichtbar »Flame of the Forest« (S. 175). Im Winter reifen die kleinen, runden Früchte der Ber-Büsche (S. 69) und Ber-Bäume. Sie sind für viele Tiere verlockend und selbst die Lippenbären (S. 207) dringen zielstrebig in das schwankende Gestrüpp ein.

Wenn die Languren Früchte ernten, warten unten am Boden die Axishirsche (S. 17) auf herunterfallende Leckerbissen. Nirgendwo in Indien lassen sich die

Sambarhirsche besser beobachten als in Ranthambhore, wo sie tief in die Seen hineinwaten, um an grüne Wasserpflanzen zu gelangen. Dabei können ihnen nicht nur die Sumpfkrokodile gefährlich werden. Auch Tiger warten oft verborgen im hohen Gras auf einen günstigen Augenblick, um Jagd auf Tiere zu machen, die sich im oder am Wasser aufhalten. Neben Hirschen gehören Wildschweine (S. 73) und Pfaue häufig zu den Opfern. Weitere Säugetiere, die man in Ranthambhore antreffen kann, sind Nilgaiantilopen (S. 49), Chinkaras (S. 39), Goldschakale (S. 171) und Rohrkatzen (S. 129). Nur selten werden Streifenhyänen und Leoparden (S. 106) gesehen.

Die Liste der Vögel des Gebiets umfaßt bisher 270 Arten, darunter Zugvögel wie Schwarzstorch, Streifengans (S. 140) und Fischadler. Obwohl die Seen viele Wasservögel anlocken könnten, hält sich deren Zahl in Grenzen. Es ist eher die Vielfalt der Vogelarten, als deren Quantität, die den Ornithologen hier begeistert. Grauscheitellerche, Wechselkuckuck (S. 193), Gelbfußtaube, Weißstirn-Fächerschwanz, Dschungeldrossling, Wachtelfrankolin, Wanderelster und Dickschnabelkrähe gehören zu den häufigen Arten. Etwas mühsamer zu entdecken sind Brauner Fischuhu, Gurial, Großer Alexandersittich, Bankivahuhn und Graukopf-Seeadler. Habichtsadler und Schlangenweihe sind die typischen Greifvögel des Gebiets. In den Felsen brüten Dünnschnabelgeier, während Bengalengeier ihre Nester in hohen Baumkronen errichten.

In den Seen leben Sumpfkrokodile (S. 71), Indische Klappen-Weichschildkröten und Indische Wasserfrösche. Weitere Reptilien sind Bengalenwaran, Tigerpython (S. 174), Kobra (S. 19) und Indischer Blutsauger (S. 114). Zu den auffälligsten Schmetterlingen zählen »Lemon Pansy«, »Blue Pansy«, »Yellow Pansy« und »Limebutterfly«.

»Limebutterflies« gehören zu den Schwalbenschwänzen. Im feuchten Sand tanken sie mineralreiche Lösungen.

Im Gebiet unterwegs

Der lichte Wald, der im Winter sein Laub verliert, ist leicht zu durchblicken und bietet den Wildtieren weniger Sichtschutz als andere Wälder in Indien.

Für Rundfahrten im Park ist ein Jeep erforderlich. Im Gebiet um die Seen, deren Namen Padam Talao ①, Rajbagh Talao ② und Milak Talao ③ sind, konzentrieren sich besonders viele Tiere. Andere markante Gebiete sind Lakarda ④, Kachida ⑤, Semli ⑥, Bakaula ⑦, Nalghati ⑧ und Lahpur ⑨.

Durch die wachsende Besucherzahl ist es in den letzten Jahren notwendig geworden, Reglementierungen der Besucherströme vorzunehmen. Die Fahrzeuge müssen sich an bestimmte Routen halten, um eine gewisse Gleichverteilung zu erreichen. Die Fahrwege dürfen nicht verlassen werden, um die Vegetation zu schonen und den Tieren Ruhezonen zu erhalten. Es ist nicht unbedingt ratsam, ununterbrochen mit seinem Fahrzeug herumzufahren. Vielmehr sollte man an Wasserstellen oder Seen stehenbleiben, um Tiere in Ruhe zu beobachten. Bei der Jagd nach dem Tiger wird schnell vergessen, daß der besondere Charme von Ranthambhore erst durch die Fülle von Natureindrücken zustande kommt.

Das im historischen Stil erbaute Rasthaus »Jogi Mahak« liegt unterhalb des Forts direkt am Seeufer.

Wer in Ranthambhore mit einiger Sicherheit einen Tiger sehen möchte, sollte mindestens 4–5 Tage Zeit haben. Trotzdem gehört natürlich etwas Glück dazu, um eine der gestreiften Großkatzen zu Gesicht zu bekommen. Es ist ein enorm spannendes Erlebnis !

Das alte **Fort** (Aufstieg über bequeme Treppen) ist einen Ausflug wert, um sich einen Eindruck von der Landschaft und einen Blick über die Seen zu verschaffen. Dafür sind mindestens 1–2 Stunden erforderlich. Das Gelände des Forts ist jedoch so groß, daß man dort mühelos einen ganzen Tag mit archäologischen und naturkundlichen Entdeckungen verbringen kann. In dunklen Kellern (Taschenlampe mitnehmen!) wohnen verschiedene Fledermausarten, darunter auch Lyra-Fledermäuse (S. 124) aus der Familie der Großblattnasen. In Ranthambhore sind die Hanuman-Lan-

Das Wolfmilchgewächs *Euphorbia ligularia* gedeiht auf kargen Böden und in Felsspalten.

Blick vom Fort auf den als Lotus-See (»Padam Talao«) bezeichneten ersten See in Ranthambhore.

guren weniger scheu als anderswo, weil die Besucher des **Ganesha-Tempels** (auf dem Fort) sie regelmäßig füttern. Die Tiere sitzen häufig in den Bäumen am Fuß der Treppe, die zum Fort hinaufführt.

Praktische Tips

Anreise
Nach Sawai Madhopur bestehen Direktverbindungen mit der Bahn von Delhi (350 km), Bombay (1000 km) und Jaipur (130 km).

Klima/Reisezeit
Der Winter (November bis Februar) gilt wegen der angenehmen Temperaturen als die bevorzugte Reisezeit. Tagsüber werden Temperaturen um 20 °C erreicht, nachts der Gefrierpunkt (Rauhreif). In der heißen Jahreszeit (März bis Juni) steigt die Tempe-

ratur tagsüber oft über 40 °C und sinkt nachts kaum unter 25 °C. Diese Monate sind für Tierbeobachtungen günstig, weil sich das Leben im Park dann weitgehend an den Seen konzentriert.
Die jährliche Niederschlagsmenge von 900 mm fällt zu 70 % von Juli bis September.

Der Rahmapfel wächst im Gebiet um das Fort und wird gern von Languren verzehrt.

Bengalengeier warten über einer Schlucht auf Beutereste eines Tigers, der seine Mahlzeit noch nicht beendet hat.

Der Park bleibt während der Regenzeit geschlossen, da die unbefestigten Wege aufweichen und nicht befahrbar sind.

Unterkunft

Einige einfache Rasthäuser mit sehr begrenzter Kapazität liegen im Gebiet, darunter das malerisch gelegene »Jogi Mahal«. Außerhalb der Parkgrenzen besteht ein vielseitiges Angebot an Übernachtungsmöglichkeiten (Tourist Lodge, Maharaja Lodge und private Anbieter). Trotzdem kann es in der Hauptsaison gelegentlich (speziell an Feiertagen und Wochenenden) zu Engpässen kommen.

Adressen

▷ Field Director Project Tiger, Ranthambhore National Park, Sawai Madhopur 322 001, Rajasthan;
▷ Tourist Office, near Project Tiger Office, Sawai Madhopur 322 001;
▷ Ranthambhore Foundation, 19, Kautilya Marg, New Delhi 110 021.

Blick in die Umgebung

Zum Keoladeo-Ghana-Nationalpark bei Bharatpur (Hauptreiseziel 5) gelangt man von Sawai Madhopur leicht mit dem Zug (Entfernung 170 km). Bharatpur liegt auf der Bahnstrecke nach Delhi.
Der Shivpuri-Nationalpark (Nebenreiseziel N5) kann bei Benutzung eines Busses von Sawai Madhopur nach Pali, einer Fähre über den Chambal-Fluß und eines Anschlußbusses nach Shivpuri in etwa 5 Stunden Fahrzeit (160 km) erreicht werden. Von Shivpuri gibt es Busverbindungen nach Karera, dem Ausgangspunkt für einen Besuch des gleichnamigen Trappenschutzgebiets (Hauptreiseziel 7).
Das National Chambal Sanctuary erstreckt sich über einen Abschnitt des Chambal-Flusses, um die stark bedrohten Ganges-Gaviale zu schützen. Bootsfahrten flußaufwärts auf dem Chambal können von Kota (etwa 100 km südlich von Sawai Madhopur) unternommen werden.

7 Karera

Schutzgebiet für Hindutrappen in karger Landschaft; das offene Gelände bietet sehr gute Beobachtungsbedingungen für die selten gewordenen Vögel und ist auch ein idealer Lebensraum für Hirschziegenantilopen; der Dihaila Jheel ist ein wertvolles Überwinterungsgebiet für Wasservögel.

Um dem dramatischen Rückgang der vom Aussterben bedrohten Hindutrappe zu begegnen, wurde 1981 ein Aktionsprogramm ins Leben gerufen. Es war einigermaßen schwierig, die verbliebenen Brutgebiete und Lebensräume dieser Vögel zu schützen, da sich das entsprechende Land weitgehend in Privatbesitz befindet. Auch das Karera-Trappenschutzgebiet ist kein Naturschutzgebiet mit dem Status eines Sanctuary, sondern lediglich eine Zone mit Jagdverbot, da der Boden nicht im Besitz des Staates ist. Die Aufgabe der Wildhüter ist es, in Gesprächen mit den Eigentümern zu verhindern, daß wichtiges Trappengelände umgepflügt wird. Außerdem bewachen sie die Nestregionen und schirmen sie während der Brutperiode gegen Störungen ab, indem sie z. B. Haustiere vertreiben.
In dem 202 km² großen Gebiet gibt es inzwischen wieder mehr als 30 Hindutrappen, 1982 waren es 14 Vögel. Da ihr Gelege meistens nur 1 Ei enthält, geht ihre Vermehrung trotz Schutzmaßnahmen nur langsam voran. Das Land wird teils mit Feldfrüchten bebaut und dort, wo es wegen Unfruchtbarkeit brachliegt, beweidet. In 30 Dörfern leben etwa 26 000 Menschen mit einem Bestand von 36 000 Haustieren (meist Schafe und Ziegen).

Seit 1982 betreut die Bombay Natural History Society (BNHS) das Karera-Trappenschutzgebiet und führt Studien über die vom Aussterben bedrohten Vögel durch. Eine kleine Forschungsstation der BNHS steht im Ort Fatehpur ①. Mehr zufällig entdeckte man bei den Arbeiten im Gelände den großen Wert des Dihaila Jheel ② als wichtigen Überwinterungsplatz für Wasservögel. Dieser See, der eine Größe von bestenfalls 4 km² hat, wird nur durch Regenfälle während der Monsunzeit gespeist. Sein Wasserstand ist starken Schwankungen unterworfen.
Eine Hügelkette, die maximal 370 m Höhe erreicht, zieht sich in Nord-Süd-Richtung durch das Gebiet. Im Westen schneidet sich das Flußbett des Sind River tief ins Gelände des Shivpuri-Plateaus ein, das eine Niveauhöhe von rund 200 m aufweist. Die geologische Situation ist gekennzeichnet durch den sehr alten Bundelkhant-Gneis

Hindutrappen stehen unter strengem Schutz. Ihr Bestand hat sich in den letzten Jahren gut entwickelt.

im Untergrund (Alter 2500 Mio. Jahre), der hier von Dolerit-Rücken durchzogen und von Sandstein (Ausläufer der Vindhya-Berge) überlagert wird.

Pflanzen und Tiere

Hindutrappen lieben offenes Gelände, in dem die Höhe der Vegetation möglichst unterhalb ihres Blickhorizonts von etwa 1 m bleibt. In Karera ist dies weitgehend gegeben. Auf steinigem Untergrund wachsen Wildkräuter, Gräser und niedrige Büsche. Die Steinfrüchte der Ber-Büsche mit ihrem angenehm säuerlichen Geschmack werden von Mensch und Tier gleichermaßen geschätzt. Mit Ausnahme weniger Akazien der Art *A. leucophloea*, die etwa 3–4 m hoch werden, gibt es keine Bäume im freien Gelände.

Auf den besseren Böden werden u. a. Weizen, Erdnüsse, Raps, Zuckerrohr und Mais angebaut. Die Bauern akzeptieren, daß die Trappen gelegentlich auf die Felder gehen, um frisches Grün oder Saat zu verzehren. Dieser Schaden ist gering, verglichen mit den Erntemengen, die an die wachsende Zahl von Hirschziegenantilopen verlorengehen. Im Winter müssen die Bauern zusätzliche Ernteverluste durch Trupps von Grau- und Streifengänsen hinnehmen, die sich rund um den Dihaila Jheel auf Nahrungssuche begeben. Es ist verständlich, daß Konflikte hier nicht ausbleiben. Die Verärgerung der Bauern richtet sich glücklicherweise nicht gegen die Wildtiere, sondern gegen die Behörden, die es nicht schaffen, die Zahl der Hirschziegenantilopen zu begrenzen. Sondergenehmigungen für eine kontrollierte Bejagung sind offenbar nicht zu erhalten, da die Hirschziegenantilope auf der Roten Liste der in Indien bedrohten Tierarten steht.

Für den Besucher sieht im Karera-Schutzgebiet alles nach einem friedlichen Nebeneinander von Menschen, Haustieren und Wildtieren aus. In den Brunnen, aus

Trappen

In Indien kommen 3 Trappenarten als Brutvögel vor: Hindutrappe, Barttrappe und Flaggentrappe. Außerdem findet sich die **Kragentrappe** (S. 40) in Nordwest-Indien als regelmäßiger Wintergast ein. Während sich das Verbreitungsgebiet der Barttrappe auch nach Nepal, Bangladesh und östlich bis Kambodia erstreckt, kommen Hindutrappe und Flaggentrappe nur in Indien vor. Die **Hindutrappe** (S. 65) ist noch in 6 Bundesländern Indiens anzutreffen. Mehr als die Hälfte der verbliebenen 1500–2000 Vögel leben in Rajasthan. Die **Barttrappe** lebt im feuchten Grasgürtel (Terai), der sich am Fuß des Himalayas hinzieht. Der Bestand von 250–300 Vögeln in Indien verteilt sich auf mehrere Gebiete in Uttar Pradesh, West-Bengalen, Assam und Arunachal Pradesh.

Die **Flaggentrappe**, die ihre Brutgebiete in Madhya Pradesh, Gujarat und Rajasthan hat, ist durch die Zerstörung ihrer Lebensräume stark gefährdet. Ihr Bestand wird auf weniger als 1000 Vögel geschätzt.

Die Nahrung der Trappen ist recht gemischt und kann je nach Jahreszeit stark variieren. Grüne Pflanzentriebe, Sämereien und Früchte werden ebensogern verzehrt wie Insekten, Weichtiere oder gar Eidechsen, kleine Frösche und Schlangen. Die Trappen scharren kaum gezielt am Boden, sondern picken nach allem Eßbarem, das ihnen auf der Nahrungssuche zufällig ins Blickfeld gerät.

denen die Leute ihr Trinkwasser schöpfen, leben Frösche und Fischnattern. Im Mauerwerk der Brunnenschächte wohnen Brahmakäuze und Ufermainas. Direkt am Straßenrand legen Bengalfüchse (S. 88) ihren Bau an. In der Abenddämmerung fliegen Nachtschwalben um die Häuser und nachts schleichen Goldschakale, Rohrkatzen (S. 129) und Stachelschweine (S. 45) durch die Dörfer.

In Karera sind bisher 245 Vogelarten nachgewiesen worden. Im Ödland sind z. B. Stummellerche, Grauscheitellerche, Bayaweber, Malabarfasänchen, Isabellschmätzer, Wachtelfrankolin, Braunliest, Wiedehopf, Gleitaar und Glanzkrähe zu Hause. Auf dem Dihaila Jheel werden im Winter Ansammlungen von bis zu 500000 Wasservögeln, insbesondere verschiedene Entenarten, gezählt. Im Februar/März lassen sich auf dem Zug nach Norden Tausende von Kampfläufern am See nieder. Sogar Flamingos sind schon auf dem See gesehen worden. Die Storchenfamilie ist durch Buntstorch, Silberklaffschnabel, Wollhalsstorch und Malaienstorch vertreten. Saruskraniche (S. 55), Zwergtaucher, Weißbauch-Zwergans, Rotlappenkiebitz und Stelzenläufer (S. 165) sind Brutvögel.

Im Gebiet unterwegs

Bevor man in das Trappenschutzgebiet fährt, sollte man beim Superintendenten in Karera oder dem Range Officer in Fatehpur ① um Informationen und Beratung bitten. Um die Trappen zu sehen, ist es sinnvoll, die Begleitung durch einen Wildhüter zu vereinbaren, der die bevorzugten Aufenthaltsorte der Vögel kennt. Ein geübtes Auge kann die Hindutrappen schon auf große Entfernung ausfindig machen, da ihre weißen Hälse sehr auffällig sind. Hähne und Hennen sehen bei den Hindutrappen sehr ähnlich aus, jedoch sind die Hennen wesentlich kleiner. Besonders eindrucksvoll sind die Balztänze

der Hähne, die von einem weit hörbaren Dröhnen begleitet werden. Die Brutzeit der Hindutrappen in Karera liegt in der heißen Jahreszeit (März bis Juni). Da das Gebiet kreuz und quer von Trampelpfaden durchzogen wird, sind Exkursionen zu Fuß oder mit dem Fahrrad ideal. Der Range Officer in Fatehpur ① ist bemüht, bei der Ausleihe von Fahrrädern behilflich zu sein. Neben den beeindruckenden Hindutrappen lassen sich auch viele interessante Kleintiere und Vögel beobachten.

Praktische Tips

Anreise

Anreise nur mit öffentlichem Bus oder Privatfahrzeug möglich. Der Ort Karera liegt 50 km von Shivpuri und 45 km von Jhansi entfernt. Von Karera sind es noch 12 km in nördliche Richtung bis ins gleichnamige Trappenschutzgebiet. Es ist ab Karera über eine teilweise unbefestigte Straße mit öffentlichen Bussen zu erreichen.

Das Ödland von Karera mit spärlichem Dornengestrüpp bildet zusammen mit kargen Feldern ein gutes Trappengebiet.

Ein Kuhreiher (hier im bräunlichen Brutkleid) wartet darauf, daß die Kuh Heuschrecken aufscheucht.

Mexikanischer Stachelmohn ist auf trockenen Ödflächen weit verbreitet.

Klima/Reisezeit

Auf einen milden Winter mit Temperaturen zwischen 5 °C und 28 °C folgt eine sehr heiße Trockenzeit, in der Temperaturen bis 46 °C gemessen wurden. Die Luftfeuchtigkeit liegt im April/Mai bei nur 20 %. Die jährliche Regenmenge von 700 mm fällt hauptsächlich zwischen Juni und September.

Die beste Reisezeit liegt zwischen Oktober und Mai. Während der Regenzeit ist das Gebiet nur schwer zu erreichen, weil die unbefestigten Straßen nicht befahren werden können.

Der Brahmakauz findet sogar in baumlosen Gebieten Wohnhöhlen in Felsspalten, Mauerwerk oder Brunnenschächten.

Die Früchte des Ber-Busches haben einen säuerlichen Geschmack. Sie werden von Tier und Mensch geschätzt.

Unterkunft

Derzeit sind keine Touristenunterkünfte in Karera oder anderswo im Schutzgebiet vorhanden, sondern erst in Shivpuri. Am Ufer des Dihaila Jheel ② ist der Bau eines Rasthauses geplant. Zelten ist möglich. Gastfreundliche Bewohner stellen unter Umständen auch einfache Bettgestelle zur Verfügung.

Der Koromandelrennvogel liebt offenes Gelände.

Adressen

- ➭ Superintendent, Great Indian Bustard Sanctuary, Karera 473 660, Dist. Shivpuri, Madhya Pradesh;
- ➭ Range Officer, Great Indian Bustard Sanctuary, Fatehpur via Karera, Dist. Shivpuri, Madhya Pradesh;
- ➭ Dr. Asad R. Rahmani, Project Scientist for Bustard Conservation, Bombay Natural History Society, Hornbill House, Shahid Bhagat Singh Road, Bombay 400 023.

Blick in die Umgebung

Der Shivpuri-Nationalpark (Nebenreiseziel N5) liegt von Karera 50 km entfernt. Ein weiteres Trappenschutzgebiet in der Nähe ist **Ghatigaon** (512 km^2), das sich 30 km südwestlich von Gwalior befindet. Hier sind die Hindutrappen allerdings wesentlich schwieriger zu beobachten als in Karera.

8 Corbett-Nationalpark

Bekanntes Tigerschutzgebiet in den Vorbergen des Himalaya in Uttar Pradesh; waldreiche Berglandschaft mit wildromantischem Ramgangar-Fluß; Lebensraum von Elefanten, Hirschen, Tigern, Wildschweinen, Goldschakalen, Affen und Krokodilen; attraktives Angebot von Elefantenritten für Touristen.

Der Corbett-Nationalpark wird von dem sehr ursprünglichen und wilden Flußtal des Ramgangar geprägt, das von einer lieblichen Berglandschaft eingerahmt wird. Die ausgesprochen schöne Landschaft ist eine wunderbare Kulisse für aufregende Begegnungen mit wildlebenden Tieren.

Corbett ist Indiens ältester Nationalpark, der nach dem legendären **Jim Corbett** (1875–1955) benannt wurde. Dessen frühe Begeisterung für die Jagd wich bald der Ehrfurcht vor der wilden Kreatur. In späteren Jahren erlegte Corbett nur noch menschentötende Tiger und Leoparden, um die Landbevölkerung vor weiteren Opfern zu bewahren. Schon früh erkannte er die Notwendigkeit des Naturschutzes und setzte sich in dieser Region Indiens gegen Waldvernichtung und für Jagdverbote ein. Erst 1958, nach Corbetts Tod, wurde der 1935 gegründete Nationalpark, der früher Hailey-Nationalpark hieß, nach ihm benannt. Der Park umfaßte zuerst 324 km^2 und wurde 1966 auf 521 km^2 erweitert. Seit 1973 ist der Corbett-Nationalpark ein Tigerschutzgebiet.

Das Gelände liegt zwischen 400 m und 1210 m (Kanda Peak) hoch. Der von Naturschützern kritisierte Ramgangar-Stausee (je nach Wasserstand bis zu 45 km^2) wird sowohl als Wasserreservoir als auch für die Stromerzeugung genutzt. Er wird bei Kalagarh von einem gewaltigen Erdwall aufgestaut, der 1974 fertiggestellt wurde. Der Corbett-Nationalpark liegt in den **Siwaliks**, dem Vorgebirge des Himalayas. Diese bestehen hauptsächlich aus Sandsteinen und Konglomeraten des Tertiärs. Die Sandsteinschichten der Siwaliks sind bekannt für bedeutende fossile Knochenfunde von Säugetieren (z. B. Elefant, Giraffe, Primaten, Nashorn, Flußpferd, Bär, Bison, Pferd). Im Indian Museum in Kalkutta befindet sich in der Siwalik-Galerie eine repräsentative Sammlung dieser Funde.

Pflanzen und Tiere

In den Laubwäldern des Gebiets wächst vor allen Dingen der Salbaum. Er verliert sein Laub innerhalb weniger Tage im März und bringt fast gleichzeitig frisches Grün und wenig später kleine weiße Blüten hervor. Innerhalb des Sal-Waldes finden sich weitere Bäume wie *Mallotus philippinen-*

Der seltene Gangesgavial lebt hier in Fluß und See (gute Beobachtungsmöglichkeiten).

sis, Adina cordifolia und *Holarrhena anti-dysenterica.*

Das als »Chaur« bezeichnete Grasland bei Dhikala ① wird von hohen Gräsern wie das Bartgras *Themada arundinacea*, Tigergras und Vetivergras bedeckt. Die Inseln im Fluß werden als Shisham Islands bezeichnet, weil dort die Sissobäume dominieren, die in Hindi »Shisham« genannt werden. Mit etwa 90 Tigern hat Corbett einen recht guten Bestand. Frische Tigerspuren im Flußsand verraten die meist nächtlichen Wanderungen. Man benötigt jedoch einiges Glück, um die Großkatze hier bei Tage zu Gesicht zu bekommen.

Die wilden Elefanten (s. S. 180) in Corbett führen jahreszeitliche Wanderungen durch. Sie kommen meistens erst im Februar/März aus den höheren Hanglagen ins Ramgangar-Tal hinunter, wo sie bis zur Regenzeit bleiben. Diese nordindischen Elefanten sind offenbar nicht ganz so groß wie ihre Verwandten im Süden Indiens. Einzelne Bullen gelten als angriffslustig oder sogar als gefährlich. Die Mahouts halten mit ihren Reitelefanten respektvoll Abstand, und auch die Wildhüter, die die Geländefahrzeuge auf der Pirsch begleiten, raten zur Vorsicht.

Zu den häufigsten Säugetieren in Corbett zählen Sambar-, Axis- und Schweinshirsch (S. 77), Muntjak (S. 175), Wildschwein, Hanuman-Langur (S. 57), Rhesusaffe (S. 109), Goldschakal, Leopard, Rohrkatze und Indischer Fischotter (S. 134).

Corbett ist ein ausgesprochen lohnendes Ziel für Ornithologen. Aufgrund intensiver Beobachtungen sind dort schon über 500 Vogelarten (einschließlich Zugvögel) nachgewiesen worden. Vögel aus den höheren Bergregionen des Himalaya treffen sich hier mit solchen aus der Ebene des Subkontinents.

Neben dem in Indien häufigen Graufischer (S. 200) ist in Corbett auch der größere

Trauerfischer zu Hause. Am Seeufer und in dem verzweigten Flußsystem suchen Reiher nach Nahrung, während die Fischmöwe darauf wartet, ihnen die Beute geschickt abzujagen. Rotlappenkiebitz, Bachkiebitz, Flußuferläufer und Krabbentriel (S. 161) halten sich im Flachwasserbereich auf. Am Himmel sieht man fast immer Geier oder Adler kreisen. Graukopf-Seeadler halten sich bevorzugt in hohen Bäumen auf, von denen sie den Ramgangar überblicken können.

Die meisten Waldvögel lassen sich im dichten Unterholz nur schwer beobachten. Es lohnt sich, blühende oder fruchttragende Bäume mit dem Fernglas abzusuchen, um dabei Braunkopf-Bartvogel, Streifenbartvogel, Russbülbül, Hirtenmaina, Pirol (S. 48) oder Pflaumenkopfsittich (S. 119) zu entdecken. Am Boden sind Pfaue, Kalijs-Fasan und Bankivahuhn nicht selten. Im Grasland trifft man auf Schwarzkehlchen, Mohrenschwarzkehlchen, Grauschmätzer und Halsbandfrankolin. Zu den Wintergästen zählen Schwarzstörche, Fischadler und Gänsesäger. In den Felsen und im Flußbett (z. B. bei Sarapduli) können Mauerläufer, Weißkopfschmätzer, Wasserrötel und Flußwasseramsel beobachtet werden.

Sumpfkrokodil und Gangesgavial kommen nicht nur in der Nähe des Stausees vor, sondern auch flußaufwärts. Weitere

Der Stausee wird auch vom Sumpfkrokodil bewohnt, das sich im Gegensatz zum Gavial nicht nur von Fisch ernährt.

Von Dhikala läßt sich der Sonnenaufgang über den Siwaliks und dem Ramgangar-Flußtal gut beobachten.

Kahlkopfgeier (englischer Name »King Vulture«) sind Einzelgänger.

Die Tigerklaue, die in Hecken und Buschwerk wächst, blüht in der Regenzeit.

Reptilien sind Schildkröten, Schlangen, Eidechsen und Bengalenwarane. Die Indischen Großschuppenbarben, die häufig über 1 m lang werden, dürfen heute im Park nicht mehr geangelt werden.

Im Gebiet unterwegs

Im Winter sind die frühen Morgenstunden oft von Nebel begleitet. Es ist ein stimmungsreiches Naturschauspiel, den Kampf der Sonnenstrahlen mit den Nebelmassen von **Dhikala** ① aus jeden Morgen in einer anderen Version zu sehen. Manchmal liegt nur der Talboden des Ramgangar unter dichten Nebelschwaden verborgen, wenn hinter den Bergen die Sonne aufgeht. An anderen Tagen kriecht der Nebel bis in den Wald oder hält sich zäh über der taubedeckten Grasebene, bevor er sich wallend auflöst. In Dhikala braucht man nur wenige Schritte zu gehen, um das Steilufer des Flusses zu erreichen. Von dort oder sogar direkt aus der offenen Zimmertür läßt sich der Anbruch des Tages hautnah miterleben.

Im Ramgangar-Tal bilden sandige Inseln, Wasserarme und hoher Grasdschungel eine unberührte Flußlandschaft.

Ein ganz besonderer Höhepunkt sind in Corbett die Safaris auf Elefantenrücken, bei denen man nicht nur dicht an Wildtiere heranreiten kann, sondern auch die vielseitige Landschaft intensiv kennenlernt. Die **Elefantenritte** führen in verschiedene Himmelsrichtungen und erfassen unterschiedliche Vegetationszonen. Eine Flußdurchquerung auf Elefantenrücken ist ebenso spannend wie das Durchstreifen der Grassavanne oder das Eindringen in das Unterholz des Waldes. Da das Sitzplatzangebot auf den Reitelefanten begrenzt ist, sollte man gleich nach der Ankunft in Dhikala seine Reservierungen vornehmen.

Das Schwarzkehlchen benutzt bei der Jagd nach Insekten gern hohe Grashalme als schwankende Warte.

Manchmal gibt es in Dhikala ① die Möglichkeit, ein Geländefahrzeug zu mieten. Wegen der Reparaturanfälligkeit der meist älteren Fahrzeuge ist deren Einsatzbereitschaft jedoch nicht immer gegeben. Es gibt mehrere Beobachtungstürme im Corbett-Nationalpark, die für Naturfreunde die Möglichkeit bieten, sich stundenlang ungestört in Einsamkeit und Wildnis aufzuhalten. Nach Rücksprache kann man sich dort (mit Fahrzeug oder Reitelefant)

Wildschweine gehören in Indien zur Lieblingsbeute der Tiger. Die Verlustrate unter den Frischlingen ist hoch.

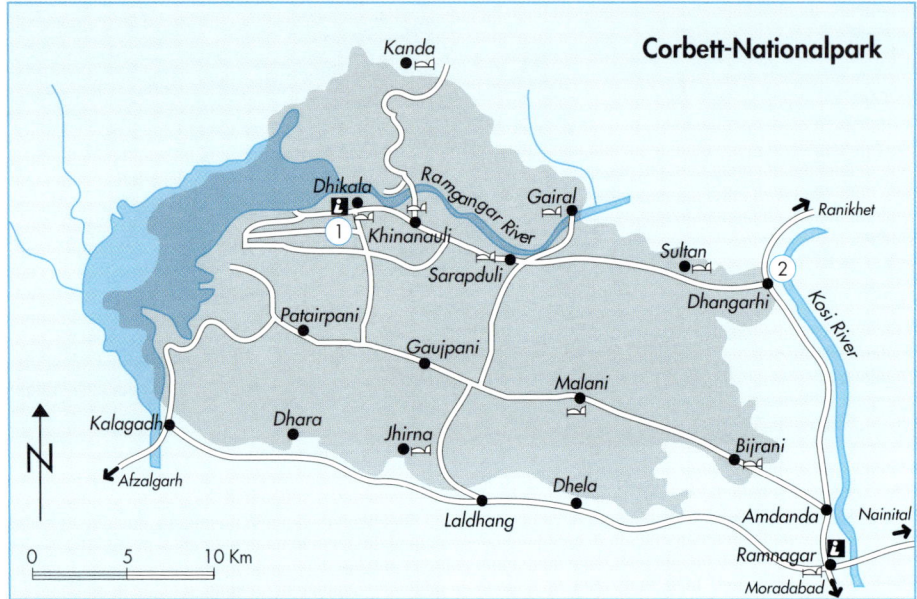

Corbett-Nationalpark

Kanda

Dhikala · Ramgangar River · Gairal

Khinanauli · Sarapduli · Sultan · Dhangarhi

Ranikhet

Patairpani · Gaujpani · Malani

Kalagadh · Dhara · Jhirna · Bijrani

Afzalgarh · Dhela · Amdanda · Nainital

Laldhang · Ramnagar · Moradabad

Kosi River

N

0   5   10 Km

absetzen und nach mehreren Stunden wieder abholen lassen.

In Dhikala lassen Touristen sich leicht dazu verleiten kleine Spaziergänge in die Wildnis zu unternehmen, obwohl es verboten ist. Seitdem ein britischer Ornithologe (zu Fuß und abseits des Weges) von einem Tiger getötet wurde, sind Fußwanderungen auch in Begleitung eines bewaffneten Wildhüters praktisch unmöglich geworden.

Zu den kleinen, verbliebenen Freiheiten gehört der Abstieg von Dhikala zum **Ramgangar-Fluß**. Hier lassen sich Vögel beobachten, Pflanzen bestimmen sowie Insekten und Kleintiere entdecken. Das kalte, klare Wasser aus dem Gebirge lockt viele Besucher an sein Ufer. In der heißen Jahreszeit wird dieser Fluß zu einer erfrischenden Badestelle.

Dhikala hat eine kleine Bibliothek mit naturkundlichen Büchern. Abends werden häufig Tierfilme auf einer Leinwand unter freiem Himmel gezeigt. Da hier etwa 100 Touristen Unterkunft finden, ist der Ort, der sogar ein Postamt und einen kleinen Laden hat, ziemlich belebt. Wer mehr Abgeschiedenheit sucht, sollte versuchen, in einem der einzeln liegenden Rasthäuser im Park unterzukommen.

Praktische Tips

Anreise

Von Delhi beträgt die Entfernung bis Dhikala 280 km, von Lucknow 440 km. Es verkehren täglich mehrere Busse zwischen Delhi und Ramnagar und zwischen Ramnagar und Dhikala. Mit der Bahn gelangt man von Delhi bei einmaligem Umsteigen in Moradabad bis nach Ramnagar. In jedem Fall muß in Ramnagar das Project Tiger Office aufgesucht werden, um die Eintrittsformalitäten und die Frage der Unterkunft zu klären. Ohne die Papiere von diesem Office kann der Park, dessen Eintrittspforte 15 km nördlich von Ramnagar bei Dhangarhi ② liegt, nicht betreten werden.

Es ist nicht unbedingt sicher, daß sich in Ramnagar ein Mietfahrzeug für die Fahrt in den Park auftreiben läßt. Wer darauf nicht

verzichten will (z. B. bei Unterkunft in abseits gelegenen Rasthäusern), sollte bereits
ab Delhi ein geeignetes Fahrzeug mieten.
Die befestigte Straße von Dhangarhi ② bis
Dhikala ① (25 km) läßt sich mit jedem
Fahrzeugtyp befahren, während man für
die anderen Strecken im Park ein Geländefahrzeug benötigt.

Klima/Reisezeit

Das Winterklima ist mit Tagestemperaturen von 25–30 °C und Nachttemperaturen
von 2–9 °C sehr gemäßigt. Im März/April
steigen die Tagestemperaturen auf
35–40 °C, die Nächte sind mit 8–15 °C
noch recht kühl. Im Mai/Juni kann es
tagsüber mit 40–46 °C sehr heiß werden,
während die Nachttemperaturen mit
20–23 °C weiterhin erträglich bleiben.
Die mittlere jährliche Niederschlagsmenge liegt bei 1500 mm. In den höheren
Bergregionen, in denen z. B. der Ramgangar-Fluß entspringt, fallen höhere Niederschlagsmengen. Obwohl die größten Regenmengen zwischen Ende Juni und
Anfang Oktober fallen, muß auch in anderen Monaten mit gelegentlichen Schauern
gerechnet werden. Im April/Mai kann es
sehr heftige Gewitter geben.
Der Park ist von 15. November bis läng-
stens 15. Juni geöffnet. Er wird nach den
ersten schweren Regenfällen der Monsunzeit, unter Umständen auch vor dem
15. Juni geschlossen, sobald die Straßen
unpassierbar werden.

Unterkunft

Das Touristenzentrum in Dhikala und
mehrere Rasthäuser im Park sind meistens
gut belegt. Weitere Unterkünfte existieren
in Ramnagar.

Adressen

⇨ Field Director, Project Tiger, Corbett
   National Park, Ramnagar, Dist. Nainital, Uttar Pradesh, Tel. 189;
⇨ Uttar Pradesh Tourist Office, Chandralok Building, 36, Janpath, New Delhi
   110 001, Tel. 322251.

Blick in die Umgebung

Im ehemaligen Wohnhaus von Jim Corbett
in **Kaladhungi** (auf halber Strecke zwischen
Ramnagar und Nainital) befindet sich heute ein kleines Museum, das an sein Leben
und Wirken erinnert.

Die kleine Halsbandeule gehört zu den Zwergohreulen.
Ihre Federohren sind nur selten aufgerichtet.

9 Dudhwa-Nationalpark

Tigerschutzgebiet in der feuchten Graszone des Terai an der Grenze zu Nepal; Rückzugsgebiet für die seltenen Barasingha-Hirsche; Auswilderungsprojekt für Panzernashörner; artenreiche Vogelwelt mit Bankivahuhn, Braunem Fischuhu und Barttrappe.

Das Dudhwa-Tigerschutzgebiet befindet sich am Rande der Ganges-Tiefebene und am Fuße des Himalayas, dessen Flanken 30 km nordöstlich liegen. Das alluviale Flachland mit einem Untergrund aus Sand und Lehm liegt 150 – 180 m über Meeresniveau. Es wird entwässert von den Flüssen Mohan und Sohali, die über weitere Nebenflüsse in den Ganges münden.

Die hohe Grassteppe (»Phantas«) bedeckt etwa 20 % des Schutzgebiets. Darin finden sich Sumpfgebiete, tote Flußarme und flache Seen (»Tal« genannt), die im Winter viele Wasservögel anlocken. Die Grasflächen sind typisch für die Landschaftsform des **Terai**. So wird eine langgestreckte Zone am Südrand des Himalaya bezeichnet, die sich von Uttar Pradesh über 1800 km bis nach Arunachal Pradesh hinzieht. Große Flächen des Terai wurden in den letzten hundert Jahren entwässert und sind zu Ackerland geworden. 1958 wurden zunächst 64 km² und 1968 ein auf 212 km² vergrößertes Gebiet bei

Sumpfiges Grasland ist ein typisches Element der Terai-Landschaft südlich des Himalaya.

Sonaripur als Sanctuary unter Schutz gestellt, um speziell den Lebensraum der Barasingha-Hirsche zu schützen. 1977 wurde das Schutzgebiet auf 614 km² erweitert und zum Nationalpark erklärt. Seit 1987 ist Dudhwa ein Tigerschutzgebiet, das mit seinen 815 km² auch das isoliert liegende Kishanpur Sanctuary (etwa 30 km südwestlich) umfaßt.

Das Dudhwa-Tigerschutzgebiet ist eng mit dem Namen **Arjan Singh** verknüpft. 1959 erwarb er Land, das direkt an das Schutzgebiet grenzt und baute darauf einen Hof, den er Tiger Haven ② nannte. Er wurde bekannt durch seine Auswilderungsaktionen von 2 Leoparden und 1 Tiger, deren Wert und Erfolg aber umstritten sind. Als Fürsprecher für die bedrohte Natur und als Anwalt für bedrohte Tiere ist er nicht müde geworden, bei den Behörden vorstellig zu werden und geltende Naturschutzrechte einzufordern. Als eigenen Beitrag zum Naturschutz überläßt er den Wildtieren große Teile seines Grundbesitzes. Außer von extensiv betriebener Landwirtschaft, lebt er vom Tourismus und vom Erlös seiner Bücher. Seiner Initiative ist die Aufwertung Dudhwas zum Nationalpark und Tigerreservat zu verdanken.

Es ist ein besonderes Problem in Dudhwa, daß viele Bauern ihr Land bis in Waldnähe mit Zuckerrohr bebauen. Immer wieder kommt es vor, daß Tiger das grasähnliche Rohr mit der natürlichen Grassteppe verwechseln und manchmal sogar ihre Jungen darin zur Welt bringen. Da diese Zuckerrohrfelder den Tigern bis in Dorfnähe gute Deckung gewähren, klagen die Bauern in der Umgebung Dudhwas über häufige Übergriffe der Tiger auf ihr Vieh. Leider hat sich der Konflikt dahingehend entwickelt, daß die Bauern die vom Tiger gerissenen Haustiere nicht selten mit Gift präparieren, um sich der Tiger zu entledigen. Zum selben Problemkreis gehört die

Schweinshirsche leben verstreut im Grasdschungel, niemals in dunklen Wäldern.

Tatsache, daß in Dudhwas Umgebung schon mehrfach menschentötende Tiger aufgetaucht sind. Der Tourismus ist davon jedoch nicht betroffen.

Pflanzen und Tiere

Im feuchten Laubwald, der rund 50 % der Fläche des Parks bedeckt, gedeihen hauptsächlich Salbäume. In einigen Zonen kommen Teak- und Eukalyptusbäume in Monokultur als Ergebnis früherer Aufforstungen vor.

Der sonst grau-grüne Indische Ochsenfrosch nimmt nur während der Paarungszeit eine goldgelbe Färbung an.

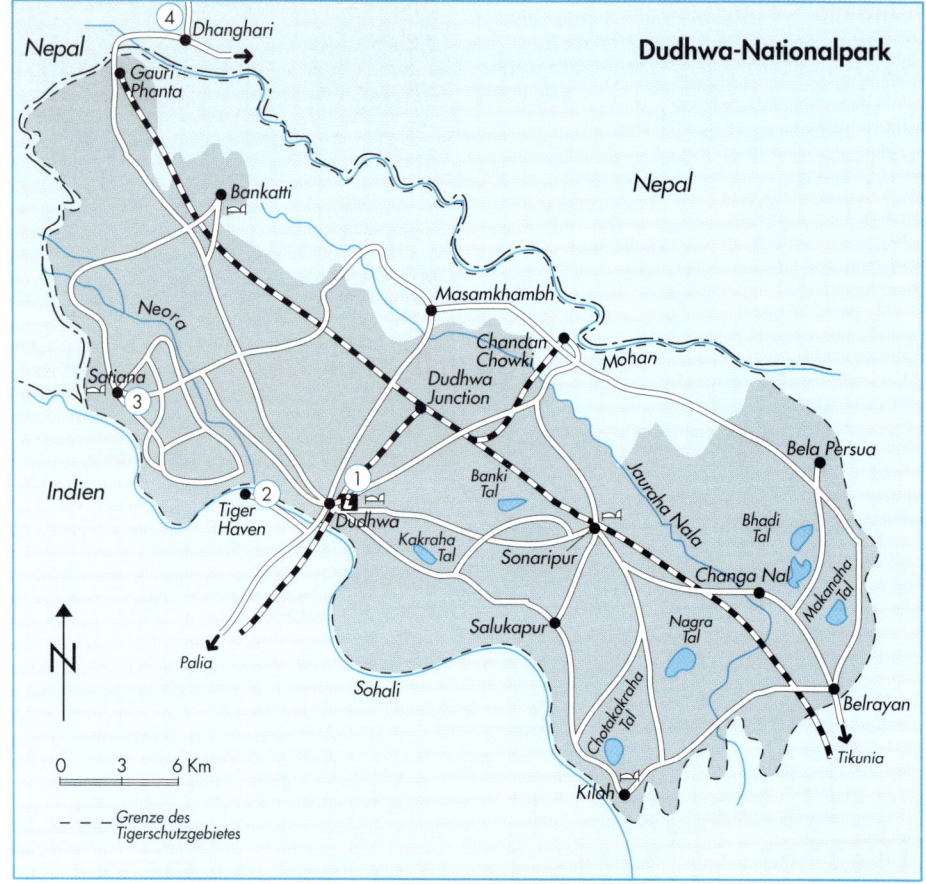

Dudhwa-Nationalpark

Nepal

Indien

Grenze des Tigerschutzgebietes

0 3 6 Km

Im feuchten Grasland wachsen sehr hohe Gras- und Schilfarten, die oft mit dem Oberbegriff »Elefantengras« bezeichnet werden. Dazu gehören das Schilf *Phragmites karka*, Pfahlrohr und wildes Zuckerrohr der Art *Saccharum spontaneum*. Andere Grasarten wie Silbergras, das Seidengras *Erianthus munja* und Mohrenhirse bevorzugen trockenen Untergrund. Im Grasland verstreut finden sich einzelne Bäume, z. B. Jambolanapflaume, die Akazie *A. catechu*, Mathibaum, Kapokbaum (S. 186), Sissoobaum, von denen einige aus einer mißlungenen Aufforstungsaktion stammen.

Im Winter wird das Grasland abgebrannt, um das Wachstum junger Triebe zu fördern und den Grasdschungel zu entfilzen. Diese Maßnahme soll vor allen Dingen den Barasingha-Hirschen zugute kommen.

In Dudhwa-Tigerschutzgebiet gibt es etwa 60–80 Tiger (s. S. 23). Besucher haben durchaus eine Chance, einen davon zu Gesicht zu bekommen. Tigerbeobachtungen werden in der Touristensaison alle paar Tage gemeldet.

Die Zahl der Barasingha-Hirsche ist rückläufig und wird nur noch mit 700–800 Tieren angegeben. Ihre Zahl ging früher in die Tausende. Weitere große Säugetiere des Parks sind Axishirsch, Sambarhirsch,

Schweinshirsch, Muntjak (S. 175), Wildschwein, Nilgaiantilope, Lippenbär
(S. 207), Leopard, Goldschakal, Rohrkatze,
Fischkatze (S. 51), Honigdachs, Indischer
Fischotter, Stachelschwein, Rhesusaffe
und Hanuman-Langur.
Wilde Elefanten kommen sporadisch aus
Nepal herüber und sind manchmal jahrelang geblieben, bevor sie dorthin zurück-
kehrten.
Panzernashörner hat es bis ungefähr 1870
in dieser Gegend gegeben, bevor sie der
Großwildjagd gänzlich zum Opfer fielen.
1985 wurden 3 Panzernashörner aus Assam und 4 Panzernashörner aus Nepal mit
dem Zweck der Wiedereinbürgerung nach
Dudhwa gebracht. Das 27 km² große Aus-
wilderungsareal ist mit einem Elektrozaun
umgeben und (bisher) für Touristen nicht
zugänglich. Seither sind mehrere Kälber
geboren worden.
Die Liste der Vögel umfaßt annähernd
350 Arten (Zugvögel eingeschlossen).
Ornithologen schätzen Dudhwa als
extrem gutes Eulengebiet. Unter den
13 Eulenarten befinden sich z. B. Nepaluhu, Himalaya-Fischuhu, Trillerkauz,
Falkenkauz und Dschungelkauz. Der
Braune Fischuhu, der in Wassernähe im
dunklen Unterholz zu suchen ist, gehört
zu den häufigen Arten.
In Dudhwas Grasland sind einige sehr seltene Vögel beheimatet wie das Sumpffrankolin und die Barttrappe. Der Bestand an
Barttrappen wird auf 40 Vögel geschätzt.
Sie lassen sich am ehesten beobachten,
wenn sie von März bis Mai ihre hohen
Balzsprünge vollführen (Aktivitätsphasen:
frühmorgens und spätnachmittags).
Zu den typischen Vertretern der Vogelwelt
gehören Kuhreiher (S. 68), Pfau, Bankivahuhn, Schlangenweihe, Keilschwanztoko, Graufischer (S. 200), Gurial, Russbülbül und Wanderelster. Spechte sind mit
14 Arten vertreten, Schnäpper mit 13 Arten, Tauben mit 10 Arten, Drongos mit
8 Arten, Prinien mit 7 Arten, Kuckucke
und Laubsänger mit je 6 Arten.

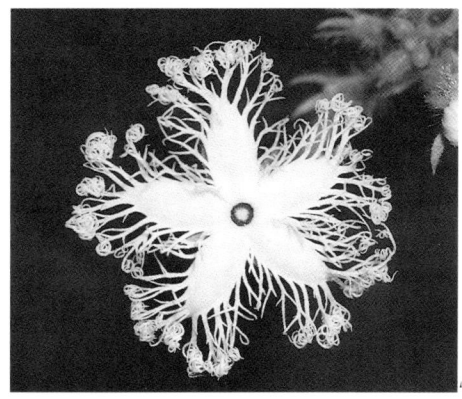

Die rankende Schlangenhaargurke bringt filigran gestaltete
Blütenblätter hervor.

Als häufig vorkommende Reptilien gelten
Sumpfkrokodil, Bengalenwaran, Schildkröten (z. B. Indische Klappen-Weichschildkröte) und Schlangen wie Tigerpython, Kobra, Gelber Krait und Dhaman.

Im Gebiet unterwegs

In Dudhwa bieten sich verschiedene Möglichkeiten zur Geländeerkundung an:
Fahrten mit dem Geländefahrzeug, Ritte
auf Elefantenrücken oder Benutzung von
Beobachtungstürmen. Um bis zur Grassavanne vorzudringen, die sich insbesondere südlich des **Satiana-Rasthauses** ③
erstreckt, benötigt man unbedingt ein ge-
ländegängiges Fahrzeug. Die schnurge-
raden Pisten durch dichten Wald, die dorthin führen, sind für Tierbeobachtungen
nicht sehr ergiebig. Allenfalls sind die hohen Termitenbauten am Waldrand bemerkenswert.
An mehreren Stellen im Park sind Beobachtungstürme errichtet worden, von denen sich Wasserstellen überblicken lassen.
Ihre Benutzung lohnt sich vor allen Dingen im Winter, wenn sich dort viele Wasservögel aufhalten.
Elefantenritte sind ein abenteuerliches, na-
turnahes Erlebnis. Durch das langsame

Diese Schlangenweihe sitzt in einem blühenden Kapokbaum.

Reittempo hat man viel Zeit, die Umgebung wahrzunehmen und Einzelheiten zu
entdecken. Im Umkreis des **Dudhwa-Rast-
hauses** ①, wo die Elefantenritte starten,
liegt feuchtes Grasland, niedriger Wald
und der Flußlauf des Sohali.
Auf dem Gebiet von **Tiger Haven** ② bestehen einige in Bäumen gut versteckte
Hochsitze, von denen sich das Flußbett
des Sohali überblicken läßt. Naturbegeisterte Gäste verbringen dort oft viele Stunden und lassen sich nur zu den Mahlzeiten
abholen. Neben interessanten Tierbeobachtungen am Fluß (z. B. Krokodile, Otter,
Schildkröten, Hirsche, Affen, Vögel), eignen sich diese kleinen Plattformen zum erholsamen Träumen in der Wildnis. Dabei
besteht immer die Möglichkeit, daß plötzlich ein Tiger vorbeikommt.

Praktische Tips

Das unmittelbare Grenzgebiet zu Nepal
sollte von Ausländern gemieden werden.

Anreise

Der Dudhwa-Nationalpark ist mit öffentli-
chen Verkehrsmitteln etwas mühsam zu
erreichen. Von Delhi (kaum 400 km) kann
Palia mit einem direkten Bus erreicht wer-
den (Fahrzeit etwa 13 Stunden, Bus häufig
überfüllt). Palia, der letzte größere Ort vor
Erreichen des Parks, liegt 10 km vom Ort
Dudhwa ① entfernt. Mit der Bahn gelangt
man auf der Strecke Delhi-Lucknow bis
Shajehanpur und von dort (110 km) mit
Bus oder Taxi bis Palia bzw. Dudhwa. Die
Bahnlinie von Mailani nach Dudhwa ist
eine selten befahrene Nebenstrecke. Von
Nepal kommend liegt der Grenzübergang
Dhangarhi ④ 23 km vom Ort Dudhwa ent-
fernt.

Unter den Palmhörnchen gibt es solche mit 3 oder
5 Rückenstreifen. Die Art mit 5 Streifen ist häufiger.

Die Hindunachtschwalbe wird in der Abenddämmerung aktiv.

Klima/Reisezeit
Drei Jahreszeiten können unterschieden werden: Winter – von Mitte Oktober bis Mitte März, Sommer – von Mitte März bis Mitte Juni, Regenzeit – von Mitte Juni bis Mitte Oktober. Die jährliche Regenmenge von 1600 mm fällt zu 90 % zwischen Juni und September. Juli und August sind die regenreichsten Monate. Die höchsten Temperaturen herrschen im Mai/Juni (Maximum 47 °C). Im Winter (Dezember/Januar) wird nachts der Gefrierpunkt erreicht. Die beste Reisezeit ist von Mitte November bis Mitte Juni.
Das Gebiet steht in der Regenzeit teilweise unter Wasser. Straßen und Brücken müssen ab Oktober erst wiederhergestellt werden, bevor Rundfahrten möglich sind.

Unterkunft
Im Park gibt es mehrere Rasthäuser, von denen das Forest Resthouse in Dudhwa das größte ist. Von hier werden Elefantenritte und Rundfahrten im Jeep oder Minibus angeboten. Die anderen Rasthäuser können nur mit eigenen Fahrzeugen erreicht werden (Lebensmittel mitbringen). Tiger Haven am Parkrand bietet einen relativ komfortablen Aufenthalt.

Adressen
- ➦ Field Director, Dudhwa Project Tiger & National Park, Lakhimpur, Dist. Kheri, Uttar Pradesh, Tel. 2106;
- ➦ Wildlife Warden, Dudhwa National Park, Palia 262 902, Dist. Kheri, Uttar Pradesh, Tel. 185;
- ➦ Tiger Haven, P.O. Palia 262 902, Dist. Kheri, Uttar Pradesh;
- ➦ Uttar Pradesh Tourist Office, Chandralok Building, 36, Janpath, New Delhi 110 001, Tel. 322251.

Der Riesenstorch ist an Feuchtgebiete und Gewässer gebunden. Seine Verbreitung reicht von Indien bis Australien.

Blick in die Umgebung
Von Dudhwa ist es möglich mit eigenem Fahrzeug über Nebenstrecken (Palia, Mailani, Kuthar, Puranpur, Madhotanda, Khatima, Nanakmata, Sitarganj, Kichha, Rudrapur, Bazpur, Belparao, Ramnagar, Dhikala) zum Corbett-Tigerschutzgebiet (Hauptreiseziel 8) zu gelangen. Die Fahrzeit für diese Strecke (rund 350 km) beträgt etwa 8–9 Stunden.
Bei Grenzübertritt nach **Nepal** läßt sich das **Royal Bardia Wildlife Reserve** (968 km²) nach 80 km Reise gen Osten (Ausgangsort Chisapani) erreichen. Es erstreckt sich vom Terai bis in die Vorberge des Himalaya (1500 m). Das Reservat wird im Westen begrenzt vom Karnali-Girwa-Flußsystem und grenzt im Süden an den Babai-Fluß.

10 Kleiner Rann von Kutch

Flache Salzwüste, die in der Regenzeit überflutet wird und sich in einen Sumpf verwandelt; im Winter stellt sich das Gebiet als eine mit Trockenrissen bedeckte Ebene dar; einziges Vorkommen der Khur, einer Unterart des Asiatischen Halbesels; artenreiche Vogelwelt.

Der Rann von Kutch ist eine äußerst eigenartige und eindrucksvolle Wüstenlandschaft, die unweit der Grenze zu Pakistan im Bundesland Gujarat liegt. Sie läßt sich aufteilen in den Großen Rann von Kutch (im Norden) und den Kleinen Rann von Kutch (im Süden). Der Kleine Rann von Kutch wurde 1973 zu einem Sanctuary erklärt, um speziell dem Halbesel einen letzten Zufluchtsraum zu erhalten. Mit seinen

4954 km² ist es zwar eines der größten Schutzgebiete seiner Art in Indien, doch es besteht zum größten Teil aus vegetationsloser Salzwüste. Die biologisch wertvolle Randzone zwischen der nackten Wüste und den angrenzenden Feldern ist dagegen relativ klein. Zu den wichtigen Nahrungsgründen für Wildtiere zählen auch die aus der Wüste emporragenden Inseln, die als »Bet« bezeichnet werden.
Der Rann von Kutch ist eine verlandende Zone des Indus-Deltas, das sich heute weiter westwärts in Pakistan befindet. Vor wenigen tausend Jahren ist ein Teil des Indus-Wassers vermutlich noch in die Bucht von Cambay geflossen und hat in den Niederungen des Rann von Kutch Schlamm und Schwemmsand zurückgelassen. Der Untergrund ist teilweise noch unverfestigt und wird nur von einer harten, trockenen Kruste überdeckt. In manchen Jahren, wenn der Südwestwind in der Monsunzeit

Ergiebige Regenfälle sind im Kleinen Rann von Kutch nur zwischen Juni und September zu erwarten.

Der Wüstenschmätzer ist Wintergast in Nordwest-Indien. Sein Brutgebiet liegt in Zentralasien. Er jagt in Bodennähe nach Insekten.

viel Meereswasser aus dem Golf von Kutch in die Wüste drückt, weicht die verkrustete Oberfläche in bestimmten Regionen dermaßen auf, daß der Untergrund seine Tragfähigkeit verliert. Eine Durchquerung des Kleinen Rann von Kutch auf eigene Faust kann dann recht gefährlich sein. Deswegen sollte man die häufig befahrenen Pisten nicht verlassen. Manchmal ist die Wüste wenige Meter neben den festgefahrenen Fahrspuren nicht ausgehärtet und ein geringes Abweichen von der Spur kann zum Einbrechen des Fahrzeugs in den Morast führen.

Pflanzen und Tiere

Bevor das Gebiet unter Schutz gestellt wurde, hatte man große Flächen des ehemaligen Ödlandes unter den Pflug genommen. Auf den wenig ertragreichen Feldern wird hauptsächlich Baumwolle angepflanzt, die mit Erdwällen, Dornengestrüpp und Wachposten vor den Wildtieren geschützt werden muß. Ein großer Teil der heimischen Bäume, die dem kargen Boden und dem extremen Klima hervorragend angepaßt waren, fielen der Holzkohleprodukti-

Die Khur leben gesellig unter harten Existenzbedingungen am Rande der Salzwüste.

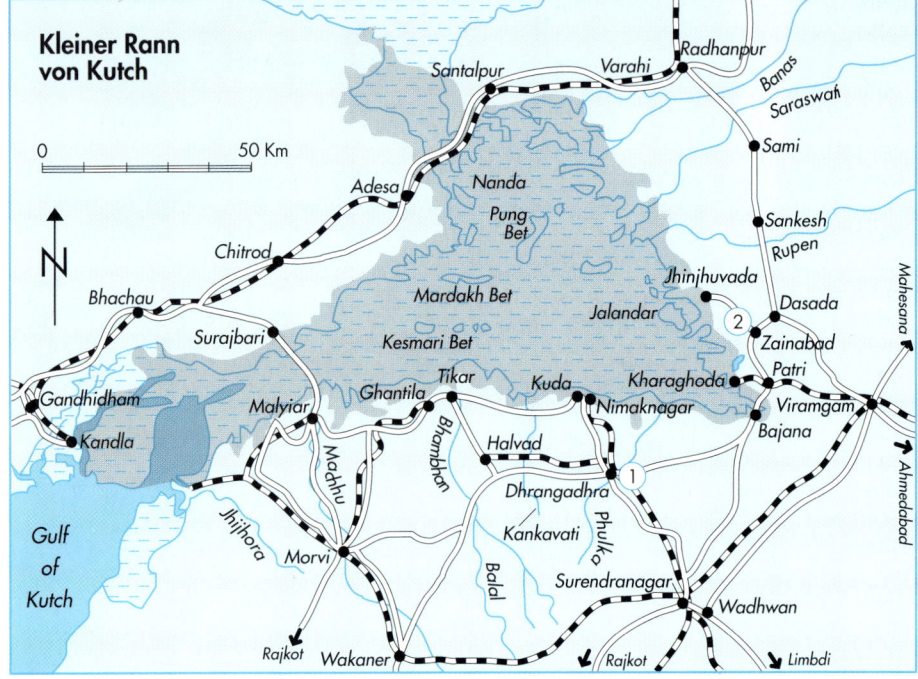

Kleiner Rann
von Kutch

0   50 Km

N

Gulf
of
Kutch

Santalpur · Varahi · Radhanpur
Banas
Saraswati
Sami
Adesa
Nanda
Sankesh
Pung
Bet   Rupen
Chitrod
Jhinjhuvada
Bhachau   Mardakh Bet   Jalandar   Dasada
Surajbari   2
Kesmari Bet   Zainabad
Patri
Tikar   Kuda   Kharaghoda
Gandhidham   Malyiar   Ghantila   Nimaknagar   Viramgam
Kandla   Bajana
Halvad   1
Madhu   Bhambhon   Phulka
Jhijhora   Morvi   Dhrangadhra
Kankavati
Balal   Surendranagar
Rajkot   Wakaner   Rajkot   Wadhwan
Limbdi
Mahesana
Ahmedabad

on zum Opfer. Zu ihnen zählen die Akazie *A. nilotica, Prosopis cineraria, Salvadora persica, Salvadora oleoides* und der Kapernstrauch *Caparis decidua.* Anfang der fünziger Jahre begann die Forstverwaltung mit der Anpflanzung von Mesquitebäumen. Dieses aus Mexiko eingeführte Dorngengestrüpp, das sich unter günstigen Verhältnissen auch zu schmächtigen Bäumen entwickeln kann, hat sich seitdem explosionsartig ausgebreitet. Naturschützer fordern die Abholzung dieser Art in ökologisch wertvollen Zonen.

Das Ödland am Wüstenrand ergrünt in der Regenzeit zu einer üppigen Steppe mit nahrhaften Seggen und Grassorten wie Bartgras und Hundezahngras. Böden mit geringem Salzgehalt werden von *Sporobolus fertilis* und *Aristida histricula* toleriert. Pflanzen aus den Gattungen Sode, *Aeluropus* und *Peplidium* sind charakteristische Salzpflanzen des Kleinen Rann von Kutch, die von den Khur nicht verschmäht wer-

den. Möglicherweise sichern diese Halophyten, die kaum von anderen großen Tieren angerührt werden, das Überleben der Khur in Dürrezeiten.

Die größte touristische Attraktion im Kleinen Rann von Kutch sind für Tierfreunde zweifellos die Khur. Es ist nicht schwer die Herden und Einzeltiere zu finden, da sie in der offenen Landschaft auf große Entfernung entdeckt werden können.

Andere Wildtiere der Region sind Nilgaiantilope (S. 49), Chinkara (S. 39), Bengalfuchs, Goldschakal (S. 171), Indischer Wolf (S. 98), Nordindischer Hase und Indische Sandmaus. Die meisten Arten sind nachts aktiv.

Es wurden bisher annähernd 250 Vogelarten registriert, wobei Wintergäste aus Nord- und Mittelasien eingeschlossen sind. Bereits ab Mitte August treffen große Schwärme von Kranichen (s. S. 93) und Jungfernkranichen (S. 90) ein. Sie verbringen die Nacht gern an flachen Wasserstellen in der offenen Wüste. Während viele Kraniche den ganzen Winter im Gebiet verbringen, ist der Rann von Kutch für andere Zugvögel, z. B. Weißstörche, nur ein Rastplatz auf dem Zug nach Süden.

Flamingos (S. 90) und Zwergflamingos, Kragentrappen (S. 40), Brachschwalben, Flughühner (S. 40), viele Greifvogelarten und Massenivasionen von Rosenstaren gehören zu den ornithologischen Besonderheiten.

Lerchen sind mit 9 Arten vertreten, darunter Steinlerche, Wüstenläuferlerche, Devalerche und Rotschwanzlerche. Wer die Wüste in der Dämmerung mit dem Fahrzeug verläßt, sieht oft Tausende von Lerchen auffliegen, die sich im Windschatten der eingefurchten Fahrspur eingefunden haben, um hier die Nacht zu verbringen. Auch die windgeschützte Mulden der Hufabdrücke der Khur werden von den Lerchen als Nachtquartier genutzt.

Von den Reptilien sind Dornschwanzagame und Sternschildkröte besonders erwähnenswert.

Im Gebiet unterwegs

Die herbe Schönheit des Kleinen Rann von Kutch wird nicht von allen Besuchern mit der gleichen Begeisterung empfunden. Einige Menschen sehen in der Wüste lediglich eine öde, bedrückende Eintönigkeit, während andere von der einsamen Weite, die sich bis zum Horizont erstreckt, tief beeindruckt sind. Über das Erlebnis der Landschaft hinaus sind die vielseitigen Möglichkeiten zu Tierbeobachtungen in diesem Gebiet ein wichtiger Besuchsgrund.

Wer mehr als nur einen flüchtigen Eindruck von den Khur erhalten möchte, sollte sein Fahrzeug beizeiten stehen lassen und sich den Halbeseln zu Fuß nähern. Da sie nicht bejagt werden, kennen sie den Menschen nicht als Feind und haben eine relativ geringe Fluchtdistanz. Ein schnell fahrendes Auto veranlaßt die Tiere dagegen zur rasenden Flucht. Verantwortungsbewußte Besucher sollten davon Abstand nehmen, die Tiere mit dem Auto zu verfolgen, wie es von einheimischen Fahrern ge-

Asiatische Halbesel

Asiatische Halbesel (*Equus hemionus*) leben in abgelegenen Wüsten- und Halbwüstenregionen Asiens und gelten als vom Aussterben bedroht. Man unterscheidet verschiedene Unterarten: **Onager** im Iran, **Kulan** in Turkmenien, **Khur** in Indiens Nordwesten, **Dschiggetai** im Grenzgebiet zwischen Mongolei und China sowie **Kiangs** im Hochland von Tibet. Der Weltbestand wird auf 30 000 Tiere geschätzt.

Die soziale Ordnung der Halbesel gleicht der von Afrikanischen Wildeseln und wird als territorial bezeichnet. Wildpferde organisieren sich dagegen in festen Familienverbänden. Bei den Halbeseln besitzen die erwachsenen Hengste Territorien, die gegen Nachbarhengste verteidigt werden. Die Stuten leben mit ihren Fohlen in kleinen Gruppen und durchqueren auf ihren Wanderungen die Territorien verschiedener Hengste. Die Junghengste tun sich zu Junggesellengruppen zusammen und wandern gemeinsam umher. In der Paarungszeit versuchen die Territorialhengste die rossigen Stuten am Verlassen ihres Gebiets zu hindern. Nur in dieser Zeit werden die Junghengste von den Territorialhengsten vertrieben.

Halbesel pflegen ihre sozialen Kontakte untereinander, indem sie sich gegenseitig beknabbern.

Während der Regenzeit verwandelt sich die Wüste in einen Sumpf. Gelegentlich steht sie wochenlang unter Wasser. In der Trockenzeit ist der flache Wüstenboden mit unzähligen Rissen übersät (unten).

legentlich bei hoher Geschwindigkeit praktiziert wird. Ganz abgesehen davon, daß den Tieren bei solchen Verfolgungsjagden große Energiereserven abverlangt werden, ist es für die Fahrzeuginsassen ein riskantes Unterfangen. Plötzliche Querrinnen oder Schlammflächen können bei schneller Fahrt über den Wüstenboden nicht rechtzeitig erkannt werden und zu Unfällen führen.

Wer die Wüste hautnah und unabhängig erleben möchte, sollte mit Zelt und eigenem Fahrzeug anreisen. Dabei muß selbstverständlich an Lebensmittel und Wasservorräte ebenso gedacht werden wie an ausreichende Treibstoffreserven. Um Kon-

flikten mit den Naturschutzbehörden aus dem Wege zu gehen, sollte man sich entweder um eine offizielle Genehmigung zum Zelten bemühen (Superintendent in Dhrangadhra ①) oder aber einige hundert Meter außerhalb des Schutzgebiets campen.

Da bisher nur extrem wenige Touristen den Kleinen Rann von Kutch besuchen, droht der Natur dort noch keine Gefahr von großen Besucherströmen. Als erheblicher Störenfaktor sind die Aktivitäten der Salzgewinnung anzusehen. Darüber hinaus stellen Hirten und Nomaden mit großen Viehherden auf den begrenzten Flächen mit natürlicher Vegetation eine ernste Konkurenz für die Wildtiere dar. Da die Wüstenlandschaft kaum markante Landschaftsmerkmale aufweist, besteht eine gewisse Gefahr, die Orientierung zu verlieren, insbesondere wenn man zu Fuß unterwegs ist. Fahrer von Mietfahrzeugen zeigen sich oft unsicher. Es ist durchaus empfehlenswert, einen ortskundigen Begleiter mitzunehmen.

Geländefahrzeuge und organisierte Wüstenfahrten werden im privaten Touristencamp »Desert Coursers« in Zainabad ② angeboten, wo auch für Unterkunft und Verpflegung gesorgt ist.

Die Steinlerche ist eine von 9 Lerchenarten im Kleinen Rann von Kutch.

Wüstenrotfüchse (*Vulpes vulpes pusilla*) »hängen« bei der Paarung oft länger als 10 Minuten zusammen.

Praktische Tips

Anreise

Mit öffentlichen Bussen ist fast jeder Ort der Region zu erreichen. Die Bahnstrecken in das Gebiet sind mehr für den Abtransport von Salz als für den Personenverkehr bestimmt. In den kleinen Ortschaften ist es sehr schwierig, Transportmittel für einen Besuch der Wüste aufzutreiben. Am sinnvollsten und auch am bequemsten ist die Anreise im Mietfahrzeug von Ahmedabad (etwa 80 km).

Indische Sandmäuse leben gesellig in kleinen Kolonien. Ihre Bauten haben mehrere Ein- und Ausgänge.

Klima/Reisezeit

Als Hauptreisezeit gelten die Monate November bis Februar. Ab März beginnt der trocken-heiße Sommer, der im Mai und Juni mit heftigen Stürmen einhergeht, bevor Ende Juni der Monsun einsetzt. Die Regenfälle können sich bis in den September hinziehen, bleiben jedoch in manchen Jahren auch völlig aus. 350 mm Niederschlag im Jahr gelten bereits als ziemlich hoch. Außerhalb der Regenzeit fällt nur selten Regen. Kalte Winde aus dem Nordosten können die Nachttemperaturen im Winter in Gefrierpunktnähe absenken und auch die Tagestemperaturen so kühl halten, daß Pullover und Jacken ganztägig angebracht sind. Im Sommer dagegen überschreiten die Tagestemperaturen nicht selten 45 °C.

Der Bengalfuchs jagt hauptsächlich nachts nach Mäusen.

Der Baumfalke macht in der offenen Wüstenlandschaft bevorzugt Jagd auf fliegende Kleinvögel wie Lerchen.

Der Schlangenadler ist an seinem verhältnismäßig dicken Kopf zu erkennen.

Unterkunft

Sehr einfache Unterkünfte in Dhrangadhra. Privates Touristencamp »Desert Coursers« in Zainabad. Bei einer Rundreise mit einem Mietfahrzeug kann ein eigenes Zelt sehr nützlich sein. Beim Zelten: Vorsicht vor Skorpionen.

Adressen

- ⮑ Tourist Information Bureau, HK House, Ground Floor, Opp. Ashram Road, Ahmedabad 380 009, Gujarat, Tel. 460640;
- ⮑ Superintendent Wild Ass Sanctuary, Chalapa Road, Dhrangdhra 363 310, Gujarat, Tel. 2016;
- ⮑ Desert Coursers, Shabbir Malik, Zainabad 382 751, via Dasada, Gujarat, Tel. 445 068 (Ahmedabad).

Blick in die Umgebung

Der **Große Rann von Kutch** ist unter Naturfreunden besonders wegen seiner Flamingo-Brutkolonie (Flamingo City) bekannt. Allerdings brüten die Vögel hier sehr unregelmäßig, wobei offenbar der Wasserstand eine bedeutende Rolle spielt. Im Großen Rann von Kutch gibt es ausgedehnte Gras- und Ödlandflächen mit ähnlicher Flora und Fauna wie im Kleinen Rann von Kutch, allerdings fehlen hier die Halbesel. Das dünn besiedelte Gebiet wird hauptsächlich von Nomaden mit Viehherden durchzogen und ist touristisch noch nicht erschlossen. Es ist ein besonderes Abenteuer diese Wüstenregion zu erkunden, von der über 7000 km² als künftiges Schutzgebiet vorgesehen sind.

Aus militärischen Gründen sind Teile des Großen Rann von Kutch für Ausländer ständig oder zeitweise gesperrt – aktuelle Informationen müssen vor einem geplanten Besuch eingeholt werden. Die Reisebeschränkungen für Ausländer bezogen sich bisher nicht auf den Kleinen Rann von Kutch.

11 Nalsarovar

Vogelschutzgebiet in flachem Binnensee mit zeitweise großen Ansammlungen von Flamingos; in den Wintermonaten viele nordische Zugvögel, darunter Kraniche, Jungfernkraniche und Weißstörche.

Der große, flache Nalsarovar-See in Gujarat erstreckt sich bei hohem Wasserstand über eine Fläche von 130 km². Er wird fast ausschließlich durch die Niederschläge in der Monsunzeit gespeist, die sich in einer abflußlosen Senke sammeln. Der wasserundurchlässige Boden ist leicht salzhaltig. Die meisten der etwa 360 kleinen Inseln stehen nach der Regenzeit unter Wasser. Im Süden geht der See in ein Sumpfgebiet über. Durch die intensive Sonneneinstrahlung ist in den Monaten Oktober bis Juni die Verdunstung sehr stark, so daß die Salinität des Wassers zunimmt. Der See, dessen mittlere Tiefe nach der Regenzeit bei 60 cm liegt (tiefste Stelle etwa 3 m), wird damit zusehens flacher und für Watvögel und Gründelenten attraktiv. In den Wintermonaten treffen hier zeitweise ansehnliche Schwärme von nordischen Zugvögeln und indischen Vogelarten zusammen. Diese Vogelansammlungen in Nalsarovar sind allerdings stark von Wasserstand, Salinität und anderen Faktoren abhängig. In extremen Dürrejahren trocknet der See sogar vollständig aus.

Weißbartseeschwalben (hier im Ruhekleid) ziehen im Winter über den ganzen Subkontinent an Binnenseen und Küsten.

Der Gleitaar ist in ganz Indien außer in Waldgebieten verbreitet. Er hat auffällig rote Augen.

Oben: Der flache, leicht salzhaltige Nalsarovar-See wird besonders im Winter von Flamingos bevölkert.

Die Senke des Nalsarovar liegt in einer geologischen Depression, die sich vom Rann von Kutch (s. S. 82) im Norden bis zum Golf von Cambay im Süden verfolgen läßt. Diese Linie, bei der es sich um einen schmalen, verlandeten Meeresarm handeln könnte, trennt die Halbinsel Kathiawar vom Indischen Subkontinent.

Auf dem See gilt seit 1959 ein Jagdverbot. Seit 1969 ist Nalsarovar ein vielbesuchtes Vogelschutzgebiet, das inzwischen 121 km^2 umfaßt.

Da Büffel, Rinder und andere Haustiere nur schwer von der Vegetation am Ufer fernzuhalten sind, konzentriert die Forstverwaltung sich darauf, die größeren Inseln aufzuforsten. Bisher fehlen kräftige Bäume, die sich als Nistbäume für Wasservögel wie Kormorane, Reiher, Ibisse oder

Jungfernkraniche aus Zentralasien verbringen den Winter in großer Zahl an den Seen in Gujarat (s. S. 93).

Störche eignen würden. Es ist daran gedacht, Teile des Sees für die Öffentlichkeit zu sperren und zu besonderen Schutzzonen zu erklären.

Der Verwaltung des Vogelschutzgebiets bereiten einige Bewohner der umliegenden Dörfer besondere Probleme. Diese als »Padhars« bezeichneten Einheimischen sind traditionell Jäger und Fallensteller und lassen es nicht sein, den Flamingos und anderen Wasservögeln (nachts) nachzustellen.

Das Land in der Umgebung des Sees befindet sich weitgehend in Privatbesitz und wird für den Anbau von Reis und Baumwolle genutzt. Nur vereinzelt sieht man im Winter auch Weizen oder Gerste auf den Feldern stehen. Meistens sind die Felder in der kalten Jahreszeit nicht bewirtschaftet und bieten sich als Rast- und Nahrungsplätze für Zugvögel wie Kraniche, Störche oder Gänse an.

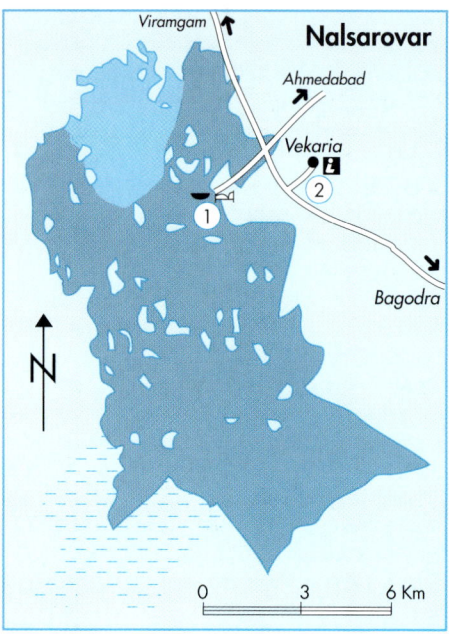

Pflanzen und Tiere

Das extreme Klima, das durch eine 9-monatige Trockenperiode geprägt wird, zwingt die Vegetation mit den trockenen Verhältnissen zurechtzukommen. Unter den wenigen Bäumen der Gegend finden sich Pepulbaum, *Salvadora persica, Salvadora oleoides* und die Akazie *A. nilotica*. Als Gebüsche wachsen Parkinsonie und Mesquitebaum (beide aus Mexiko stammend) sowie die Tamariske *T. troupii* und die Kassie *C. auriculata*. Häufige Gräser sind das Bartgras *Dichanthium anulatum* und die sehr hohe Wilde Mohrenhirse. Als Wasserpflanzen treten u. a. Schraubenvallisnerie, Wasserquirl, Kleines Nixenkraut und die Seerose *Nymphea stellata* auf. Nalsarovar ist ein Überwinterungsgebiet für viele Wasservögel. Es wurden etwa 250 Vogelarten beobachtet – genaue Zählungen liegen bisher jedoch nicht vor. Am auffälligsten sind die Ansammlungen der großen Flamingos, unter denen auch die kleineren Zwergflamingos vorkommen. Zu den paarweise lebenden Saruskranichen gesellen sich im Winter größere Trupps von Kranichen und Jungfernkranichen. Zu den heimischen Storcharten wie Buntstorch (S. 148), Silberklaffschnabel und Wollhalsstorch kommt als Wintergast der Weißstorch, vereinzelt sogar der Schwarzstorch hinzu. Unter den großen Vögeln sind auch Löffler, Reiher, Ibisse und Pelikane vertreten, z. B. Grau-, Purpur-, Silber-, Seiden-, Mittel-, Paddy- und Kuhreiher, Schwarzhalsibis, Warzenibis und Rosapelikan.

Bläßhühner und Enten (neben vielen paläarktischen Arten auch Höckerglanzente, Fleckschnabelente, Weißbauch-Zwerggans) bevölkern die offenen Flachwasserbereiche. Wasserfasan, Hindublatthühnchen, Weißbrust-Kielralle und viele Limikolenarten suchen in der Uferzone meist vereinzelt nach Nahrung. Möwen, Seeschwalben und Eisvögel runden die Vielfalt bei den Wasservögeln ab.

Auf Ödland, abgeernteten Feldern und in Gebüschen in der Umgebung des Sees lassen sich weitere Vogelarten bestimmen. Man findet z. B. Blaukehlchen, Isabellschmätzer, Rotstirn-Schneidervogel, Smaragdspint, Wiedehopf, Koromandelrennvogel, Hirtenmaina und Weißohrbülbül. Neben verschiedenen Weihenarten zählen Schikra, Schwarzmilan (S. 31) und Gleitaar sowie Schmutz- (S. 75) und Bengalengeier (S. 64) zu den häufigsten Greifvögeln. Auch große Adler können gelegentlich angetroffen werden.

Im Gebiet unterwegs

Meistens wird Nalsarovar als Ziel eines Tagesausflugs von Ahmedabad aus besucht. Zu diesem Zweck sollte man Ahmedabad bereits vor Sonnenaufgang verlassen, um die frühen Morgenstunden auf dem See verbringen zu können, bevor die Hitze des Tages einsetzt.

Kraniche

In Indien sind 5 der weltweit 15 Kranicharten anzutreffen:
Der **Saruskranich** (*Grus antigone*; S. 55) ist mit 1,50 m der größte von allen. Er kommt als Brutvogel in Nord- und Zentralindien vor. Man sieht ihn meist paarweise in Feuchtgebieten und auf Feldern.
Der **Schwarzhalskranich** (*Grus nigricollis*) brütet mit wenigen Paaren in Ladakh im Grenzgebiet zu China. Er zieht zum Überwintern nach Bhutan.
Der seltene **Nonnenkranich** (*Grus leucogeranus*; S. 54) kommt aus Sibirien als Wintergast nach Indien. Hier ist sein einziges bekanntes Winterquartier der Keoladeo-Ghana-Nationalpark. Leider ist sein Bestand dort stark rückläufig.

Während im Winter 1969/70 noch 76 gezählt werden konnten, waren es im Winter 1990/91 nur noch 10 Nonnenkraniche.
Die östliche Rasse des **Kranichs** (*Grus grus*) und die **Jungfernkraniche** (*Anthropoides virgo*; S. 90) treffen ab Ende August in großen Schwärmen in Indien ein. Dort verbringen sie den Winter meist in Gruppen von mehreren hundert Vögeln. Anfang März brechen sie auf, um in ihre Brutgebiete in Zentralasien zurückzukehren. Kranichfreunde finden im Bundesland Gujarat die besten Beobachtungsmöglichkeiten. Eine großangelegte Zählung (1984) ergab hier 83 000 Kraniche und 1 480 000 Jungfernkraniche.

Die einzige Zufahrtstraße zum See endet am Touristenkomplex ① mit Bootsanlegestelle, Teeständen und dem Rasthaus. Auf dem ganzen See existieren etwa 350 Boote, die nicht nur auf Touristen warten, sondern auch von den Anwohnern für Transportzwecke und zum Fischen benutzt werden. Es handelt sich in der Mehrzahl um schmale Kanus, die auf dem flachen See mit langen Stangen fortbewegt werden. Bei starkem Wind sind sie etwas unsicher. Falls das Wetter unbeständig ist, sollte man versuchen, ein breiteres Boot mit flachem Boden zu mieten. Das Gebiet läßt sich nur vom Boot aus erschließen.
Die Flamingos, deren Anzahl oft mehrere Tausend beträgt, gehören ohne Zweifel zur größten Attraktion des Gebiets. Schon auf weite Distanz verraten sich ihre Gruppenansammlungen durch rosa-weiße »Bänder« im See. Zur Freude ihrer Fahrgäste versuchen fast alle Bootsführer so dicht an die Flamingos heranzufahren, daß sie auffliegen. Dies führt zu fortwährenden

Störungen der Vögel und zu ungelösten Problemen bei der Handhabung und Disziplinierung der Touristenströme. Naturschutzbewußte Besucher sollten ihren Bootsführer davon abhalten, sich am Aufscheuchen der Flamingos zu beteiligen. Dies wird ohnehin von genügend vielen anderen Booten praktiziert, so daß es sich kaum vermeiden läßt, das Spektakel auf einige Entfernung mitanzusehen.
Die auf mehreren Inseln stehenden Beobachtungstürme sind (offiziell) nicht für die Öffentlichkeit zugänglich. Für die Beantwortung spezieller Fragen kann das Range Forest Office in Vekaria ② aufgesucht werden.

Praktische Tips

Da Nalsarovar nicht weit von der Millionenstadt Ahmedabad entfernt liegt, ist es an Wochenenden und Feiertagen ein vielbesuchtes Ausflugsziel, an dem sich Tausende von Besuchern einfinden. Daher ist

Die »Commelina« kommt mit vielen Arten in Indien vor. Sie blüht am Ende der Regenzeit.

Der Wasserfasan besitzt nur in der Brutzeit einen langen Schwanz.

Diese farbenprächtige Heuschrecke (*Poecilocerus pictus*) wird in Indien »Painted Grashopper« genannt.

es unbedingt empfehlenswert das Gebiet nur an Wochentagen zu besuchen. Man sollte sich vorher erkundigen, ob der Wasserstand normal ist und ob z. B. die Flamingos eingetroffen sind.

Anreise
Die Autofahrt von Ahmedabad (Richtung: Südwest) über Sanand dauert etwa 90 Minuten (60–65 km).

Klima/Reisezeit
In der Hauptreisezeit (November bis Februar) erreichen die Tagestemperaturen Höchstwerte von 27–30 °C, die niedrigsten Nachttemperaturen liegen bei 10–15 °C. In diesem Zeitraum sind Niederschläge nur in Ausnahmefällen zu erwarten. Während der Regenzeit (Ende Juni bis Mitte September) lohnt ein Besuch des Sees kaum; Reiher und andere Vögel halten sich dann bevorzugt in den Reisfeldern der Umgebung auf. Pro Jahr fallen 500–600 mm Niederschlag.

Unterkunft
Forest Resthouse am Seeufer neben der Bootsanlegestelle. Hotels in Ahmedabad.

Adressen
➪ Deputy Conservator of Forest, Sector 30, Gandhinagar, Gujarat, Tel. 21260;
➪ Range Forest Officer, Nalsarovar Bird Sanctuary, Vekaria, P.O. Sanand, District Ahmedabad, Gujarat;
➪ Tourist Information Bureau, HK House, Ground Floor, Opp. Ashram Road, Ahmedabad 380 009, Gujarat, Tel. 460640.

Blick in die Umgebung

Auf vielen künstlich angelegten Stauseen in der Umgebung, vor allen Dingen im westlich von Nalsarovar gelegenen Landesteil Saurashtra, rasten Kraniche und Jungfernkraniche in den Wintermonaten in großer Zahl.

12 Velavadar-Nationalpark

Spezielles Schutzgebiet für Hirsch-
ziegenantilopen in savannenartiger
Graslandschaft; eines der letzten
Rückzugsgebiete für Indische Wölfe;
Überwinterungsgebiet für Jungfern-
kraniche.

Der 34 km² große Velavadar-Nationalpark
gehörte früher zum Jagdgebiet des Maharadschas von Bhavnagar. Es war eines jener Gebiete, in denen Hirschziegenantilopen mit Hilfe abgerichteter Geparden zur
Strecke gebracht wurden. Diese während
der Mogulzeit an den Fürstenhöfen weit
verbreitete Jagdtechnik hat dazu geführt,

daß die wildlebenden Geparden in Indien
in großer Zahl in Gefangenschaft gerieten
und schließlich ausgerottet wurden.
Die savannenartige Graslandschaft von
Velavadar, die an Ostafrika erinnert, wird
von den Einheimischen als »Bhal« bezeichnet. Velavadar ist auch der Name des
nächstgelegenen Dorfes. Der Bhal ist eine
flache Schwemmlandschaft, die von zwei
Flüssen in den Golf von Cambay entwässert wird. Der Golf ist etwa 25 km entfernt.
Seine Gezeiten wirken sich auch auf die
Flüsse aus. Wenn in der Regenzeit hohe
Niederschlagsmengen fallen und die Flut
das Seewasser gleichzeitig flußaufwärts
drückt, kommt es im Nationalpark zu heftigen Überschwemmungen. Bodenunter-
suchungen haben ergeben, daß der lehmi-

Die offene Grassavanne ist ein idealer Lebensraum für Herden von Hirschziegenantilopen (s. S. 99)

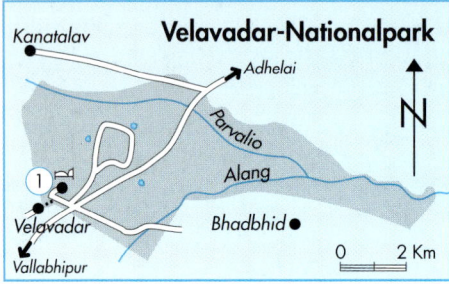

Velavadar-Nationalpark

Kanatalav
Adhelai
Parvalio
Alang
Velavadar
Bhadbhid
Vallabhipur

0   2 Km

ge Untergrund hohe Phosphoranteile aufweist, was als Hinweis auf marine Ablagerungen gedeutet wird. Vermutlich entstand der Bhal aus einer flachen Meeresbucht, die durch die nachweisliche Hebung des Kontinents verlandet ist.

Um die Wasserversorgung der Hirschziegenantilopen und anderer Wildtiere in Trockenzeiten zu verbessern, hat die Parkverwaltung verschiedene Wasserstellen anlegen lassen.

Pflanzen und Tiere

Während sich dem Auge nach der Regenzeit ein wogendes Grasmeer präsentiert, kann es in Dürreperioden vorkommen, daß auf dem völlig ausgedörrten Boden kein Halm mehr wächst. Das von den Hirschziegenantilopen bevorzugte Gras ist das Bartgras *Dichanthium anulatum*. Auch die Gräser der Gattungen *Cyperus*, *Chloris*, *Apluda* und *Sehima* werden gern von ihnen verzehrt.

Weit verbreitet sind Gebüsche vom Mesquitebaum, deren Unterholz Zuflucht und Schutz für kleinere Tiere bietet. Dazu gehören Goldschakale (S. 171), Bengalfüchse (S. 88), Rohrkatzen (S. 129), Nordindische Hasen, Goldstaubmangusten und Mungos (S. 104).

Indische Wölfe, die wesentlich kleiner als ihre nordischen Verwandten sind, haben im Velavadar-Nationalpark ein wertvolles Rückzugsgebiet gefunden. In vielen Gegenden jagen sie den Hirten Ziegen und

Schafe ab und sind deswegen nicht gern gesehen. Obwohl sie als bedrohte Tierart strengen Schutz genießen, werden ihre Höhlen mit den hilflosen Jungwölfen häufig vernichtet. Da die Wölfe nur sehr jungen Antilopen oder kranken und schwachen Tieren gefährlich werden können, haben sie nur geringen Einfluß auf deren Bestandszahlen. Fast überall in Indien ist der Schutz der Hirschziegenantilopen auch den Wölfen zugute gekommen.

Die in großen Herden im Gebiet lebenden Hirschziegenantilopen, deren Zahl in Velavadar bei etwa 2000 Tieren liegt, halten sich fast ausschließlich in der offenen Graslandschaft auf und sind nicht zu übersehen. Die Grasflächen sind auch ideale Jagdreviere für Greifvögel wie Rohrweihen, Kornweihen, Steppenweihen und Wiesenweihen. Gleitaar (S. 89), Schikra, Turmfalke und Schlangenadler können beobachtet werden. Der eindrucksvolle Uhu jagt hier bei Tageslicht. Oft sitzt er stundenlang vor dem Höhlensystem der Indischen Sandmäuse (S. 87) oder anderer Nagetiere. Nur in der Dunkelheit gehen dagegen die kleinen Brahmakäuze (S. 69) auf Jagd. Man sieht sie nachts auf Leitungsdrähten und Masten und hört ihre Rufe durch die geöffneten Zimmerfenster der Lodge. Typisch für den Biotop sind Wachtelfrankoline, Smaragdspinte, Königsdrongos, Bayaweber (S. 109) sowie verschiedene Würger- und Lerchenarten. Zu den eindrucksvollsten Wintergästen gehören Jungfernkraniche (S. 90) und sporadisch auftretende Schwärme von Rosenstaren. Unmittelbar nach der Regenzeit ist die Insektenwelt sehr reichhaltig. Käfer, Libellen, Heuschrecken und Schmetterlinge sind dann häufig. Nach Anbruch der Dunkelheit findet man Kröten auf Insektenjagd, u. a. auch direkt vor der Lodge.

Nach Überschwemmungen bleiben in vielen Tümpeln und Senken Schlammspringer zurück, die aus dem Meer flußaufwärts bis hierher vorgedrungen sind.

Auf Uhus wird man oft erst durch die Aufregung von Klein-
vögeln oder Krähen aufmerksam.

Ein Purpurnektarvogel besucht die Blüten des Oscher-
strauches. Er ist der häufigste Nektarvogel in Indien.

Im Gebiet unterwegs

Die gediegene Konstruktion der Tourist
Lodge ①, die am Parkrand hoch aus der
flachen Landschaft ragt, ermöglicht aus
den Zimmern und vom Balkon eine gute
Übersicht über das Gelände. Gleich vor
der Lodge befindet sich eine künstlich angelegte Tränke, zu der die Hirschziegenantilopen in den frühen Morgenstunden,
manchmal auch nachmittags kommen.
Unweit der Lodge befindet sich eine große
Scheune, in der Heu gelagert wird mit dem
die Hirschziegenantilopen in Dürreperioden versorgt werden.
Bevor man sich in das Gebiet begibt, sollte
man mit dem Range Forest Officer bespre-
chen, welche Pisten mit dem mitgebrach-
ten Fahrzeug befahrbar sind. Außerdem
sollte man sich nach Möglichkeiten für
Streifzüge zu Fuß erkundigen. Der Zustand
der Fahrwege und Trampelpfade kann
nach starken Regenfällen sehr schlecht
sein.
Die Hirschziegenantilopen halten sich
hauptsächlich nördlich der Durchgangsstraße auf. Im Normalfall wird empfohlen,
sie während einer Rundfahrt aus dem Auto

zu beobachten. Wenn das Gras sehr hoch
ist, lohnt es sich, auf dem Autodach zu sit-
zen, sofern ein Dachgepäckträger zum
Festhalten vorhanden ist.
Südlich der Durchgangsstraße liegt eine
Gebüschzone, die in vegetationsarmes
Ödland übergeht. Dieses Gebiet eignet

Der Hahnenkamm ist eine auffällige Grasart.

sich sehr gut für ornithologische Streifzüge. Im Süden liegt der Fluß **Alang** an der Parkgrenze (etwa 5 km von der Lodge entfernt). Am Rande des Flußbetts graben sich die Wölfe ihre Höhlen. Sie sind sehr scheu und meistens nur nachts oder in der Dämmerung aktiv. Im Flußschlamm suchen Limikolen nach Nahrung. Im Winter verbringen die Jungfernkraniche in den Schleifen des Flusses oft die Nacht.

Praktische Tips

Anreise
Der Velavadar-Nationalpark liegt 65 km entfernt von Bhavnagar und knapp 200 km von Ahmedabad. Das abseits großer Straßen gelegene Gebiet (23 km östlich der Straße Ahmedabad – Bhavnagar in Richtung Adhelai) ist mit öffentlichen Verkehrsmitteln nur schwer zu erreichen. Daher empfiehlt sich eine Anreise im Taxi.

Klima/Reisezeit
Pro Jahr fallen etwa 500 mm Niederschläge, davon die Hälfte allein im Juli. Die Regenzeit beginnt normalerweise Ende Juni und klingt im September/Oktober aus. Der Park ist während der Regenzeit geschlossen. Die Tageshöchsttemperaturen im Mai/Juni können 48 °C erreichen, in der

Hauptreisezeit von November bis Februar kaum 30 °C.

Unterkunft
Tourist Lodge im Park mit Verpflegung (nach Voranmeldung). Die Wasserversorgung in der Lodge kann in trocknen Jahren manchmal nur per Tankwagen aufrechterhalten werden. Dann muß mit Wasser sehr sparsam umgegangen werden. Die Stromversorgung in der Lodge fällt häufig aus. Am Ende der Regenzeit werden nachts die Mücken zur Plage (eigenes Moskitonetz ist zu empfehlen).

Adressen
⇨ Deputy Conservator of Forests, Bhavnagar Division, Multistory Building, Bhavnagar, Gujarat;
⇨ Range Forest Officer, Velavadar, P.O. Vallabhipur, District Bhavnagar, Gujarat;
⇨ Tourist Information Bureau, HK House, Ground Floor, Opp. Ashram Road, Ahmedabad 380 009, Gujarat, Tel. 460640.

Blick in die Umgebung

Eine andere Population von Hirschziegenantilopen (etwa 300 Tiere) findet sich im Gebiet **Dhankaniya Vidi**, 7 km von Botad in

Der Königsdrongo ist ein geschickter Insektenfänger, der auch Bienen und Wespen nicht verschmäht.

Die Indischen Wölfe (*Canis lupus pallipes*) sind sehr selten und äußerst scheu.

Hirschziegenantilopen

Hirschziegenantilopen (*Antilope cervicapra*) kommen nur auf dem Indischen Subkontinent vor. Früher waren sie von Pakistan bis Bangladesh weit verbreitet. In Bangladesh sind sie inzwischen ausgerottet, auch in Pakistan war dies der Fall, bevor sie dort wieder eingebürgert wurden. In Nepal existieren noch 2 kleine Populationen. In Indien leben sie heute in 13 Bundesländern in vielen, größtenteils isolierten Populationen. Der Bestand an Hirschziegenantilopen in Indien wird derzeit mit etwa 40000 Individuen angegeben. Die meisten Tiere finden sich in Rajasthan und Maharashtra.

In den Gebieten von Doli und Guda Vishnoia in Rajasthan leben sehr viele Hirschziegenantilopen unter dem Schutz der Bishnoi-Bevölkerung. Die Religionsgemeinschaft der Bishnois befolgt bemerkenswerte Gesetze, die den Wildtieren und der natürlichen Vegetation in ihren Siedlungsgebieten zugute kommen.

Speziell für die Beobachtung von Hirschziegenantilopen eignen sich neben Velavadar auch Tal Chapar (Rajasthan) und Rane Bennur (Karnataka), während sie in anderen Naturschutzgebieten (wie Keoladeo Ghana, Kanha, Karera, Chilika) meist nur eine untergeordnete Rolle spielen.

Die elegant gedrillten Hörner der Böcke können 60–70 cm lang werden. Nur in Ausnahmefällen tragen auch weibliche Tiere ein kurzes Gehörn. Frühestens im Alter von 3 1/2 Jahren nehmen die Böcke bei Eroberung eines Territoriums die tiefschwarze Färbung an, die ihnen im Englischen den Namen »Blackbuck« eingetragen hat.

Auf der Flucht sollen die Tiere kurzzeitig Geschwindigkeiten bis 90 km/h erreichen. Sie können während des Laufs extrem hohe Sprünge machen, die eine Weite von 4 m überbrücken. Das Leben in Halbwüsten bereitet ihnen wenig Mühe, da sie mit sehr wenig Wasser auskommen können.

Richtung Turkha (etwa 60 km von Velavadar). In diesem leicht hügeligen Viehzuchtgebiet werden die Hirschziegenantilopen von der Bevölkerung und den Viehhirten besonders geschützt. Unter den Antilopen befinden sich mehrere weiße Tiere (sogenannte Weißlinge, die nicht mit Albinos verwechselt werden dürfen). Nalsarovar s. Hauptreiseziel 11) liegt etwa 100 km nördlich von Velavadar. Der Rann von Kutch (s. Hauptreiseziel 10) liegt etwa 200 km entfernt.

Hingolgadh

Ein altes Schloß, das malerisch auf einem Hügel liegt, wird von einem kleinen Naturschutzgebiet (6,5 km²) umgeben. Von hier können Spaziergänge unternommen werden, auf denen Nilgaiantilopen und Chinkaras ebenso wie Goldschakale und Mungos anzutreffen sind. Das Gebiet ist auch ideal für Vogelbeobachtungen. Im Winter halten sich in der Umgebung viele Jungfernkraniche auf, die morgens und abends in großen Verbänden am Schloß vorbeifliegen. Das in Privatbesitz befindliche Anwesen ist erst vor wenigen Jahren für Touristen hergerichtet worden (Anfragen an Saurashtra Safaris, Darbargadh, Jasdan 360 050, Gujarat). Hingolgadh liegt etwa 90 km von Velavadar entfernt, 20 km von Dhankanyia Divi, 10 km von Jasdan.

13 Gir

Trockenes, hügeliges Waldgebiet als letztes Vorkommen von Löwen in ganz Asien; Leoparden und Sreifenhyänen sind nicht selten.

Im Süden der Halbinsel Kathiawar im Bundesland Gujarat, etwa 40 km von der Küste des Indischen Ozeans entfernt, liegt der Gir Forest, der dafür berühmt ist, die letzte Bastion für Asiatische Löwen zu sein. Ursprünglich war dieses Waldgebiet etwa 5000 km² groß. Nur ein Drittel davon ist

erhalten geblieben und wird seit 1969 als Sanctuary geschützt. Innerhalb dieses 1412 km² großen Schutzgebiets wurde eine Kernzone, die 259 km² umfaßt, als Nationalpark ausgewiesen.

Im Gir Forest lebt die Volksgruppe der Maldharies, die hauptsächlich von der Büffelzucht lebt und mit den Tieren auf der Suche nach guten Weidegründen nomadisierend umherzieht. Ihre wechselnden Siedlungen, die man an den sie umgebenden Dornenhecken erkennt, werden als »Ness« bezeichnet. Lange Zeit lebten die Maldharies im Gleichgewicht mit der Natur. Es war für sie nie ein Problem mit den

Typisches Waldpanorama vom Gir Forest im Winter.

Löwen zurechtzukommen. Obwohl ihre Büffel immer zu den Beutetieren der Löwen zählten, haben die Maldharies die Großkatzen nie verfolgt. Ihnen ist zu verdanken, daß die Indischen Löwen den Menschen nicht als Feind kennenlernten und Menschen zu Fuß ohne weiteres bis auf 10–20 m herankommen lassen. Afrikanische Löwen würden bei dieser Nähe fliehen oder vielleicht angreifen.

Durch die großflächige Vernichtung von Wald und durch das Verbot Vieh im Nationalpark zu weiden, ist für die Maldharies heutzutage das Land knapp geworden. Viele sind umgesiedelt worden, die anderen müssen das verbliebene Waldgebiet mit dem Vieh weiterer Hirten teilen, die zu bestimmten Jahreszeiten hier einwandern. In den Dürreperioden der achziger Jahre ist im Gir Forest viel Vegetation durch zu hohen Viehbestand vernichtet worden. Die Bestandszahlen der natürlichen Beutetiere der Löwen gingen wegen Nahrungsmangel stark zurück. Dies hatte zur Folge, daß die Löwen immer häufiger Vieh erbeuten mußten. Einige der Löwen bereiten seither große Probleme, weil sie den Gir Forest verlassen und auch außerhalb des Schutzgebietes Jagd auf Haustiere machen. In den Konfliktsituationen, die dabei entstanden, sind leider mehrere Menschen von Löwen angegriffen und auch getötet worden. Bei einer ähnlichen Situation um die Jahrhundertwende wurden die Löwen stark bejagt. Seit damals waren derartige Zwischenfälle nicht mehr aufgetreten. Man rechnet damit, daß die Löwen, wenn die Vegetation und der Wildtierbestand im Gir Forest sich nach reichlichen Regenfällen wieder erholt haben, in das Reservat zurückkehren werden.

Die im Gir Forest anzutreffenden Gesteine (Basalt und Dolerit) sind Teil der großflächigen Dekkan Traps, die hier eine Höhe von etwa 150 m bei einer mittleren Mächtigkeit von über 400 m erreichen. Die höchsten Punkte im Gir Forest bilden der Sarkala mit 643 m und der Sasa mit 480 m.

Barleria prionitis ist ein niedriger Strauch, der im tropischen Asien eine weite Verbreitung hat.

Da der zerklüftete Untergrund wenig Wasser speichern kann, trocknet das Gebiet nach der Regenzeit schnell aus. Die Waldbrandgefahr ist in der Trockenzeit sehr hoch. Um Waldbrände zu verhindern, werden entlang der Fahrwege die Seitenstreifen als Feuerschneisen freigehalten, indem man sie kontrolliert abbrennt. Durch lange Steinwälle und Straßenschranken im Gebiet soll das Einwandern von Viehherden kontrolliert werden.

Pflanzen und Tiere

Der trockene Laubwald, der mit Dorngebüschzonen durchsetzt ist, macht keinen sehr üppigen Eindruck. Zu den häufigsten Baumarten gehören Teak und Akazien. Nur entlang der größeren Flußläufe wachsen Bäume, die auch in der trockenen Jahreszeit grünes Laub behalten. Ansonsten sieht der Wald außerhalb der Regenzeit braun-gelb aus.

Die Maldharies, die niemals Ackerbau betrieben, ernähren sich außer von den Milchprodukten ihres Viehs und den Pro-

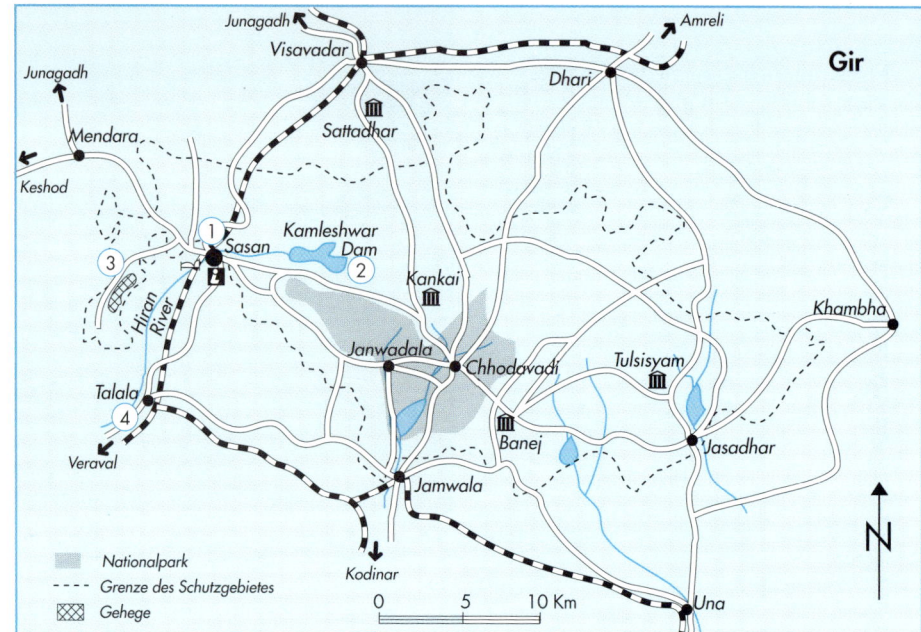

dukten, die sie durch Tausch erwerben (z. B. Mehl), auch in hohem Maße von den wildwachsenden Pflanzen des Waldes. So kennen sie Pflanzen, wie Portulak, deren Blätter sie als Gemüse verwenden, und Bäume, deren Früchte in reifem oder unreifem Zustand gegessen werden können, wie *Bauhinia racemosa*. Sie nutzen viele Pflanzenteile zur Herstellung von Arzneimitteln, z. B. die Samen der Kassie *C. absus* bei Augenleiden, die Knollen der Yamswurzel bei Skorpionbissen, die Zweige von *Tinospora cordifolia* bei Fieber oder den Blättersaft von *Barleria pratens* zur Behandlung entzündeter Füße. In ihren Pfeifen rauchen sie das Kraut *Aerva scandens*, beim Gebet opfern sie *Hemidesmus indicus* und das Öl aus den Kernen der *Pongamia pinnata*-Früchte vertreibt Flöhe.

Neben den Löwen, deren Zahl in den letzten Jahren bei 200–250 Tieren lag, gibt es im Gir Forest fast ebensoviele Leoparden und Hyänen. Während die Leoparden selbst auf die Jagd gehen, kommen den Streifenhyänen und Goldschakalen die vielen Beutereste der großen Katzen zugute. Die weitaus häufigsten Beutetiere sind Axishirsche (S. 17). Außerdem kommen Sambarhirsche (S. 59), Nilgaiantilopen (S. 49), Wildschweine, Chinkaras (S. 39), Vierhornantilopen und Hanuman-Languren vor. Von den kleineren Säugetieren sollen Rohrkatze (S. 129), Mungo, Nordindischer Hase, Bengalfuchs und Stachelschwein (S. 49) erwähnt werden. Wiedehopf, Zwergmennigvogel, Wanderelster, Dickschnabelkrähe, Dajaldrossel, Schwarzkopf-Raupenfänger, Dschungeldrossling, Russbülbül und Königsdrongo (S. 98) gehören zu den typischen Vögeln des Gir Forest. Kuhreiher (S. 68), Pfau (S. 17), Warzenibis, Schlangenweihe (S. 80), Gleitaar (S. 89), Schikra und Schmutzgeier (S. 75) sind einige weitere Vertreter von über 300 Vogelarten, in deren Zahl Wintergäste mit eingeschlossen sind.

Asiatische Löwen

Asiatische Löwen kamen in historischer Zeit von Griechenland über Kleinasien, Syrien, die Arabische Halbinsel und den Irak, Iran, Afghanistan, Pakistan bis nach Indien vor. Während sie in Griechenland bereits im ersten Jahrhundert der Zeitrechnung verschwanden, konnten sie sich in einigen Teilen Vorderasiens noch bis in die Mitte des letzten Jahrhunderts halten.

Auf dem Indischen Subkontinent waren Löwen von Baluchistan (Pakistan) im Westen bis nach Bengalen im Osten verbreitet mit einer südlichen Verbreitungsgrenze entlang des Narmada-Flusses. Sie wurden überall bejagt, so daß ihre Bestände im vorigen Jahrhundert zur Neige gingen und um 1884 der letzte Indische Löwe außerhalb des Gir Forest erlegt wurde. Im Gir Forest konnten sie deswegen überleben, weil die herrschenden Nawabs in Junagadh sie weitgehend von der Jagd verschonten und pro Jahr nur wenige Tiere zum Abschuß freigaben. Spätere Versuche, sie in Indien in ehemaligen Verbreitungsgebieten wieder auszuwildern, scheiterten.

Indische Löwen sind etwas kleiner als ihre afrikanischen Verwandten (Differenz der Körperlänge etwa 30 cm). Während die Mähnen der männlichen Indischen Löwen im Vergleich zu denen der afrikanischen Löwen recht spärlich wirken, zeichnen sich die Indischen Löwen durch eine längere Schwanzquaste und eine stärkere Behaarung an den Ellenbogen aus.

Dajaldrossel auf ihrer Singwarte.

Der Mungo ist nicht nur ein geschickter Schlangenjäger, sondern ernährt sich von Kleintieren aller Art.

Die Kassie (*Cassia auriculata*) wächst an Wald- und Wegrändern, an Eisenbahndämmen und auf Ödflächen.

Es wird geschätzt, daß die Zahl der Sumpfkrokodile (S. 71) nach erfolgreicher Auswilderungsaktion jetzt bei über 200 liegt. Die scheuen Tiere lassen sich allerdings nur selten blicken (z. B. im Kamleshwar-Stausee ②). Es soll mindestens 20 weitere Reptilienarten geben, darunter Tigerpythons und Dhamans.

Im Gebiet unterwegs

Die sogenannte »Lion-Show«, bei der früher die Löwen vorgeführt wurden, indem man sie mit angepflockten Büffeln anköderte, gehört der Vergangenheit an. Heute pirscht man im Fahrzeug kreuz und quer durch das Gebiet, um nach den Löwen Ausschau zu halten. Während sie in der Dämmerung und nachts aktiv sind, sieht man sie bei Tage meist irgendwo im Schatten ruhen.

Im Gebiet gibt es mehrere Aussichtstürme von denen man sich eine gute Übersicht über die Landschaft verschaffen kann, die sich für Tierbeobachtungen jedoch weniger eignen.

Das Informationszentrum in Sasan ① gibt einen Überblick über die Sehenswürdigkeiten des Gebiets. Bei Devalia ③ soll ein Safaripark (4 km²) dem eiligen Besucher einen schnellen Eindruck von den heimischen Wildtieren in natürlicher Umgebung vermitteln.

Zwischen dem Ort Sasan ① und dem Kamleshwar-Stausee ② kann man entlang des Flusses **Hiran** (etwa 5 km) zu Fuß gehen und hat dabei gute Gelegenheit zur Beobachtung von Vögeln.

Praktische Tips

Anreise

Von Junagarh (60 km) oder Veraval (42 km) mit öffentlichem Bus oder mit Bahn bis Sasan Gir ①. Nächstgelegener Flughafen mit täglicher Verbindung nach Bombay ist Keshod (86 km).

In Junagadh können Fahrzeuge gemietet werden. Bei Anreise im Mietauto von Ahmedabad (etwa 400 km) muß mit einer Fahrzeit von 8–9 Stunden gerechnet werden. Die nächstgelegene Tankstelle befindet sich in Talala.
Die Tourism Corporation of Gujarat (in Bombay) organisiert mehrtägige Reisen in das Gir-Reservat.

Klima/Reisezeit
Der Park bleibt während der Regenzeit geschlossen (in der Regel von 16.Juni bis 15.Oktober). Die mittlere jährliche Regenmenge liegt bei 1000 mm. An kühlen Wintertagen liegt die Tageshöchsttemperatur bei 15 °C, nachts kann die Temperatur bis auf 5 °C zurückgehen. In der heißen Jahreszeit (April bis Juni) können Höchsttemperaturen von über 40 °C erreicht werden.

Unterkunft
Forest Bungalow und ITDC Forest Lodge in Sasan Gir sowie kleine Hotels/ Privatquartiere in den Ortschaften der Umgebung.

Adressen
ꙮ Sanctuary Superintendent, Sasan Gir, Distr. Junagadh, Gujarat, Tel. Visavadar 60;
ꙮ Conservator of Forests, Wildlife Circle, Junagadh 362 001, Gujarat;
ꙮ Gujarat Tourism, Rangmahal, Diwan Chowk, Junagadh, Gujarat;
ꙮ Tourism Corporation of Gujarat Ltd., Dhanraj Mahal, Apollo Bunder, Bombay 400 039, Tel. 243866, 224925.

Blick in die Umgebung

Das geologisch interessante **Girnar-Massiv** bei Junagadh erreicht nach steilem Anstieg eine eindrucksvolle Höhe von 1117 m. Pilgerwege zu verschiedenen Tempelanlagen von Jains und Hindus ermöglichen über Tausende von Treppenstufen das Besteigen des Berges (höchster Punkt: Gorakhnath

Das Sonnerathuhn ist nicht der Vorfahre unseres Haushuhns.

Peak). Die Basaltdecke der Umgebung ist hier offenbar von einem gewaltigen Intrusivkörper gesprengt worden, der aus Gabbro, Diorit, Syenit, Lamprophyr und Granophyr besteht.
Außerhalb des Gir Forest liegen mehrere Stauseen in der flachen Landschaft. Dort lohnt sich das Beobachten von Vögeln. Neben Wat- und Wasservögeln aller Art sind Schwarzstörche und Jungfernkraniche besonders erwähnenswerte Wintergäste.

Die Schwarznarbenkröte ist Indiens häufigste Krötenart.

14 Borivli-Nationalpark

Hügeliges Waldgebiet im Norden Bombays; erstreckt sich von Meeresniveau bis auf 486 m; zwei große Seen haben Bedeutung als Trinkwasser-Reservoire für die Stadt; interessantes Exkursionsgebiet für Ornithologen; Leoparden sind häufig.

Es gibt sicher nur wenige Wildnisse auf dieser Welt, die so eng von einer Millionenstadt tangiert werden wie der Borivli-Nationalpark. Der Übergang aus der unberührten Natur in das lärmende Straßenleben außerhalb des Parks, der sich bei Benutzung eines Fahrzeugs innerhalb weniger Minuten vollziehen läßt, ist schockierend. Es grenzt fast schon an ein Wunder, daß die Parkverwaltung es irgendwie schafft, die Menschenmassen der dicht bevölkerten Umgebung erfolgreich aus dem Schutzgebiet fernzuhalten. Bis Mitte der fünfziger Jahre lassen sich die

Bemühungen zurückverfolgen, das damals noch weit vor den Toren der Großstadt liegende Gebiet unter Schutz zu stellen. 1969 wurden verschiedene Teilgebiete dem Forest Department unterstellt, das der Abholzung und weiteren Kultivierung Einhalt gebieten konnte. Heute umfaßt der Borivli-Nationalpark, der auch als Sanjay-Gandhi-Nationalpark bezeichnet wird, eine Fläche von 103 km². Das Wassereinzugsgebiet und die Fläche der Stauseen Tulsi ③ und Vihar ④ sind darin mit etwa 10 km² enthalten. 40 % des Parks liegen auf dem Stadtgebiet von Bombay.
Der Bau der Stauseen liegt über 100 Jahre zurück. Noch heute deckt ihr Wasser etwa 7 % des Trinkwasserbedarfs der Zehnmillionenstadt Bombay. Wesentlich älter (rund 2000 Jahre) sind die Kanheri Caves ①, Kulträume und Wohnzellen eines buddhistischen Höhlenklosters.
Die Berge gehören zu den nördlichen Ausläufern des Westküstengebirges (West-Ghats). Sie bilden den Rand des Dekkan-Plateaus und bestehen aus Basalt.

Im Borivli-Nationalpark ist die Leopardendichte recht hoch.

Pflanzen und Tiere

Der Wald im Borivli-Park kann als Laubwald vom Typ halbtrocken bis feucht eingestuft werden. Der Anteil von Teakbäumen beträgt knapp 20 %. An wenigen Plätzen finden sich auch Regenwaldanteile. Im mittleren und nördlichen Teil des Parks ist Bambus gut vertreten. Entlang des Bassein Creek wachsen Mangroven. Nur dort, wo das Gestein offen zutage tritt, ist die Vegetation sehr spärlich. Bisher wurden fast 1000 Blütenpflanzenarten bestimmt, darüber hinaus viele Farne, Pilze und Moose.

Der im Winter zum Teil recht lichte Wald bringt herrlich leuchtende Blüten hervor. Im Dezember/Januar blüht der Kapokbaum – in Indien »Silk Cotton Tree« genannt – in rot, der Korallenbaum im Januar/Februar in rot, »Flame of the Forest« (S. 175) im Februar/März in orange und im April die Röhrenkassie (S. 171) in gelb. Ab April/Mai rufen die ersten Schauer, die dem Monsun vorangehen, im Wald ein frisches Grün hervor. Der als Besonderheit geltende Ashokbaum blüht im Juli/August in orange. Ein Standort befindet sich oberhalb der Kanheri Caves ① (Ashok Van). Der letzte Tiger wurde 1928 geschossen. Dies bedeutet, daß sich seither die Leoparden konkurrenzlos ausbreiten konnten. Zu ihren Beutetieren gehören Axishirsche (S. 17), Sambarhirsche (S. 59), Muntjaks (S. 175), Vierhornantilopen und Wildschweine. Auch Hanuman-Languren (S. 57), Rhesus- und Hutaffen (S. 182) können vor ihnen nicht sicher sein.

Zusammen mit den Zugvögeln sind im Borivli-Park mehr als 250 Vogelarten nachgewiesen worden. Die Bombay Natural History Society (BNHS) ist Herausgeber einer Artenliste. Geübte Ornitholgen haben im Winter innerhalb eines Tages 123 Arten feststellen können. Unter 6 Arten von Drongos gehört der attraktive Flaggendrongo zu den Charaktervögeln dieser Gegend. Als solche können auch Braun-

kopf-Bartvogel, Heckenkuckuck und Schwarzkopf-Raupenfänger bezeichnet werden. Im Unterholz sind Pfau, Sonnerathuhn und Rotes Spornhuhn nicht selten. Zu den Raritäten müssen Malabartrogon, Dschungelfischer und Frühlingspapageichen gerechnet werden.

In den großen, kugelförmigen Nestern der *Crematogaster*-Ameisen, die man in Borivli in den Bäumen hängen sieht, bauen häufig Rostspechte ihre Nester. Es ist nicht bekannt, welche Vorteile diese Symbiose für die beteiligten Tiere hat. Die Insekten- und Kleintierwelt fasziniert besonders in der Regenzeit durch Vielfalt an Formen, Farben und Arten.

Sumpfkrokodile (S. 71) wurden im Tulsi-See ③ erfolgreich ausgewildert.

Bewaldete Berge, Felswände, Seen und Feuchtgebiete gehören zum Landschaftsbild von Borivli.

Im Gebiet unterwegs

Der Park ist mit 3 Mio. Besuchern pro Jahr ein vielbesuchtes Ausflugsziel. Aber keine Angst – die meisten Besucher zieht es in die Freizeitanlagen. Diese als **Krishnagiri Upawan** ⑤ bezeichnete Fläche von 5 km² liegt gleich am Haupteingang ⑥. Hier befinden sich neben einem Informationszentrum, das sich den naturkundlichen Aspekten des Parks widmet, diverse andere Touristenattraktionen. Dazu gehören Tiergehege mit Hirschen und Krokodilen, ein Lion-Safari-Park (mit afrikanischen Löwen), Miniatur-Eisenbahn, Kinderspielplatz, Gartenanlagen, Tretbootvermietung auf dem aufgestauten Dahisar River und Verkaufsstände.

Etliche Touristen besuchen auch die weiter im Parkinnern gelegenen **Kanheri Caves** ① oder einen der kleinen Tempel. Von dort finden nur wenige den Weg in die Wildnis, so daß Naturfreunde ziemlich ungestört auf Entdeckungstour gehen können. Man kann mühelos einen ganzen Tag im Wald, an den Flüssen, den Seen oder auf den Hügeln verbringen.

Gute Aussichtspunkte sind der höchste Berg **Jambulmal** ② (486 m) und die Anhöhe oberhalb des Tulsi-Sees ③, auf der 1876 ein Haus errichtet wurde, das heute eine Ruine ist (genannt Bhoot Bungalow). Süd-

Eulenfalter sind meist nachtaktiv und verstecken sich tagsüber gern an feuchten Stellen.

Rhesusaffe. Der Export dieser Tiere aus Indien ist inzwischen generell verboten.

lich des Tulsi-Sees ist die Landschaft flach und offen.

Am Straßenrand stehen Hinweisschilder mit der Aufschrift »Beware of Panther after 6.30 p.m.«. Tatsächlich werden die Leoparden in der Abenddämmerung aktiv und können mit viel Glück beobachtet werden. Erwachsene Personen sind hier mit den gefleckten Großkatzen noch nie in Konflikt geraten. Durch die hohe Zahl von 47 Leoparden werden aber offenbar einige Tiere in die Randbezirke abgedrängt, wo sie zwischen den Hüttensiedlungen am Parkrand Jagd auf Haustiere machen. Leider sind dort in den letzten Jahren nachts mehrere kleine Kinder das Opfer von Leoparden geworden (6 Fälle von 1986–1990). Diese Fälle, die in Bombay erhebliches Aufsehen erregt haben, bereiten der Parkverwaltung große Probleme, wirken sich aber nicht auf die Parkbesucher aus. Die Forstverwaltung plant Axishirsche auszuwildern, um das Nahrungsangebot der Leoparden zu erhöhen.

Praktische Tips

Besucher mit Fahrzeugen dürfen nur durch den Haupteingang ⑥ einreisen. Hinter den Kanheri Caves ① ist die Weiterfahrt für Autos nicht gestattet (Straßenschranke). An Feiertagen verkehrt zwischen dem Haupteingang und den Kanheri Caves ein Bus-Pendelverkehr. Naturfreunde kommen zu Fuß auf ihre Kosten, wenn sie die Nebeneingänge benutzen oder an den Kanheri Caves ① eine Wanderung durch das Gebiet beginnen.

Sonntags bietet die BNHS oft naturkundliche Führungen durch den Borivli- Nationalpark an, denen sich interessierte Touristen anschließen können.

Anreise

Mit Taxi oder Vorortzügen/Scooter ab Bombay:

1. Zugverbindung Churchgate Terminal – Borivli Station, von dort zu Fuß (etwa 1 km) oder mit Scooter zum Haupteingang ⑥.

Die Bayaweber bauen ihre kunstvollen Nester in der Regenzeit, wenn ihr Baumaterial biegsam und elastisch ist.

Die Schleiereule hält sich tagsüber verborgen. Sie ist in Bombay und Umgebung zahlreich anzutreffen.

2. Zugverbindung Churchgate Terminal – Goregaon Station, von dort mit Scooter zur Aarey Gate ⑦ (Nebeneingang an der Filmcity).
3. Zugverbindung Victoria Terminal – Mulund Station, von dort mit Scooter zum Osteingang (Bhandup Entrance) ⑧.

Klima/Reisezeit

Der Park ist ganzjährig geöffnet. Er zeigt im Wechsel der Jahreszeiten völlig unterschiedliche Gesichter. Während der Regenzeit entfaltet die Pflanzenwelt eine beeindruckende Üppigkeit. Auch die Kleintierwelt erlebt dann den Höhepunkt der Saison. Allerdings muß während des Monsuns (Ende Juni bis September) damit gerechnet werden, daß die Regenfälle ganztägig anhalten. Pro Jahr fallen etwa 2500 mm Regen. Das tropische Monsunklima geht mit Temperaturen einher, die kaum unter 20 °C und selten über 32 °C liegen. Die Klimabelastung für den Menschen ist von April bis November als hoch einzustufen.

Unterkunft

Rasthaus im Park oder Hotels in Bombay.

Adressen

- Government of India Tourist Office, 123 Maharashi Karve Road (gegenüber Churchgate Bahnhof), Bombay, Tel. 291585;
- Maharashtra State Tourist Office (Express Towers), Bombay;
- Deputy Conservator of Forest, Sanjay Gandhi National Park, Bombay 400 066, Tel. 6057362;
- Bombay Natural History Society (BNHS), Hornbill House, Shaheed Bhagat Singh Road, Bombay 400 023, Tel. 244085, 243869.

Blick in die Umgebung

In der Innenstadt von **Bombay** finden naturkundlich interessierte Reisende folgende Sehenswürdigkeiten: Prince of Wales Museum mit naturkundlicher Abteilung, Aquarium, Nehru Planetarium, Hanging Gardens (Parkanlage seit 1881) sowie die Bombay Natural History Society mit naturkundlicher Spezialbibliothek und öffentlichen Veranstaltungen.

Eine Überfahrt zur Insel **Elephanta** dauert 1 Stunde. Die Besichtigung des Höhlentempels ist auch wegen der Fledermauskolonien interessant. Auf den Schlammflächen und im Mangrovengürtel am Rande der Insel lassen sich u. a. Meerreiher, Schlammspringer (S. 150) und Winkerkrabben (S. 145) beobachten.

Ein Besuch des kleinen **Mahim-Vogelschutzgebietes** in Bombay lohnt hauptsächlich im Winter, wenn während der Ebbe auf den Schlammflächen des Mahim Creek Watvögel nach Nahrung suchen. Der WWF hat hier ein Umwelt-Informationszentrum im Grünen initiiert, u. a. mit einer Baumschule zur Wiederaufforstung der ursprünglichen Mangrovenvegetation.

Das **Karnala-Vogelschutzgebiet** liegt etwa 80 km südlich von Bombay. Es ist ein 4,5 km² großes Waldgebiet am Fuße des 475 m hoch gelegenen Karnala-Forts.

15 Kanha

Bekanntes Tigerschutzgebiet in Zentralindien mit guten Chancen, einen Tiger zu sehen; waldiges Gelände mit vorwiegend Salbäumen und einigen offenen Grasflächen; die ehemals gefährdete Population der seltenen Barasinghas hat sich erholt; touristisch gut erschlossen.

Kanha wird oft als Kipling-Country bezeichnet, weil einige der Geschichten aus dem bekannten Dschungelbuch von Rudyard Kipling in der Region angesiedelt sind. Tatsächlich entspricht der weitgehend trockene Laubwald jedoch nicht den verbreiteten Vorstellungen eines indischen Dschungels. Außerdem muß man wissen, daß das Dschungelbuch ein Phantasieprodukt ist und nicht an einen bestimmten Ort gebunden ist. Es wurde keinesfalls in Indien selbst, sondern während eines mehrjährigen Aufenthalts Kiplings in den USA geschrieben.

Kanha liegt zwischen 450 m und 900 m Höhe in den Maikal Hills der Satpura Range. Neben der Basaltdecke und ihren Verwitterungsprodukten Laterit und Bauxit, die für die Region des Dekkan-Hochlandes typisch sind, treten an einigen Stellen auch Granit, Kalkstein und Sandstein zutage.

1879 wurde das Waldgebiet des heutigen Kanha zu einem Reserved Forest erklärt, in dem Holzfällen untersagt wurde, die Jagd jedoch erlaubt blieb. 1931 wurden ausgewählte Flächen von der Jagd ausgenommen und etwas später auch in kleine Sanctuaries umgewandelt. 1955 bekam ein erstes Teilgebiet den Status eines Nationalparks. 1973 wurde Kanha ein Tigerschutzgebiet, das 1976 seine heutige Größe

Die Flußlandschaft unterhalb des »Kanha Resort« bei Katia eignet sich für naturkundliche Streifzüge.

Die Hinduracke ist an ihrer braunen Kehle zu erkennen. Nur im Winter tritt auch die Blauracke (blaue Kehle) auf.

erhielt. Die Kernzone von 940 km^2 ist gleichzeitig Nationalpark (einer der größten in Indien). Die Pufferzone, in der die Dörfer der Baiga anzutreffen sind, hat eine Größe von 1005 km^2. Für den Tourismus ist zur Zeit nur die nördliche Hälfte des Parks geöffnet.

Schon vor Beginn des Tigerschutzprojektes wurden in Kanha mehrere Dörfer aus der Nationalparkzone ausgesiedelt. Die verlassenen Felder verwandelten sich schnell in wertvolle Grasflächen. Die künstlich angelegten ehemaligen Dorfteiche werden heute gern von den Wildtieren benutzt. Das Grasland von Sonf ④ mit seiner Wasserstelle ist ein Beispiel dafür.

Blühender Salbaum.
Rotstirn-Schneidervogel beim Polstern seines Nestes in einem gerollten Blatt, das er vorher zusammengenäht hat.

Die Früchte des Seifenbaumes (Seifenbeeren) enthalten Saponin, das als Waschmittel benutzt werden kann.

Pflanzen und Tiere

In Kanha lassen sich 4 Vegetationszonen unterscheiden:
- halbfeuchter Laubwald (unter 600m),
- trockener Laubwald (über 600 m),
- Grasland (z. B. Kanha Meadows ① und Sonf Meadows ④) und
- Hochlagen-Grasland (z. B. Bamnidadar ③).

Der häufigste Baum in den Wäldern Kanhas ist der Salbaum, der teils in Reinbeständen wächst, aber auch Bestandteil von Mischwald ist. Die Salbäume verlieren ihre Blätter im Februar/März und bringen fast gleichzeitig frisches Laub und wenig später weiße Blüten hervor. Andere typische Baumarten des Mischwaldes sind *Anogeissus latifolia*, Mathibaum, *Bauhinia retusa*, *Mallotus philippensis* und Padoukbaum. Im Februar/März blüht »Flame of the Forest« (S. 175) mit attraktiven, leuchtend orangefarbenen Blüten. Eine weit verbreitete Bambusart ist *Dendrocalamus strictus*. Zu den häufigsten Grasarten auf den offenen Flächen gehören die Bartgrasarten *Themeda triandra* und *Heteropogon contortus*, *Hemarthria compressa*, *Iseilema prostatum* und Liebesgras.

Die mittelindische Unterart der Barasinghas *(Cervus duvauceli branderi)*, die auch als Zackenhirsch bezeichnet wird, schien in Kanha bereits zum Aussterben verurteilt. Ihre Zahl war 1970 auf 66 Tiere zurückgegangen. Sie ist wie keine andere Hirschart in Indien an offene Graslandschaft gebunden. Dort war es in der Vergangenheit besonders einfach, die Tiere zu jagen. Andererseits wurden viele Graslandschaften in Ackerland umgewandelt und den Barasinghas dadurch der Lebensraum genommen. Erst nach 1970 konnten in Kanha durch Aussiedlung von Dörfern auf ehemaligen Feldern wieder neue Grasflächen hinzugewonnen werden. Die Population der Barasinghas hat sich durch diese Maßnahmen sichtlich erholt und liegt derzeit bei rund 500 Tieren. Die

Brunftzeit, in der ihr melodisches Röhren vernommen werden kann, liegt zwischen Mitte Dezember und Mitte Januar.

Neben den Barasinghas sind Axishirsche im Grasland häufig. Dagegen halten sich Sambarhirsche in Kanha fast ausschließlich im Wald auf. Die Anzahl der Hirschziegenantilopen (s. S. 99) ist stark rückläufig.

Da die Rinderpest den Bestand der Gaur (s. S. 125) in Kanha immer wieder durch Epidemien in Mitleidenschaft zog, werden heute die Rinderbestände in der Umgebung des Parks vorsorglich gegen diese Seuche geimpft. Kanha hat eine Gaurpopulation von etwa 500 Tieren. Die großen Wildrinder lassen sich gut beobachten, wenn ein ortskundiger Begleiter sagen kann, wann und wo ihre täglichen Wanderungen stattfinden. Sie benutzen fast immer ähnliche Routen und haben einen recht konstanten Tagesrhythmus.

Seit Beginn des Tigerprojektes (s. S. 23) hat sich die Anzahl der Tiger in Kanha verdoppelt und liegt bei etwa 100 Tieren. Die Zahl der Leoparden ist nur halb so groß. Goldschakale sind weit verbreitet. Dekkan-Rothunde (S. 175), die fast immer in kleinen Rudeln unterwegs sind, werden nur unregelmäßig gesehen.

Bisher wurden in Kanha rund 220 Vogelarten beobachtet. Keilschwanztoko, Waldpieper, Scharlachmennigvogel (S. 179), Königsmeise, Zwergschnäpper, Dschungelkauz und Bankivahuhn sind vorwiegend im Wald zu Hause. Im offenen Grasland sind Hinduracke, Triel, Tropfenfrankolin, Cistensänger, Spornpieper, Schachwürger und Mohrenschwarzkehlchen anzutreffen. Schlangenweihe (S. 80), Wespenbussard, Gleitaar (S. 89), Wanderelster, Königsdrongo (S. 98), Orangespecht, Pfau, Glanzkrähe und Russbülbül sind nicht selten. Bevorzugt in Bambuszonen kommen Damadrossel, Rotes Spornhuhn, Heckenkuckuck, Horsfieldsäbler und Rotbauchtimalie vor.

Axishirsche in den »Kanha Meadows«.

Im Gebiet unterwegs

Privatfahrzeuge dürfen im Park für Pirschfahrten benutzt werden. Einen besseren Ausblick gewähren jedoch offene Geländefahrzeuge, die vor Ort gemietet werden können.

Früher waren mehrstündige Ausritte auf Elefantenrücken ein besonderes Erlebnis, bei denen Vegetation und Tierwelt einen ausgewogenen Gesamteindruck hinter

Die Kehle des Indischen Blutsaugers färbt sich zur Paarungszeit rot: Anlaß für seinen irreführenden Namen.

ließen. Heute werden die Reitelefanten aufgrund des gestiegenen Touristenaufkommens für die Kurzvorführung von Tigern benutzt, die als »Tiger-Show« bezeichnet wird. In aller Frühe brechen die Mahouts mit ihren Elefanten vom Ort Kanha auf und durchkämmen das Gras in den **Kanha Meadows** ①. Aufgrund ihrer Erfahrung finden sie mit großer Wahrscheinlichkeit einen Tiger, der sich im hohen Gras verborgen hält. Mit Sprechfunkgeräten melden sie die Position des Tigers nach Kanha, wo die eintreffenden Touristen entsprechend informiert werden. Ein ortskundiger Führer, den jedes Fahrzeug im Park mitzunehmen hat, führt die Touristen zu dem Platz, wo die Reitelefanten warten. Dort steigt man mit Hilfe einer Leiter oder über das Dach des eigenen Fahrzeugs als Aufstiegshilfe auf den Elefantenrücken. Dann führt der Mahout die Besucher zum Tiger, der oft nur wenige Minuten entfernt im Gras liegt. Es bleibt Zeit für ein paar Fotos und schon geht es zurück zur Straße, wo meistens schon viele andere Leute darauf warten, den Tiger vorgeführt zu bekommen.

Blick vom Hochplateau bei Bamnidadar nach Westen.

Eine »Tiger-Show« nach dem gleichen Vorbild wird übrigens auch in Bandhavgarh (Hauptreiseziel 16) angeboten. Dieses System hat den Vorteil, daß viele Menschen innerhalb von sehr kurzer Zeit einen Tiger zu Gesicht bekommen. Es ist aber mit dem Nachteil verbunden, daß der wunderbare Anblick des Tigers nicht wirklich ausgekostet werden kann. Naturfreunde bedauern, daß sie den Tiger, der oft den Höhepunkt einer weiten Reise darstellt, nicht ausgiebiger beobachten können. Die Chance einen Tiger aus dem Auto zu entdecken ist in Kanha recht gering.
Günstige Standorte für Tierbeobachtungen aus dem Auto sind in der trockenen Jahreszeit die Wasserstellen, von denen der **Shravan Talao** ② eine der besten ist. Die Position von anderen Wasserstellen ist in der Karte durch kleine blaue Quadrate gekennzeichnet.
Das mit Gras bewachsene Hochplateau bei **Bamnidadar** ③ wird bei Rundfahrten oft am Nachmittag angesteuert. Für Landschaftsfotos ist das Licht am Vormittag allerdings günstiger. Vom Rand des Plateaus

hat man einen weiten Blick über das Waldgebiet. Ein Aussichtspunkt, der als Sunset Point bekannt ist, muß leider schon vor Sonnenuntergang verlassen werden. Die Vorschriften in Kanha, nach denen der Park vor Anbruch der Dämmerung zu verlassen ist, werden ziemlich streng ausgelegt.

Der Bestand vom Zackenhirsch (Barasingha) konnte sich in Kanha dank eines Schutzprojekts wieder erholen.

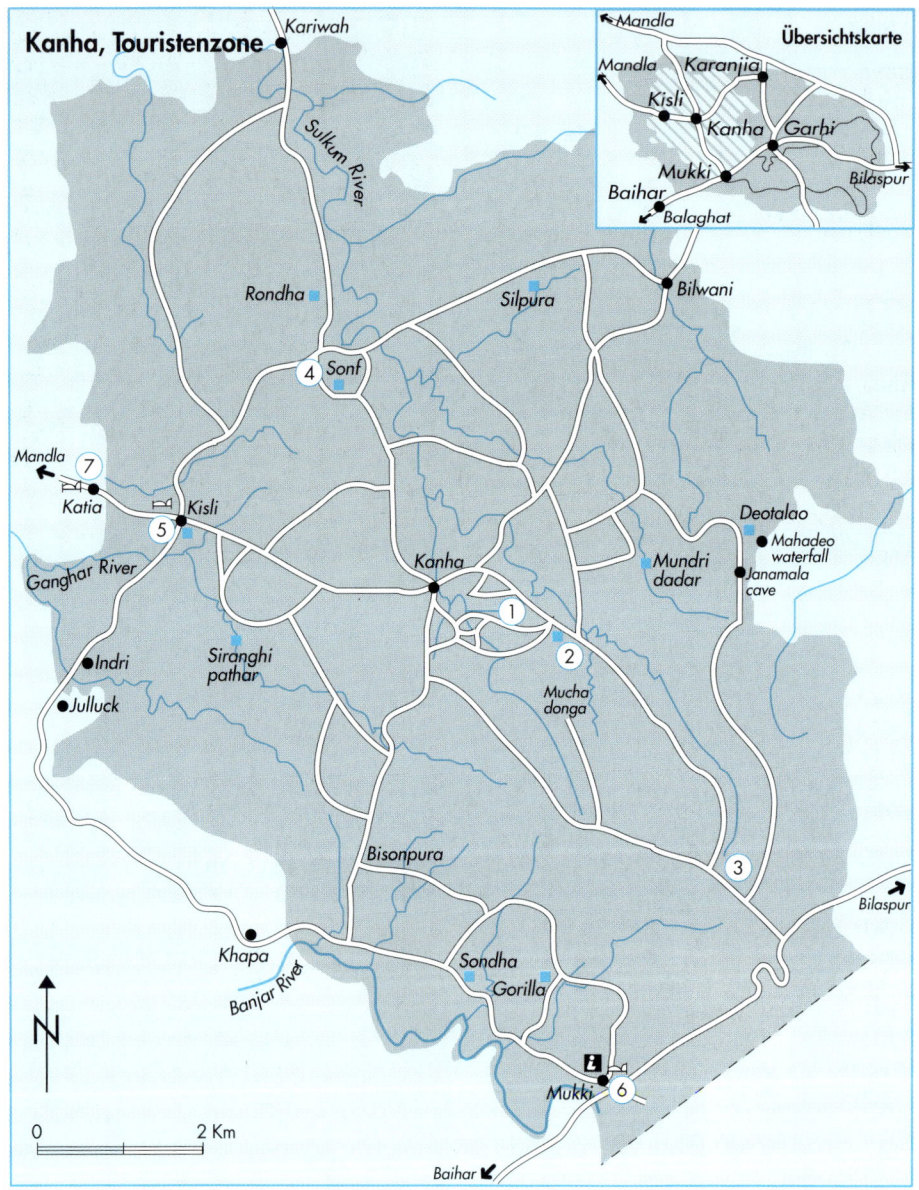

Kanha, Touristenzone

Kariwah

Sulkum River

Rondha

Silpura

Bilwani

Übersichtskarte

Mandla

Mandla · Karanjia

Kisli

Kanha · Garbi

Mukki

Baihar

Balaghat

Bilaspur

④ Sonf

Mandla

⑦ Katia

⑤ Kisli

Ganghar River

Kanha

Mundri dadar

Deotalao

Mahadeo waterfall

Janamala cave

Indri

Siranghi pathar

①

②

Mucha donga

Julluck

Bisonpura

③

Bilaspur

Khapa

Banjar River

Sondha

Gorilla

N

0   2 Km

Mukki ⑥

Baihar

In der unmittelbaren Umgebung der Unterkünfte in **Mukki** ⑥ und **Kisli** ⑤ lassen sich kleine Spaziergänge zur Erkundung der Natur unternehmen.

Für eine etwas größere Wanderung eignet sich die Straße von **Kisli** ⑤ nach **Katia** ⑦. Für ausgiebige Streifzüge und Vogelbeobachtungen bietet sich das Flußtal des **Banjar-Flusses** an, das teilweise die westliche Parkgrenze bildet.

Praktische Tips

Anreise

Kisli ⑤ kann über Mandla von Jabalpur (170 km) oder Nagpur (260 km) aus mit öffentlichen Bussen oder per Mietauto erreicht werden. Die Entfernung von Mandla nach Kisli beträgt etwa 70 km. Kisli liegt am Parkeingang und hat eine Tankstelle (Treibstoff ist jedoch nicht immer ausreichend verfügbar). Ein weiterer Parkeingang liegt bei Mukki ⑥.

Klima/Reisezeit

Im Winter sinken die Temperaturen nachts gelegentlich unter den Gefrierpunkt, liegen in der Regel jedoch zwischen 1 °C und 24 °C. Morgennebel sind in den Wintermonaten häufig. In der heißen Jahreszeit rangieren die Temperaturen zwischen 22 °C und 42 °C. Ab April muß mit einzelnen Schauern gerechnet werden, die dem Monsun (Juni bis September) vorausgehen. Die mittlere jährliche Regenmenge beträgt etwa 1400 – 1600 mm.
Kanha ist von November bis Juni geöffnet. Die heißen, trockenen Monate zwischen März und Mai führen zu einer Konzentration der Tiere in der Nähe ganzjähriger Wasserstellen und sind daher für Tierbeobachtungen besonders geeignet.

Unterkunft

Unterkünfte der staatlichen Touristenorganisation (MPSTDC) stehen in Kisli (Log Huts), Mukki (Safari Lodge) und Katia (Jungle Camp) zur Verfügung. Außerhalb der Parkgrenzen liegen private Touristencamps (z. B. Kipling Camp, Kanha Resort).

Adressen

⮑ Field Director, Kanha Tiger Reserve, Mandla 481 661, Madhya Pradesh, Tel.232;
⮑ M.P. State Development Corporation, Gangotri, 4 th Floor, T.T.Nagar, Bhopal 462 003, Madhya Pradesh, Tel. 66383, 66388;

Die Termiten, die in hohen Bauten Pilzkulturen züchten, sind nicht mit Ameisen sondern mit Schaben verwandt.

⮑ Tourist Information Office, Railway Station, Jabalpur, Madhya Pradesh, Tel.22111;
⮑ Shakti Travels, Mandla 481 661, Madhya Pradesh, Tel. 182, 234

Blick in die Umgebung

Es gibt im Bundesland Madhya Pradesh etliche, wenig bekannte Schutzgebiete, die z. T. touristisch kaum erschlossen sind. Sie bieten dem Reisenden, der die Abgeschiedenheit sucht, oft einen interessanten Freiraum für individuelle Naturerlebnisse. Als Alternativen zu Kanha und Bandhavgarh (Hauptreiseziel 16) sind in diesem Zusammenhang zu nennen:
– Pachmarhi Sanctuary (655 km²), 1 km von Pachmarhi,
– Bori Sanctuary (803 km²), 32 km von Pachmarhi,
– Pench National Park and Sanctuary (449 km²), 45 km von Seoni,
– Sanjay National Park and Sanctuary (1938 km²), 65 km von Sidhi,
– Panna National Park (543 km²), 40 km von Khajuraho.

16 Bandhavgarh-Nationalpark

Tigerreicher Nationalpark in Madhya Pradesh; Sal-Wald und sumpfiges Grasland werden von einem alten Fort auf einem hohen Felsenplateau überragt, außerdem zeugen interessante Felsenhöhlen und Skulpturen von einer früheren Besiedlung.

Bandhavgarh liegt in der Vindhya-Bergkette, die sich in West-Ost-Richtung über 800 km durch Mittel-Indien zieht. Die Höhe über dem Meeresspiegel beträgt 440–811 m. Die zahlreichen Bergkuppen und Hügel bestehen hier vorwiegend aus Sandstein. Auf dem höchsten Punkt im Park liegen auf einem steil abfallenden, isolierten Plateau die Reste einer alten Fortanlage. Das Fort, das bereits um 300 n. Chr. erwähnt wurde, ist etwa 2000 Jahre alt. Es wechselte im Laufe der Jahrhunderte mehrfach seinen Besitz. Nachdem der Mahara-

dscha seinen Wohnsitz 1917 von Bandhavgarh nach Rewa verlegte, verlor das Fort an Bedeutung und ist seit 1935 unbewohnt. Lediglich die Tempelanlage neben dem Fort wird noch regelmäßig von einem Tempelwächter (Pujari) gepflegt.

Der Bandhavgar-Nationalpark ging aus dem ehemaligen Jagdgebiet des Maharadschas von Rewa hervor. Die Zahl der erlegten Tiger im Rewa-Staat zwischen 1923 und 1924 wird mit 144 angegeben und läßt erahnen, wie wald- und wildreich die Gegend damals noch gewesen ist. Erst 1968 wurde die Jagd in Bandhavgarh völlig eingestellt, als das Gebiet zum Nationalpark erklärt wurde. Seit 1982 hat der Park die Größe von 449 km^2 (Kernzone 105 km^2).

Pflanzen und Tiere

Der halbfeuchte Laubwald in Bandhavgarh besteht zum größten Teil aus Salbäumen und ist mit viel Bambus der Art *Den-*

Wenn der Park nach Ende der Regenzeit (November) geöffnet wird, steht das Grasland unterhalb des Forts in Blüte.

drocalamus strictus durchsetzt. Auf den Hängen und felsigen Plateaus herrscht ein trockener Waldtyp mit Bäumen wie Mathibaum, Anogeissus latifolia und Weihrauchbaum vor. Auf den Bäumen sieht man häufig Orchideen (z. B. Vanda tesselata, und Wohlriechender Luftwurzler), deren Blütezeit im Mai/Juni liegt. 6 % der Fläche Bandhavgarhs bestehen aus meist sumpfigem Grasland, das als »Bohera« bezeichnet wird.

1951 wurde nicht weit von Bandhavgarh (60 km entfernt) der bisher letzte in freier Natur vorkommende weiße Tiger entdeckt und gefangengenommen. Auf diesen legendären Tiger, der den Namen »Mohan« trug, gehen die heute in den Zoos und Zirkussen der Welt lebenden weißen Tiger zurück. Heute steht »Mohan« ausgestopft in der Hunting Lodge des Maharadschas in Tala ③. Weiße Tiger sind übrigens Teilalbinos, die sich durch blaue Augen und andere Merkmale von echten Albinos unterscheiden. Im Fürstentum Rewa, also in der Umgebung von Bandhavgarh, wurden in diesem Jahrhundert mindestens 8 Fälle von weißen Tigern bekannt.

Bandhavgarh ist eines der besten Gebiete

Der Pflaumenkopfsittich ist ein Höhlenbrüter, der sich oft in unbewohnten Spechthöhlen einnistet.

in Indien (und in der Welt), in dem Tiger mit großer Wahrscheinlichkeit in freier Wildbahn beobachtet werden können. Obwohl es in Bandhavgarh nur relativ wenige Gaur (s. S. 125) gibt (kaum mehr als 30), hat man frühmorgens oder spätnachmittags gute Chancen einige von ihnen zu sehen. Die häufigsten großen Säugetiere sind zweifellos Axishirsche und Wildschweine. Andere wie Sambarhirsche, Muntjaks (S. 175) oder Schwarznackenhasen sind vorwiegend nachtaktiv und am Tage kaum zu sehen. Rhesusaffen (S. 109) und Hanuman-Languren (S. 57) sind in

In der Trockenzeit wirken die Bambusdickichte farblos und welk.

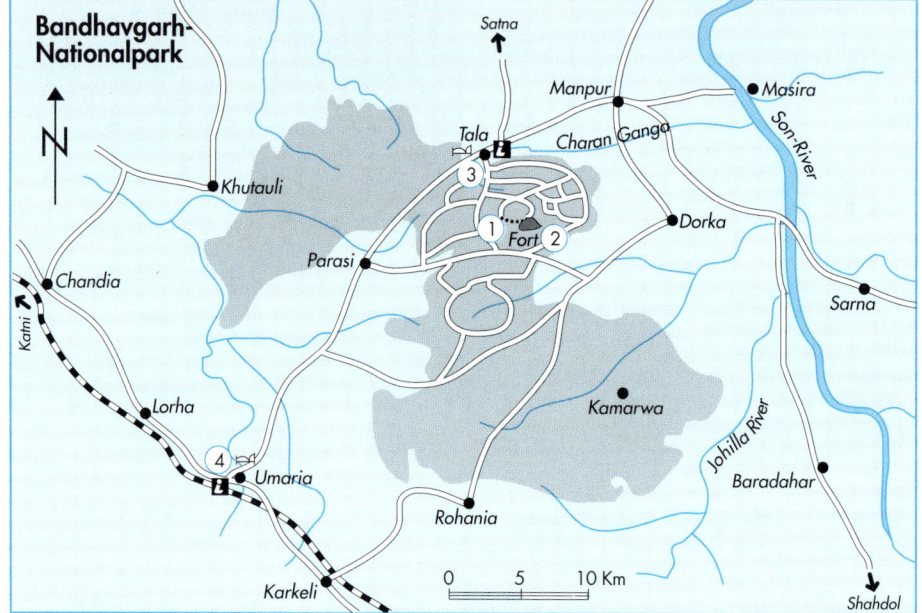

Bandhavgarh recht scheu. Nur selten können Dekkan-Rothunde (S. 175), Streifenhyänen, Leoparden (S. 106), Lippenbären (S. 207), Chinkaras oder Vierhornantilopen beobachtet werden. Gelegentlich lassen sich Rohrkatzen, Goldschakale oder Nilgaiantilopen entdecken.

Oben auf dem Plateau in der Umgebung des Forts gibt es einige Hirschziegenantilopen (s. S. 99), die dort vor langer Zeit ausgewildert wurden.

Zu den eindruckvollsten Vögeln in Bandhavgarh gehören die Doppelhornvögel, deren Erscheinen eng mit dem Reifen bestimmter Früchte verknüpft ist. Wenn im Februar die kleinen, roten Früchte der Banyanbäume reif sind, von denen einige auf dem Fort an den Wasserbecken stehen, kann man die großen, scheuen Vögel dort besonders gut beobachten. Zu den weiteren Vogelarten, die für Bandhavgarh typisch sind, zählen Keilschwanztoko, Gelbfußtaube, Perlhalstaube (S. 183), Pflaumenkopfsittich, Mangokauz, Dschungelkauz, Gurial, Hinduracke,

Schikra, Schlangenweihe, Pirol, Kupferschmied, Hirtenmaina und Schwarzflügelaegithina.

Bandhavgarh ist eine Fundgrube für Spinnenfreunde. Im Wald fallen Spinnennetze groß wie Wagenräder auf. Am Boden wohnen Trichterspinnen, deren Netze am frühen Morgen mit Tautropfen übersät sind.

Im Gebiet unterwegs

Der Nationalpark kann mit Fahrzeugen, mit Reitelefanten und zu Fuß erkundet werden. Außerdem stehen einige Beobachtungstürme zur Verfügung.

Bei der Tourist Lodge in Tala ③ können Geländefahrzeuge gemietet werden, jedoch sind bei großer Nachfrage Engpässe nicht auszuschließen. Gewöhnliche Personenwagen, die für Rundfahrten im Park zugelassen sind, können in Jabalpur oder Khajuraho gemietet werden. Das hohe, dichte Gras in den Sumpfwiesen, in dem sich oft die Tiger verborgen halten, läßt sich vom Auto aus nicht gut überblicken. Für das Durchstreifen dieses Biotops sind Reitelefanten das beste Mittel. Die Reitelefanten in Bandhavgarh werden ebenso wie in Kanha (s. S. 111) für eine sogenannte »Tiger-Show« eingesetzt. Die Aussicht in Bandhavgarh einen Tiger zu sehen ist wie gesagt sehr gut. Allerdings ermöglicht das System der Tiger-Show oft nur eine kurze Beobachtungsdauer.

Ein besonderes Erlebnis in Bandhavgarh ist die Besteigung des **Forts** ②. Dazu wird die Genehmigung des Maharadschas von Rewa benötigt, der nach wie vor über das Gelände des Forts zu verfügen hat. Die Genehmigung kann über den Manager des Jungle Camps in Tala eingeholt werden. Ein ortskundiger Begleiter erhält dann die Schlüssel für das Eingangstor. Obwohl ein Fahrweg für Allradfahrzeuge vorhanden ist, sollten Naturfreunde, die gut zu Fuß sind, den vorhandenen Fußweg zum Fort bevorzugen. Dieser beginnt neben einer liegenden **Vishnu-Statue** ① oberhalb eines Parkplatzes, an dem der Fahrweg endet. Der Aufstieg dauert eine gute Stunde und sollte am frühen Morgen begonnen werden.

In den Seitengemäuern von zwei hintereinander liegenden Torbögen befinden sich Kolonien von Fledermäusen (aus der Familie der Grabflatterer). Etwas später kommt man an mehreren Steinskulpturen (Tierdarstellungen wie Schildkröte und Wildschwein) vorbei, die aus dem 10.Jh. stammen. Schließlich erreicht man am höchstgelegenen Punkt einen **Tempel**, der dem Gott Lakshmana geweiht ist. Von der Säulenhalle (Schuhe ausziehen !) hat man einen herrlichen Ausblick über das Waldgebiet des Nationalparks. Unter dem Tempeldach befinden sich einige Nester von Weißbürzelseglern. Unterhalb des Tempels liegt ein großes, künstlich angelegtes Wasserbecken. Ein noch schöneres, zweites Wasserbecken schließt sich im Süden an. In beiden Reservoiren leben Wasserschlangen und Schildkröten, die man am

besten beobachten kann, wenn man sich eine zeitlang ruhig neben das Becken setzt. Nach dem Abstieg vom Fort kann man sich mit dem Quellwasser, das neben der liegenden Vishnu-Statue kühl und klar von den Felsen plätschert, wunderbar erfrischen. Das Baden in dem Wasserbecken vor der Statue sollte jedoch mit Rücksicht auf die religiöse Bedeutung des Ortes unterbleiben.

Die Umgebung der Unterkünfte in Tala, das Gelände des Forest Department und das Tal des Charan Ganga entlang der Parkgrenze eignen sich für naturkundlich interessante Spaziergänge.

Praktische Tips

Anreise

Tala ③ ist der Ort am Eingang des Bandhavgarh-Nationalparks. Er liegt 32 km von Umaria ④ entfernt und kann von dort mit öffentlichen Bussen erreicht werden. Umaria hat eine Bahnverbindung nach Katni, das an der Bahnhauptlinie von Bombay nach Kalkutta liegt.

Wer auf ein Mietauto nicht verzichten möchte, sollte es von Jabalpur mitbringen. Die Entfernung zwischen Jabalpur und Tala beträgt 175 km.

Touristen, die von Khajuraho nach Bandhavgarh reisen wollen, fahren mit Mietauto oder öffentlichen Bussen nach Satna (117 km) und von dort weiter nach Tala (105 km).

Khajuraho und Jabalpur haben Flughäfen.

Klima/Reisezeit

Der Winter ist klimatisch (mit Temperaturen zwischen 4 °C und 25 °C) sehr angenehm. Je heißer und trockener das Klima ab März (mit Temperaturen bis 42 °C) wird, um so günstiger werden Tierbeobachtungen.

Der Park ist von Anfang November bis Mitte Juni geöffnet. Ein Großteil der jährlichen Regenmenge (1200 mm) fällt zwischen Ende Juni und September.

Im Grasland von Bandhavgarh gehören Tigerbeobachtungen vom Elefantenrücken zu den Touristenattraktionen.

Unterkunft

Großzügig angelegte Tourist Lodge sowie einfache Privatunterkünfte in Tala. Die ehemalige Hunting Lodge des Maharadschas in Tala gehört jetzt zu einem privaten Touristencamp (Jungle Camp), das Unterkunft, Verpflegung und Rundfahrten im Park in Pauschale anbietet. Für die Benutzung der Forest Lodge ist eine besondere Genehmigung vom Direktor des Nationalparks in Umaria ④ erforderlich.

Adressen

⇨ Director, Bandhavgarh National Park, Umaria 484 661, Dist.Shahdol, Madhya Pradesh;

Der Mangokauz kommt nachts bis in die Nähe der Unterkünfte.

Auf dem Gelände des Forts befinden sich alte Gebäude, Ruinen und historische Steinskulpturen.

- ▻ Tourist Information Office, Railway Station, Jabalpur, Madhya Pradesh, Tel. 22111;
- ▻ Government of India, Tourist Office, Khajuraho, Madhya Pradesh, Tel. 47.

Blick in die Umgebung

Die Entfernung zwischen dem Bandhav-garh-Nationalpark und dem Kanha-Tigerschutzgebiet beträgt 257 km und kann mit dem Auto an einem Tag zurückgelegt werden. Bei Benutzung öffentlicher Verkehrsmittel ist es sinnvoll, über Jabalpur zu fahren und dort eine Übernachtung einzuplanen.

Etwas außerhalb von Jabalpur (23 km südwestlich) liegen die berühmten **Marble Rocks** (Marmor-Felsen) am Narmada-Fluß bei Bhedaghat. Diese geologische Sehenswürdigkeit ist ein beliebtes Ausflugsziel für Touristen. Auf Bootsfahrten kann die Felsenlandschaft, in die sich der Fluß auf 3 km Länge eingeschnitten hat, bewundert werden. Bei hohem Wasserstand (während der Regenzeit) müssen die Bootsfahrten wegen zu starker Strömung gelegentlich eingestellt werden. Die Felsen werden nachts beleuchtet. Etwas oberhalb der Felsenschlucht liegen die **Dhuandhar Falls**, zu denen ein Fußweg führt.

Bedhaghat läßt sich gut in einem Tagesausflug von Jabalpur besuchen, hat aber auch Übernachtungsmöglichkeiten (z. B. Motel).

Unter etlichen Brückenkonstruktionen der Region, die über einen Fluß führen, z. B. auch vor dem Ort Bedhagadh, sowie auf der Strecke zwischen Jabalpur und Bandhavgarh, sind Nistkolonien von Braunscheitelschwalben zu finden.

Die Braunkopfammer ist in Indien Wintergast. Ihr Brutgebiet erstreckt sich von Pakistan bis Zentralasien.

17 Palamau

Abseits gelegenes Tigerschutzgebiet in Bihar; bewaldetes Hügelland mit Granitfelsen zwischen dem Koel River und seinen Nebenflüssen; sehr gute Beobachtungsmöglichkeiten für Gaur; Nachtfahrten sind erlaubt.

Das Chotanagpur-Plateau war im 19. Jh. ein bekanntes Jagdgebiet, dessen Wildreichtum in historischen Büchern gerühmt wird. Durch Waldvernichtung und starke Bejagung ist die Zahl der Wildtiere seitdem rückläufig gewesen. 1962 wurde zunächst eine Fläche von 249 km² zum Betla Sanctuary erklärt. Seit 1974 gehört

das auf 1026 km² erweiterte Reservat, das jetzt den Namen Palamau trägt, zu Indiens Tigerschutzgebieten. Die Kernzone hat eine Größe von 201 km² und ist für den Tourismus nicht zugänglich. Statt dessen gibt es eine spezielle Touristenzone von 54 km², in der sich (insbesondere östlich der Hauptstraße) Wildtiere gut beobachten lassen.

Der Untergrund des Gebiets besteht hauptsächlich aus Granit und Gneis. Zwischen den verwitterten Felsen befinden sich viele Höhlen, die von Wildtieren (Tiger, Leopard, Lippenbär u. a.) als Unterschlupf benutzt werden.

Am steilen Ufer über dem **Auranga-Fluß** befinden sich die Ruinen von einem älteren und einem neueren Fort ②. Ihr Bau wird den Chero-Herrschern im Mittelalter zugeschrieben. Auch die Entstehung des künstlich angelegten **Kamaldah-Sees**, der selbst dann noch Wasser speichert, wenn der Auranga-Fluß austrocknet, wird mit der Anlage des Forts in zeitliche Verbindung gebracht.

Palamau ist unter ausländischen Touristen, die lediglich 1 % aller Besucher ausmachen, wenig bekannt. Die naturkundlichen Attraktionen und die vorhandene, gute Infrastruktur lassen hier in Zukunft einen verstärkten Besucherstrom erwarten.

Pflanzen und Tiere

Der Wald in Palamau läßt sich in trockenen, gemischten und feuchten tropischen Laubwald einteilen. Salbäume (S. 112) und Bambus der Art *Dendrocalamus strictus* sind in allen Waldtypen weit verbreitet. Früher abgeholzte Flächen des Schutz-

Die Lyra-Fledermaus verbringt den Tag in kühlen Kellerräumen. Nachts jagt sie Kleintiere wie Nager und Frösche.

Gaur

Der **Gaur** *(Bos gaurus)* ist das größte Wildrind der Welt. Sein Verbreitungsgebiet erstreckt sich in Nord-Süd-Richtung von Mittel- bis nach Süd-Indien und in West-Ost-Richtung von den Indischen West-Ghats über Nepal, Bhutan und Burma bis nach Malaysia und Indochina. Von der indisch-burmesischen Grenzregion bis nach Indochina überdeckt sich das Verbreitungsgebiet des Gaur mit dem des kleineren **Banteng** *(Bos banteng)*.

Wildrinder sind besonders gefährdet, weil unter ihnen immer wieder Viehseuchen wie die Rinderpest oder Maul- und Klauenseuche ausbrechen, die durch Haustiere übertragen werden. Gaur leben in dichten Wäldern und sind deshalb im allgemeinen schwer zu beobachten.

Ausgewachsene Gaur-Bullen bringen bei einer Schulterhöhe von fast 2 m nahezu 1000 kg auf die Waage. Kräftige, nach innen gebogene Hörner, wulstiger Stirnkamm, tiefschwarzes Haarkleid und auffallender Buckel kennzeichnen die Bullen. Die Kühe besitzen vergleichsweise gerade, nach außen oder hinten gerichtete Hörner. In Einzelfällen haben auch Bullen kaum gekrümmte Hörner und es fällt nicht immer leicht, jüngere Bullen und Kühe zu unterscheiden.

Gaur leben in kleinen Herden, die den jungen Kälbern Schutz vor Tigerangriffen bieten. Nur einige Bullen entwickeln sich unabhängig vom Alter zu Einzelgängern. Altersschwache oder kranke Tiere fallen meistens einem Tiger zum Opfer, der vor ihrer Größe nicht zurückschreckt, wenn die Kraft zur Verteidigung fehlt.

Das Ufer des Kawaldah-Sees und die Ruinen des Forts lassen sich zu Fuß erkunden.

gebiets wurden mit hier standortfremden Teakbäumen wieder aufgeforstet; dies wird seit 1965 nicht mehr praktiziert. Im März blühen die Mahuabäume. Ihre abgeworfenen Blüten werden nicht nur von Affen, Wildschweinen und Hirschen gern verzehrt. Auch die Menschen aus den Dörfern sammeln sie körbeweise, um daraus ein alkoholhaltiges Getränk herzustellen. Aus den Früchten der Baelbäume, die ebenfalls bei Mensch und Tier gleichermaßen beliebt sind, kann ein erfrischendes, alkoholfreies Getränk hergestellt werden.

Auf dem Kawaldah-See blüht die Indische Seekanne, eine wasserliebende Art aus der Verwandtschaft des Enzians.

In der Trockenzeit bietet sich das sandige Flußbett des Koel River für naturkundliche Wanderungen an.

Zu den ganz besonderen Erlebnissen in Palamau gehört zweifellos die Begegnung mit dem mächtigen Gaur, insbesondere wenn man erfahren hat, wie schwierig dieses Wildrind in anderen indischen Naturschutzgebieten zu beobachten ist. Hier ist es sehr zahlreich und wenig scheu. Die Zahl der Tiger in Palamau hat sich von 22 (1974) wieder auf etwa 50 (1987) erhöht. Die beste Chance einen Tiger zu sehen, besteht in den Morgenstunden während eines Elefantenrittes abseits der Fahrwege (z. B. in der Umgebung der Bhalhi Hills).

Etwa 80 wilde Elefanten, die jahreszeitlich bedingte Wanderungen ausführen, besuchen auch die Touristenzone (etwa von November bis Februar). Sie verlassen diese trockene Zone vor Anbruch der heißen Jahreszeit und ziehen sich in feuchte und schattige Regionen südlich von Palamau (in das Baresnar-Gebiet) zurück. Palamaus Elefanten haben keine oder nur sehr kleine Stoßzähne, was sie für Wilderer uninteressant macht. In der älteren Jagdliteratur (vor 1920) wird nicht erwähnt, daß es hier Elefanten gab. Einige Leute haben daher die Vermutung geäußert, sie könnten die Nachfahren von gezähmten Elefanten aus dem Besitz des Maharadschas sein. Es ist jedoch wahrscheinlicher, daß die Tiere aus anderen Waldgebieten zugewandert sind. Jedenfalls bereiten Palamaus Elefanten der Landbevölkerung und Parkverwaltung viele Probleme, da sie Felder verwüsten, Gebäude beschädigen und Menschen bedrohen. Die Furcht vor ihnen ist groß in der Region. Naturschützer fordern die Umsiedlung gefährdeter Dörfer.

Neben Tigern gehören Leoparden, Dekkan-Rothunde, Streifenhyänen und Goldschakale zu den Jägern des Dschungels.

Die gefiederte Raupe des Baron-Schmetterlings ist ein filigranes Wunderwerk der Natur.

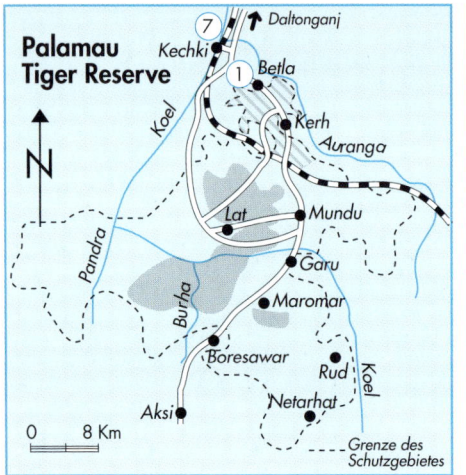

Ihre Beutetiere sind Axishirsch, Sambarhirsch, Muntjak, Vierhornantilope, Nilgaiantilope, Wildschwein, Fleckenkantschil, Hanuman-Langur und Rhesusaffe. Außerdem gibt es Lippenbären, Königsriesenhörnchen, und Palmhörnchen. Schlangenweihe (S. 80), Haubenadler, Schlangenadler, Raubadler und Schikra sind typische Greifvögel der Region. Dschungelkäuze sind zahlreich und in den frühen Morgenstunden häufig zu sehen. Zu den ornithologischen Alltäglichkeiten gehören Pfau, Wanderelster, Hinduracke (S. 112), Elsterstar, Wechselkuckuck (S. 173), Smaragdspint, Fahlbauch-Paradiesschnäpper (S. 170), Pflaumenkopfsittich (S. 119), Rotlappenkiebitz und Königsdrongo. Im Unterholz gibt es viele Kleinvögel zu entdecken, darunter Braunbrust-Blauschnäpper, Goldstirn-Blattvogel (S. 135), Cistensänger, Rotohrbülbül und Kronenmeise. Als Wintergäste treten Schwarzstörche in Gesellschaft der einheimischen Wollhalsstörche auf. Nicht alle Wintergäste in Palamau kommen aus Regionen wie Mittelasien oder Sibirien. Es überwintern auch Vögel wie Erddrossel, Zitronenstelze, Gebirgsstelze oder Blutpirol, deren Brutgebiete im Himalaya liegen.

Im Gebiet unterwegs

Die Touristenzone (weitgehend identisch mit dem ehemaligen Betla Sanctuary) ist mit einem dichten Netz von Fahrwegen ausgestattet. Bereits in den sechziger Jahren wurden einige künstliche Wasserstellen und Beobachtungstürme bzw. Beobachtungsbunker eingerichtet (Baulia ③, Chiaturbothwa ④, Hathbajhwa ⑤, Madhchuan ⑥), die besonders in der Trockenzeit ideale Möglichkeiten für Tierbeobachtungen bieten. Die meisten der aus Holz gebauten Beobachtungstürme sind inzwischen leider von Termiten befallen und werden nicht mehr lange halten, wenn notwendige Reparaturarbeiten nicht bald ausgeführt werden. Der Zustand der gemauerten Erdbunker ist dagegen noch befriedigend (Schlüssel beim Range Officer).
Ausflüge in den Park können mit gewöhnlichen Fahrzeugen (auch ohne Allradantrieb) oder auf dem Rücken zahmer Elefanten durchgeführt werden. Die Einfahrt zum Park wird bereits in der Morgendämmerung geöffnet, und es bestehen gute Gelegenheiten Tiere, wie die Gaur, zu sehen, bevor sie sich kurz nach Tagesanbruch zurückziehen. Während des Tages wirkt

der Park wie ausgestorben, weil die größeren Tiere sich kaum blicken lassen. Erst 2 Stunden vor Sonnenuntergang lohnen dann wieder Rundfahrten durch das Gebiet. Nach Anbruch der Dunkelheit können Handscheinwerfer gemietet werden, mit denen man aus dem Fahrzeug Wildtiere bei Nacht beobachten kann. Die Genehmigung für Nachtfahrten ist auf 1 Stunde befristet, damit die damit verbundenen Störungen sich in Grenzen halten. Neben Gaur und Hirschen werden nachts häufig Rohrkatzen, Kleine Zibetkatzen, Fleckenmusangs und manchmal auch Stachelschweine gesehen.

Rundfahrten in der Touristenzone ermöglichen gute Einblicke in die Tierwelt, während die landschaftliche Schönheit der Region sich in dieser recht monotonen Waldzone nicht offenbart. Da die Kernzone nicht betreten werden darf, empfiehlt sich eine Fahrt auf der Durchgangsstraße in Richtung Süden. Nachdem man einige Dörfer und Reisfelder hinter sich gelassen hat, steigt das Gelände langsam an. Der Wald wird zusehens dichter und macht einen unberührten Eindruck. Es bietet sich an, sein Fahrzeug am Ufer des **Koel River** abzustellen und (falls der Wasserstand es erlaubt) im Flußbett zu Fuß nach Westen zu gehen. Das breite, flache Flußbett führt in der trockenen Jahreszeit nur wenig Wasser. Extrem klares, kühles Wasser und die vielen Sandbänke laden zum Barfußlaufen ein. Der üppige, aufregend schöne Wald reicht bis ans Ufer, an dem sich Vögel und Insekten beobachten lassen. Weiter flußabwärts erheben sich bewaldete Hänge, die der Flußlandschaft eine zauberhafte Komponente hinzufügen.

Auch eine Fahrt an den **Koel-River bei Kechki** ⑦ ist lohnend. Da das gegenüberliegende Ufer besiedelt ist und sich ständig einige Menschen am Flußufer aufhalten, hat man hier jedoch nicht den Eindruck einer völlig unberührten Wildnis. Der etwas ausgelichtete Wald am Ostufer bietet gute Gelegenheiten für Vogelbeobachtungen.

Als interessanter Platz für die Beobachtung von Vögeln ist außerdem der **Kawaldah-See** ⑧ zu nennen. In der kalten Jahreszeit finden sich dort neben den heimischen Wasservögeln auch Wintergäste ein. Tagsüber sind Spaziergänge auf der **Betla-Wiese** (links von der Eingangspforte ①) gut geeignet, um die Natur im Nahbereich zu erkunden. In der Dämmerung und nachts kommen hier Hirsche, Gaur und Elefanten zum Grasen aus dem angrenzenden Wald.

Praktische Tips

Anreise

Die Distrikthauptstadt Daltonganj ist Ausgangspunkt für Fahrten in das Palamau-Tigerschutzgebiet. Daltonganj hat, obwohl an einer Nebenstrecke gelegen, direkte Zugverbindungen nach Delhi (930 km), Kalkutta (480 km) und Benares (240 km). Der nächstgelegene Flughafen in Ranchi liegt 180 km entfernt. Zwischen Daltonganj und Betla ① (25 km) verkehren regelmäßig öffentliche Busse.

Das Project Tiger Office in Daltonganj, das man vor Besuch des Tigerschutzgebiets

In Palamau läßt sich die Rohrkatze regelmäßig während der Nachtpirsch beobachten.

Ein Beobachtungsbunker mit Blick auf ein Wasserloch ist für geduldige Tierfotografen ein ideales Versteck.

Im März lassen die Mahuabäume ihre Blüten fallen. Die Dorfbewohner machen daraus ein alkoholisches Getränk.

Der Schwalbenschwanz (*Pathysa nomius*) tritt am Ufer des Koel River gelegentlich massenhaft auf.

wegen der Frage nach einer Unterkunft aufsuchen sollte, ist lokal unter dem Namen »Jungle Office« bekannt.

Klima/Reisezeit

Der nördliche Teil des Gebiets ist mit 750 mm jährlichem Niederschlag trockener als der südliche Teil, der im Mittel 1250 mm Regen erwarten kann. Die Regenzeit (Südwest-Monsun) dauert von Mitte Juni bis Anfang Oktober. Der Park bleibt auch in der Regenzeit geöffnet, obwohl Pirschfahrten während sehr heftiger Regenfälle ausfallen müssen. Die Temperaturen in der trockenen, heißen Jahreszeit (März bis Juni) klettern teilweise bis auf 45 °C, wobei die Nächte mit 25 °C nur wenig Abkühlung bringen. Die Wintertemperaturen (November bis Februar) liegen zwischen 3 °C und 26 °C. Die beste Reisezeit ist November bis Mai.

Unterkunft

In Betla befindet sich das touristische Zentrum des Palamau-Tigerschutzgebiets. Hier stehen verschiedene Unterkünfte mit Verpflegung zur Verfügung, Fahrzeuge und Elefantenritte können gebucht werden, ein kleines Museum und das Office des Range Officers bieten Informationen. Es gibt kleine Läden, Obststände, eine Post u. a. Die Stromversorgung in Betla ist nicht besonders zuverlässig. In einigen abgelegenen Rasthäusern (Verpflegung mitbringen) stehen weitere Unterkünfte zur Verfügung. Wer Wert auf eine besonders urige Unterkunft legt, sollte sich in Betla nach dem Tree-House erkundigen, das im Blockhausstil in einen großen Baum eingebaut wurde.

Adressen

↪ Field Director, Palamau Project Tiger, Daltonganj 822 101, Bihar, Tel. 350;
↪ Forest Range Officer, Palamau Project Tiger, Betla 822 111, via Barwadih, Dist. Palamau, Bihar.

18 Manas

Tigerschutzgebiet in ungezähmter Flußlandschaft in Assam, das sich in die angrenzenden Himalaya-Vorberge nach Bhutan fortsetzt; Schopflanguren auf der indischen und Goldlanguren auf der bhutanesischen Seite; große Säugetiere: Tiger, Elefant, Panzernashorn, Gaur, Arni, Hirsche; reiche Vogelwelt mit Doppelhornvogel, Ibisschnabel, Nepaluhu und Barttrappe; Orchideenblüte im Mai/Juni.

Das Manas-Tigerschutzgebiet ist eine großartige Naturoase in äußerst reizvoller Landschaft, die durch den ungebändigten Manas-Fluß geprägt wird. Es beheimatet in seinen vielfältigen Landschaftselementen nicht weniger als 19 vom Aussterben bedrohte Säugetierarten. Allein an dieser

Zahl läßt sich bereits der außergewöhnliche Wert des Biotops ablesen. Auch der Artenreichtum an Vögeln und Pflanzen trägt zur hohen Wertschätzung des Gebiets bei.

Die indisch-bhutanesische Grenze verläuft entlang der Himalaya-Vorberge (Siwaliks). Während das Manas-Gebiet in Indien alluviales Schwemmland ist, das bis in eine Höhe von etwa 150 m reicht, steigt das Gelände in Bhutan innerhalb von 55 km Luftlinie auf 4000 m Höhe und innerhalb weiterer 80 km auf 7000 m Höhe an. Dabei reichen die Siwaliks, die aus tertiären Sedimentgesteinen (Sandstein, Kalkstein, Schiefer) bestehen, gerade bis in 300 m Höhe.

Der steile Höhengradient gliedert die Region nördlich des Manas-Tigerschutzgebietes in viele Klima- und Vegetationszonen, vom tropischen Tieflanddschungel bis zu hochalpinen Lagen. Da hier alle Zonen auf

Wilde Wasserbüffel (Arni) kommen in den Nachmittagsstunden zum Baden an den Manas-Fluß.

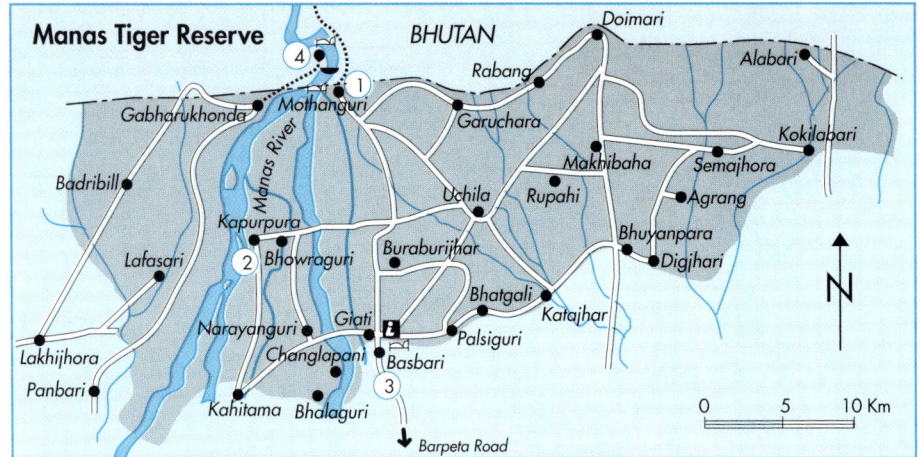

engstem Raum miteinander verbunden sind, zeigen Pflanzen- und Tierwelt eine außergewöhnliche Durchmischung von regional begrenzten Arten.

Manas wurde bereits 1928 zum Schutzgebiet erklärt. Das auf der Karte dargestellte Gebiet von 391 km² zeigt die Begrenzung der Kernzone des Reservats. Das 1973 zum Tigerschutzgebiet erklärte und auf 2837 km² erweiterte Gebiet, setzt sich rund 100 km nach Westen hin bis an den Sankosh-Fluß fort und umfaßt weiter östlich noch zwei kleinere, isolierte Teilgebiete bis zum Dhansiri-Fluß. Diese auf der Karte nicht gezeigten Regionen sind touristisch unerschlossen. Das angrenzende Schutzgebiet in Bhutan ist 443 km² groß und besitzt keine Straßen.

Pflanzen und Tiere

60 % der Fläche bestehen aus Grasland (häufigste Grasarten: Wildes Zuckerrohr *Saccharum narenga* und Silbergras) mit vereinzelten Bäumen (meist Kapokbäume). Das 1 – 2 m hohe Gras wird zwischen November und Januar großflächig abgebrannt. Mit dieser Maßnahme soll verhindert werden, daß Büsche und Bäume die

Savanne erobern. Man sagt, daß das ursprüngliche Grasland weiter im Süden längst in landwirtschaftliche Nutzflächen umgewandelt worden ist und daß das Abbrennen zur Erhaltung dieses Biotops in Manas notwendig sei.

In Richtung Norden geht der Wald von einem trockenen in einen feuchten Laubwald über. Darin sind auch Regenwaldinseln zu finden, insbesondere im Grenzgebiet zu Bhutan und jenseits der Grenze. Wichtige Bäume in der Feuchtregion sind *Aphanamixis polystachya, Bauhinia purpurea, Mallotus philippensis* und Kaddambaum. Im Unterholz finden sich u. a. kleine, wilde Kaffeesträucher (*Coffea benghalensis*) und Büsche aus der Pfeffer-Familie (*Piper diffusum*). Zu den vielen Orchideenarten gehören bodenständig die Schönorchis *Calanthe angusta, Eulophia bicarinata* sowie epiphytisch (d. h. auf Bäumen festgeklammert) *Vanda tesselata* und *Oberonia rufilabris.*

Manas ist mit mehr als 120 Tigern (allein auf der indischen Seite) ein recht tigerreiches Gebiet. Trotzdem ist es schwierig hier einen Tiger bei Tag zu Gesicht zu bekommen. Meistens findet man auch die Überreste ihrer Beute erst, wenn Krähen und Geier sich bereits daran zu schaffen machen. Nach Kaziranga (s. S. 138) und Chitwan (in Nepal) besitzt Manas mit etwa 80 Tieren das drittgrößte Vorkommen an Panzernashörnern (S. 138). Allerdings bestehen nur geringe Chancen, sie hier zu sehen.

Das Zwergwildschwein galt in Assam bereits als ausgestorben, bevor es 1971 in Manas wiederentdeckt wurde. Eine andere Rarität des Gebiets ist das Borstenkaninchen. Weiter oben in den Bergen Bhutans liegt der Lebensraum der seltenen Nebelparder.

Andere Tiere, die in Indien auf der Roten Liste der bedrohten Arten stehen und in Manas noch vorkommen, sind neben Elefant (s. S. 180), Arni und Barasingha (S. 115) auch Bengalkatze, Marmorkatze, Goldkatze, Vorderindisches Schuppentier und Binturong.

Die Goldlanguren in Bhutan wurden von der Wissenschaft erst 1953 entdeckt, nachdem ihre Existenz lange eine geheimnisvolle Legende gewesen war. Ihre Gesamtzahl wird auf höchstens 700–800 Tiere geschätzt, von denen die meisten in Bhutan und nur wenige im indischen Grenzland leben. Im indischen Manas-Gebiet sind die scheuen Schopflanguren häufiger.

Grasland, Wald und Flußlandschaft bieten einen vielseitigen Lebensraum für Vögel, von denen bisher über 300 Arten (einschließlich Zugvögel) identifiziert werden konnten. Darunter befinden sich etliche exotische Raritäten, die Manas für Ornithologen sehr attraktiv machen.

Die Grassavanne bietet ideale Lebensbedingungen für Hühnervögel wie Rotnacken-Laufhühnchen, Bindenlaufhühnchen, Regenwachtel, Zwergwachtel, Halsbandfrankolin und Frankolinwachtel. Auch Drongos sind hier mit 7 Arten, z. B. Haarbuschdrongo, Königsdrongo (S. 98), Flaggendrongo und Spateldrongo, gut vertreten. Andere typische Graslandvögel sind Großschnabelweber, Strichelkopf-Schilfsteiger, Schwarzkehlchen, Cisten-

sänger, Goldkopf-Cistensänger und Streifendrossling. Die Zahl der Barttrappen, deren Balz am Boden, im Sprung und im Flug zwischen Februar und Mai zu beobachten ist, wird mit etwa 80 angegeben.

Auf den steinigen und sandigen Flächen in Flußnähe leben u. a. Weißkopfschmätzer, Triel, Krabbentriel (S. 161), Sandbrachschwalbe und Ibisschnabel (letzterer am Manas-Ufer in Bhutan).

Charakteristische Waldvögel der Region sind Kappenpitta, Grauwangenschnäpper, Gelbbauchhäherling, Papageischnabeltaube, Beo (S. 17), Frühlingspapageichen, Kokil, Rotkopftrogon und Nepaluhu. Unter den 5 Hornvogelarten, die im dunklen Wald meistens nur schwer zu entdecken sind, lassen die Doppelhornvögel (S. 202) sich in der Abenddämmerung regelmäßig blicken, wenn sie ihre hohen Schlafbäume aufsuchen. Einer dieser Schlafbäume liegt gegenüber dem Rasthaus in Bhutan am Ostufer des Manas-Flusses.

Im Gebiet unterwegs

Manas bietet Naturfreunden vielseitige Exkursionsmöglichkeiten. Besonders zu empfehlen sind Ausritte mit Reitelefanten und Bootsausflüge. Pirschfahrten mit dem Auto sind für Tierbeobachtungen meistens nicht besonders ergiebig, da die hohe Vegetation die Sicht versperrt. Einige Straßen können nur mit Allradfahrzeugen befahren werden. In Einzelfällen werden Fußwanderungen in Begleitung eines bewaffneten Wildhüters gestattet (auch in Bhutan). Am Flußufer und in der Umgebung der Rasthäuser kann man sich frei bewegen, um die Natur zu studieren.

Ein besonders Erlebnis ist eine Flußfahrt stromabwärts auf dem **Manas** von **Mothanguri** ① bis **Kapurpura** ②. Die wilde, unberührte Flußlandschaft mit kleinen Stromschnellen und flachen Sandbänken sowie das Panorama der Berge im Norden sind ausgesprochen eindrucksvoll. Man be-

Der Manas-Fluß tritt aus dem dunklen Bergwald von Bhutan in die offene Graslandschaft des Terai nach Indien über.

Die seltenen Goldlanguren leben jenseits des Manas-Flusses in Bhutan.

Die klaren Gewässer sind ein idealer Lebensraum für die Indischen Fischotter.

In den trockenen Wintermonaten wird der Grasdschungel regelmäßig in Brand gesteckt – eine umstrittene Maßnahme.

Zu den botanischen Sehenswürdigkeiten gehören die Orchideen (hier: *Cymbidium hookerianum*).

Der Goldstirnblattvogel sucht in blühenden Bäumen nach Nektar; er ist auch in Gärten anzutreffen.

Totes Holz ist ein trefflicher Nährboden für Baumpilze.

ginnt diese Bootsfahrt gegen Mittag und nimmt sich unterwegs Zeit für einen Zwischenhalt auf einer Sand- oder Kiesinsel im Fluß. Später (die Bootsleute kennen die richtige Zeit) fährt man durch wildreiche Grassavanne, gerade wenn die Wildtiere am späteren Nachmittag an den Fluß streben, um zu grasen und zu trinken. Dann kann man vor allen Dingen damit rechnen, die Arni am Flußufer zu sehen. Kurz vor Sonnenuntergang wird Kapurpura erreicht, wo freundliche Wildhüter, die hier einen Stützpunkt haben, nicht selten zum Tee einladen. Ein vorbestelltes Fahrzeug bringt die Besucher zurück zu ihrem Rasthaus, während die Bootsleute fast 2 Tage benötigen, um ihr Boot wieder flußaufwärts nach Mothanguri zu schaffen.

Für den Grenzübertritt nach **Bhutan** (Fährverbindung) und den Besuch des dortigen Tigerschutzgebietes bedarf es keiner weiteren Formalitäten, egal ob es sich um einen Tagesausflug oder einen mehrtägigen Aufenthalt mit Übernachtung im dortigen Rasthaus ④ handelt. Für Ausflüge können auch in Bhutan Reitelefanten und Boote gemietet werden. Die indische Währung wird akzeptiert. Da sich nur wenige Besucher nach Bhutan übersetzen lassen, fin-

den sensible Naturfreunde hier mehr Ruhe als auf der indischen Seite. In das bergige Hinterland von Bhutan führt von hier nur ein Fußweg (am Ostufer des Manas), auf dem Dorfbewohner ihre Feldfrüchte in Körben auf dem Rücken nach Indien bringen. Im Winter verkaufen sie im Grenzgebiet frische Orangen auch an Touristen.

An Sonn- und Feiertagen ist Manas ein beliebtes Ziel für Tagesausflügler. Manchmal fahren an einem Tag mehr als 100 Reisebusse in das Gebiet und parken am Manas-Ufer westlich von Mothanguri. Tausende von Besuchern verbringen dort einen Picknick-Aufenthalt auf engstem Raum in der Kernzone des Tigerschutzgebietes, was von Naturschützern heftig kritisiert wird. Die schmale Piste zwischen Basbari ③ und Mothanguri ① erlaubt an solchen Tagen praktisch nur Einbahnverkehr (morgens und nachmittags). Die in Staub und Abgase gehüllte Strecke sollte dann möglichst gemieden werden.

Praktische Tips

ACHTUNG: Ausländer benötigen für die Einreise nach Assam eine Sondergenehmigung (siehe Einzelheiten unter Hauptreiseziel 19). Eine weitere Schwierigkeit, Manas zu besuchen, ergab sich in den vergangenen Jahren durch den politisch motivierten Aufstand der Bodos (Bewohner der Umgebung), die das Schutzgebiet zeitweilig unter ihre Kontrolle brachten. Vor einem geplanten Besuch von Manas muß die aktuelle Situation erfragt werden.

Anreise
Barpeta Road liegt 136 km von Gauhati entfernt und kann mit Bahn, öffentlichem Bus oder Mietauto (National Highway 31) erreicht werden. In Barpeta Road befindet sich die Parkverwaltung, die wegen organisatorischer und naturkundlicher Fragen aufgesucht werden sollte. Die meisten Rasthäuser im Park haben kein angeschlossenes Restaurant und Lebensmittel müssen selbst mitgebracht werden (gute Einkaufsmöglichkeiten in Barpeta Road). Die Entfernung von Barpeta Road bis nach Mothanguri beträgt etwa 40 km. Wer nicht schon im Mietauto von Gauhati kommt, kann beim Tourist Office in Barpeta Road ein Fahrzeug (auch Jeep) mieten.

Klima/Reisezeit
Das feucht-tropische Klima mit einer jährlichen Niederschlagsmenge von 3000 – 4000 mm ist nur von November bis März relativ trocken und gut erträglich. Januar ist der kühlste Monat mit Temperaturen zwischen 5 °C und 25 °C. Von April bis Oktober liegen die Temperaturen zwischen minimal 20 - 25 °C und maximal 30 – 36 °C.
Die beste Reisezeit ist November bis Anfang April.

Unterkunft
Folgende Unterkünfte stehen zur Verfügung: Tourist Bungalow in Barpeta Road (25 km vom Parkeingang entfernt), Tourist Bungalow (neu) am Parkeingang in Basbari, Forest Bungalow in Mothanguri, einfaches Hausboot in Kapurapura, Forest Resthouse auf der bhutanesischen Seite.

Ein Seidenreiher, zu erkennen an seinen gelben Füßen, sucht im Flußbett nach Nahrung.

Adressen
⮑ Field Director, Manas Project Tiger, Barpeta Road 781 315, Assam, Tel. 153;
⮑ State Tourist Office, Barpeta Road 781 315, Assam, Tel. 49;
Weitere Adressen in Gauhati siehe unter Kaziranga (s. S. 143).

Blick in die Umgebung

Westlich des Sankosh-Flusses schließt sich in West-Bengalen das **Buxa-Tigerreservat** (745 km²) an. Ein Rasthaus ist in Jayanti vorhanden. Die Entfernung von Barpeta Road bis nach Jayanti beträgt rund 150 km.

19 Kaziranga-Nationalpark

Sumpfige Niederung am Brahmaputra in Assam; weites Grasland mit flachen Seen, Flußarmen und feuchten Waldanteilen; größtes Vorkommen der Panzernashörner; Lebensraum von Tiger, Arni, Barasingha, Elefant, Gaur und Schweinshirsch; artenreiche Vogelwelt mit seltenen Brutvögeln wie Barttrappe, Graupelikan und Sumpffrankolin sowie vielen überwinternden Wasservögeln.

Der Brahmaputra ist ein außergewöhnlich breiter und ungezähmter Fluß von großer Schönheit. Durch die Kraft der riesigen Wassermassen, die er während der Monsunzeit transportiert, gestaltet sich das Flußbett immer wieder neu. Sandbänke und Inseln werden aufgespült oder fortgerissen, so daß keine Landkarte ihre momentane Lage genau wiedergeben kann. Nördlich und südlich des Flusses liegen Regionen mit extrem hohen Niederschlägen von über 5000 mm im Jahr. In der Nähe liegt der regenreichste Punkt der Erde auf dem Shillong-Plateau in Meghalaya mit 10800 mm Regen pro Jahr.

Der Kaziranga-Nationalpark wird von den Fluten des Brahmaputra stark beeinflußt. Alljährlich wird das Gebiet während der Regenzeit überschwemmt und ist in dieser Zeit allenfalls mit Booten zu durchqueren. Die Wildtiere müssen dann vor den Wassermassen fliehen und in höher gelegene Regionen ausweichen. Wenn der Wasserspiegel sehr schnell steigt, kommen einige von ihnen, insbesondere unerfahrene Tiere, durch Ertrinken ums Leben. Leider warten auf die flüchtenden Tiere weitere Gefahren. Sie müssen den National Highway 37 überqueren und werden dabei in

Das wegen seines Horns verfolgte Panzernashorn ist im Kaziranga-Nationalpark dank Schutzmaßnahmen noch zahlreich.

Rostgänse gehören zu den Wintergästen am Brahmaputra und auf den flachen Seen im Grasland.

Verkehrsunfälle verwickelt. Die an einen sumpfigen Untergrund angepaßten Hufe der Hirsche finden auf dem nassen Asphalt der Straße keinen Halt, so daß es manchmal zu verhängnisvollen Stürzen kommt. Durch die dichte Besiedlung und durch eingezäunte Teeplantagen entlang der Straße gibt es nur noch wenige Korridore, die die Wildtiere für ihre jahreszeitlichen Wanderungen benutzen können.

Ziel der Tierwanderungen sind die **Mikir Hills** (auch Karbi Anglong Hills genannt). Es ist den Naturschutzbehörden bisher nicht gelungen, sie in das Kaziranga-Schutzgebiet zu integrieren.

Das Kaziranga-Gebiet hat eine weit zurückreichende Geschichte, in der seit jeher der Schutz der Nashörner im Mittelpunkt stand. Bereits um die Jahrhundertwende waren diese Tiere so stark in ihrer Existenz bedroht, daß Jagderlaubnisse nicht mehr ausgestellt und das Gebiet 1908 als Reserved Forest völlig geschlossen wurde. Erst 1937 wurde es für Besucher wieder geöffnet. 1950 erhielt Kaziranga den Status eines Sanctuary. 1974 wurden 430 km² zum Nationalpark erklärt. Einige der großen Inseln im Brahmaputra sollen dem Nationalpark angegliedert werden.

Pflanzen und Tiere

Kazirangas Vegetationszonen sind Grasland (66 %), Wald (28 %) und Wasserflächen (6 %). Das sogenannte Elefantengras wird bis zu 5 m hoch. Es besteht aus Grasarten wie dem Seidengras *Erianthus ravaneae*, dem Schilfrohr *Phragmites karka* und dem wildem Zuckerrohr *Saccharum procerum*. Einzeln stehende Bäume im Grasland und entlang der Flüsse sind häufig Kapokbäume, Rosenapfelbäu-

me oder *Emblica officinalis*. In den immergrünen Waldinseln wachsen Bäume wie *Aphanamixis polystachya*, der Feigenbaum *Ficus rumphii* und Guttibäume. Auf Lichtungen fallen auch der Bambus *Dendrocalamus hamiltonii* und kletternde Rotangpalmen (Rattan) auf.

Kazirangas Panzernashörner stellen schätzungsweise 70 % des Weltbestandes dar. Es handelt sich um rund 1000 Tiere. Den Wilderern, die es auf das hochbezahlte Horn abgesehen haben, fällt im Jahresdurchschnitt ein Tier pro Woche zum Opfer. Diese Zahl wird durch die Geburtenüberschüsse der Nashörner offenbar

Rattan, eine kletternde Palmenart, ist in den feuchten Laub- und Regenwäldern Süd- und Südostasiens beheimatet.

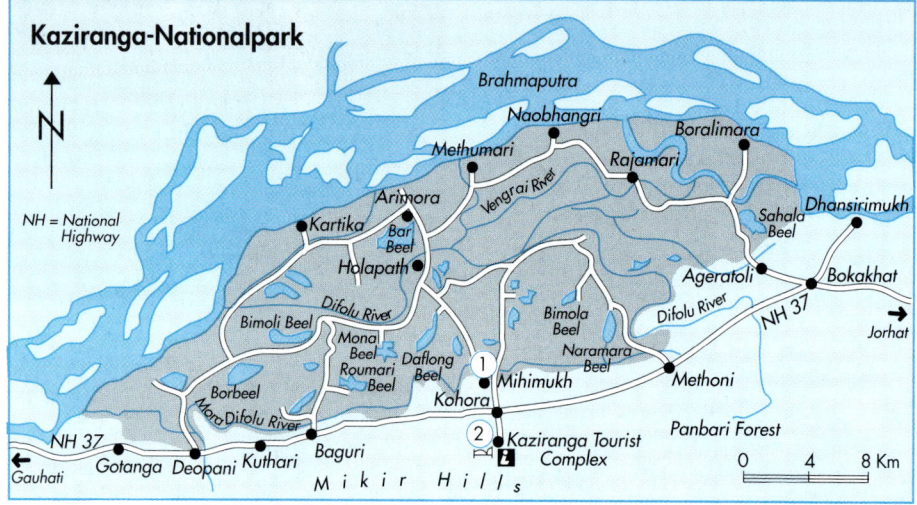

Kaziranga-Nationalpark

N

NH = National Highway

Brahmaputra
Naobhangri
Methumari
Boralimara
Rajamari
Arimora
Kartika
Bar Beel
Holapath
Sahala Beel
Dhansirimukh
Ageratoli
Bokakhat
Difolu River
Bimoli Beel
Mona Beel
Roumari Beel
Daflong Beel
Bimola Beel
Naramara Beel
Difolu River
NH 37
Jorhat
Vengrai River
Borbeel
Mora Difolu River
Kohora
Mihimukh
Methoni
Panbari Forest
NH 37
Gauhati
Gotanga
Deopani
Kuthari
Baguri
① Kaziranga Tourist
② Complex
M i k i r   H i l l s
0   4   8 Km

einigermaßen wieder ausgeglichen. Fast 100 bewaffnete Wildhüter versuchen, die Wilderei in Grenzen zu halten. Da die Elefanten hier nur kleine oder gar keine Stoßzähne besitzen, sind sie vor Elfenbeinjägern sicher. Die Zahl der Elefanten wird mit 600, der Arni (Wildbüffel, S. 131) mit 700, der Barasinghas mit 800 und der Tiger mit 50 angegeben. Wildschweine und Schweinshirsche (S. 77) sind die häufigsten Großsäuger. Weitere Säugetiere sind Muntjak, Indischer Fischotter, Ganges-Delphin, Mungo, Riesenhörnchen, Bengalkatze und Fischkatze (S. 51). Die für Indien typischen Axishirsche kommen nicht vor, da ihre östliche Verbreitungsgrenze im westlichen Assam liegt.

Gaur (s. S. 125), Sambarhirsche (S. 59) und Hulocks leben hauptsächlichen in den waldbedeckten Hängen der Mikir Hills und machen sich nur selten die Mühe, in das tiefgelegene Grasland hinabzusteigen. Drei andere Affenarten in Kaziranga sind Schopflanguren, Bergrhesus und Rhesusaffen (S. 109).

Unter den mehr als 300 nachgewiesenen Vogelarten befinden sich die seltenen Barttrappen. Sie leben u. a. im Grasland bei Mihimukh ①, wo die Reitelefanten täglich

die Panzernashörner aufspüren und gelegentlich auch eine Barttrappe aufscheuchen. Die Panzerplatten der Nashörner werden regelmäßig von Braunmainas auf Parasiten abgesucht. Kuhreiher reiten auf dem Rücken der großen Tiere.

Im Nordosten des Gebiets befindet sich eine Brutkolonie der Graupelikane. Auch Rosapelikane können auf den Seen beobachtet werden. Zu den zahlreichen anderen Vögeln im und am Wasser gehören Malaienstorch, Argala, Silberklaffschnabel, Rostgans, viele Reiherarten sowie Kormoran und Schlangenhalsvogel. Streifengänse sind die auffälligsten Wintergäste. Schwarzstörche halten sich weitgehend verborgen und fallen erst auf, wenn sie in der Dämmerung ihre Schlafbäume (meistens Kapokbäume) im Grasland aufsuchen. Das Sumpffrankolin ist eine ornithologische Rarität, das sich durch seine charakteristischen Rufe verrät. Bachkiebitz, Rotlappenkiebitz und nordische Limikolen, darunter der Graukopfkiebitz, bevölkern die Feuchtwiesen.

Kaziranga ist ein gutes Greifvogelgebiet, das mit Arten wie Bindenseeadler, Graukopf-Seeadler, Kaiseradler, Schelladler, Fischadler, Rohrweihe (Unterart *spilono-*

tus) und Brahminenweih aufwarten kann. In den Waldgebieten können Weißhaubenhäherling, Malabarhornvogel, Scharlachmennigvogel und Streifenbartvogel angetroffen werden, während Muskatfink, Spitzschwanz-Bronzemännchen, Königsdrongo und Schwarzkehlchen im offenen Grasland beheimatet sind. Bartsittiche, die in Schwärmen auftreten, fallen durch ihre rosa Brust auf.

Im Gebiet unterwegs

Kazirangas Panzernashörner lernt man am besten vom Rücken der Reitelefanten kennen, die in **Mihimukh** ① stationiert sind. Während der einstündigen Ausritte am frühen Morgen werden manchmal bis zu 20 Nashörner gesehen. Alle Reitelefanten bleiben dicht in einer Gruppe zusammen. Sie verteilen sich nicht wie in anderen Indischen Parks in verschiedene Richtungen, was für individuelle Beobachtswünsche von Nachteil ist, weil kein Mahout zurückbleiben darf. Außerdem hat man beim Fotografieren der Nashörner häufig andere Reitelefanten mit im Bild. Trotzdem sollte man so oft wie möglich an den Ausritten teilnehmen (in der Hauptsaison im Tourist Complex ② für mehrere Tage im voraus buchen !). Sie gehören zu den unvergeßlichen Impressionen, bei der Wildtiere und Landschaft sich gemeinsam von ihrer schönsten Seite zeigen. Im Winter liegt in der Morgenfrühe regelmäßig dichter Nebel über dem Land. Während man auf Elefantenrücken durch das teilweise sehr hohe, taubenetzte Grasdickicht reitet, löst sich der Nebel in der höhersteigenden Sonne rasch auf und gibt den Blick auf die schneebedeckten Himalaya-Berge frei. Der höchste sichtbare Gipfel gehört dem Kangto (7089 m) in 160 km Entfernung, der direkt auf der Grenzlinie zwischen Indien und China liegt.
Für die großräumige Erkundung des Parks können bei der Forstverwaltung einige

Der Malaienstorch ist in Assam sowohl im Grasland als auch auf Reisfeldern anzutreffen.

Fahrzeuge mit Allradantrieb gemietet werden (Buchung im Tourist Complex). In der trockenen Jahreszeit läßt der Straßenzustand im Gebiet meistens eine Befahrung mit normalen Personenwagen zu (Genehmigung vom Range Officer ist erforderlich). Allerdings werden in der Regenzeit immer wieder einige Brücken von den anschwellenden Wassermassen weggeris-

Die Streifengans muß den Himalaya überqueren, um in ihre indischen Überwinterungsgebiete zu gelangen.

Der Brahmaputra bildet Seitenarme und Inseln, deren Verlauf und Lage sich in der Regenzeit häufig verändern.

sen. Da sie nicht alle gleichzeitig wieder hergerichtet werden können, bleiben gelegentlich einige Strecken gesperrt. In jedem Fall muß ein Wildhüter das Fahrzeug begleiten, um Elefanten und Nashörner notfalls mit Warnschüssen auf Distanz zu halten. Es kommt vor, daß die für ihr schlechtes Sehen bekannten Nashörner ein Auto für einen Nebenbuhler halten. Die Fahrt durch das Gebiet führt durch weite Graslandschaften und üppige Waldinseln, vorbei an Seen (»Beels« genannt), Sümpfen und Flußarmen, um schließlich am sandigen Ufer des Brahmaputra einen Umkehrpunkt zu erreichen. An mehreren Stellen befinden sich Aussichtstürme im Gebiet, von denen das flache Land überblickt werden kann.

Praktische Hinweise

Anreise

Die Anreise von Gauhati (180 km) oder Jorhat (96 km) ist mit Mietauto oder öffentlichen Bussen (bis Kohora) über den National Highway 37 möglich.

Assam ist seit vielen Jahren eine Region mit begrenzter Reisefreiheit (Restricted Area). Ausländer benötigen für den Besuch von Kaziranga eine Sondergenehmigung vom Ministry of Home Affairs in Delhi, die im allgemeinen nur für Gruppen (ab 6 Personen) und einen Zeitraum von 7 Tagen erteilt wird (Ministry of Home Affairs, Section F IV, Lok Nayak Bhawan, Khan Market, New Delhi 110 003).

Adressen
- ⮑ Director, Kaziranga National Park, Boka-khat 785 612, Dist. Jorhat, Assam, Tel. 7;
- ⮑ Forest Range Officer, Kaziran-ga 785 109, Assam, Tel. 28;
- ⮑ Tourist Office, Kaziranga 785 109, Assam, Tel. 23;
- ⮑ Tourist Information Counter, Gauhati Airport, Tel. 82204;
- ⮑ Assam Tourist Information Office, Station Road, Gauhati 781 007, Assam, Tel. 24475;
- ⮑ Sheba Travels, GN Bordoloi Road, Ambari, Gauhati 781 001, Assam, Tel. 22135;

Blick in die Umgebung

Der **Panbari Reserved Forest** ist ein Waldgelände südlich von Kaziranga, wo sich mit etwas Glück und Geduld Hulocks beobachten lassen. Es ist leichter, die Tiere zu hören, als sie im dichten Blattwerk zu sehen. Wer bei der Anreise zum Kaziranga-Nationalpark von Delhi nach Gauhati oder Jorhat fliegt, sollte sich im Flugzeug um einen Fensterplatz auf der in Flugrichtung linken Seite bemühen. Bei gutem Wetter hat man auf dieser Strecke einen traumhaft schönen Blick auf die Bergriesen des Himalayas.

An sonnigen Waldrändern wächst der *Clerodendrum*-Strauch.

Klima/Reisezeit
Die Wintertemperaturen (Oktober bis Februar) liegen zwischen 7 °C und 26 °C. Von April bis September herrschen 22 – 35 °C. Pro Jahr fallen 2400 mm Niederschlag, davon 500 mm zwischen März und Mai (Pre-Monsun) und 1600 mm zwischen Juni bis September (Monsun). Pro Jahr ist an 100 Tagen mit Gewitter (Pre-Monsun- und Monsunzeit) und an bis zu 100 Tagen (Wintermonate) mit Morgennebel zu rechnen. Der Park ist während der regenreichen Monate von Mitte April bis Mitte Oktober geschlossen.

Unterkunft
Tourist Lodge und Forest Lodge im Kaziranga Tourist Complex ②.

20 Sundarbans

Mangrovensumpf mit verzweigten Wasserwegen im Ganges-Delta West-Bengalens; Tigerschutzgebiet mit größter Tigerpopulation in Indien; wenige Säugetiere wie Axishirsche, Wildschweine und Rhesusaffen sind den extremen Verhältnissen angepaßt; Brutkolonien von Wasservögeln sind im August/September besetzt; reiche aquatische Tierwelt.

Die Sundarbans sind ein faszinierendes Flußdelta, das zu den größten zusammenhängenden Mangrovengebieten der Welt zählt. Sie liegen im Mündungsbereich von 3 wasserreichen Flüssen: Ganges, Brahmaputra und Meghna. Die Mündungsarme tragen Namen wie Hooghly, Matla oder Passur, so daß z. B. der Ganges die Bucht von Bengalen nicht unter seinem eigenen Namen erreicht. Das Delta, das sich über 10 000 km² erstreckt, liegt zu 1/3 auf indischem Territorium und zu 2/3 in Bangladesh. 1973 wurden 2585 km² in den indischen Sundarbans zum Tigerschutzgebiet erklärt, davon sind 1330 km² Kernzone und Nationalpark.

Das Stichwort Sundarbans wird oft in einem Atemzug mit menschentötenden Tigern, Flutkatastrophen und Wirbelstürmen genannt. Das Image der Sundarbans ist weitgehend von Furcht und Unbehagen geprägt, so daß Forscher und Touristen den Reichtum und die Schönheit dieser Region bisher kaum entdeckt haben. Ungeachtet dessen werden die Sundarbans von Zigtausenden von Menschen aus der Umgebung aufgesucht, die ihren Lebensunterhalt mit oder ohne Genehmigung der Forstbehörden mit Naturschätzen aus dem Mangrovenwald bestreiten. Zu den begehrtesten Produkten gehören Holz, Gras, Palmwedel, Honig, Fisch sowie andere Fluß- und Meerestiere. Davon landen die edelsten Hummer, Langusten, Garnelen und Krebse auf den Tischen der Feinschmecker in aller Welt.

Pflanzen und Tiere

Mangrovenwälder sind sehr reiche Ökosysteme, in denen vielseitige Lebewesen eine Übergangszone zwischen Salz- und Süßwasserbereich besiedeln. Der rhythmische Wechsel zwischen Ebbe und Flut findet zweimal im Monat einen Höhepunkt, wenn bei Vollmond und Neumond eine Springflut auftritt. Dabei werden große Teile des Waldes überschwemmt. Das Vorkommen der verschiedenen Mangrovenarten mit Stelzwurzeln, Brettwurzeln oder

Umgitterte Wege sollen den Touristen in den Sundarbans sichere Landgänge ermöglichen.

Ein verzweigtes Flußsystem, das zu erholsamen Schiffsfahrten einlädt, durchzieht den riesigen Mangrovenwald.

Luftwurzeln ist an Zonen mit bestimmten Salzgehalten des Wassers gebunden. Dies ist auch die Ursache dafür, daß in den indischen Sundarbans mit höherem Salzgehalt andere Baumarten dominieren als in den Sundarbans von Bangladesh, wo ein stärkerer Süßwasserzufluß vorhanden ist. Die bekanntesten Baumarten sind Goran, Gewa, Dundul, Keora und Kankra. In Bangladesh sind auch Sundribäume und Nipapalmen weit verbreitet. Auf den Baumstämmen gedeihen zahlreiche Epiphyten, z. B. Farne, Orchideen, Misteln, Pilze und Flechten.

Entsprechend der Baumblüte in den Sundarbans sammeln die Wildbienen zwischen April und Juni die größten Honigmengen. Die Honigsammler, die mit Rauchfackeln hantieren, um die Bienen von ihren Waben zu vertreiben, wagen sich in dieser Zeit oft tief in das Mangrovendickicht hinein. Diese Tätigkeit ist

nicht ungefährlich, weil es dabei zu verhängnisvollen Begegnungen mit Tigern kommen kann. Das Tragen von Masken, die nach rückwärts blicken, um einen von hinten angreifenden Tiger zu verunsi-

Auf den Schlammflächen verteidigen die Winkerkrabben ihre Reviere.

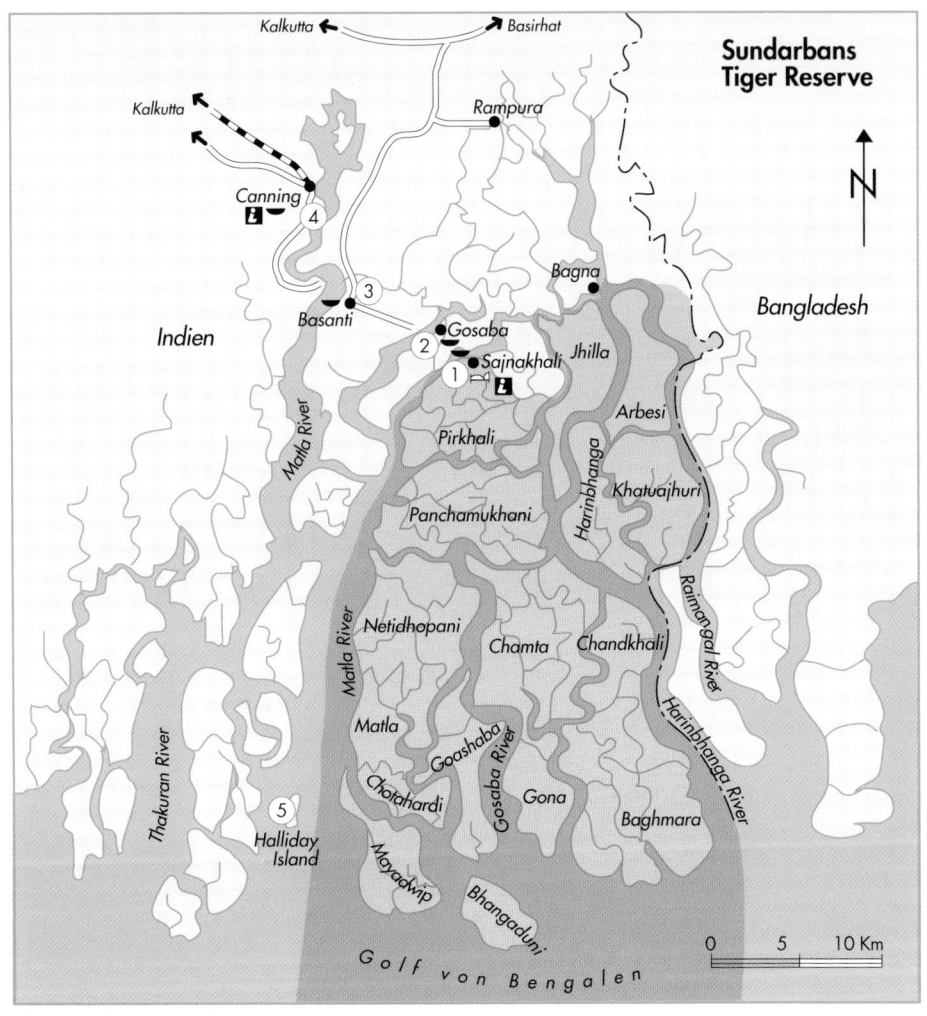

Sundarbans
Tiger Reserve

Kalkutta ← → Basirhat

Kalkutta ←

Rampura

Canning 4

Bagna

Bangladesh

3

Basanti

Indien

2 Gosaba

Sajnakhali

Jhilla

1

Arbesi

Pirkhali

Harimbhanga

Khatuajhuri

Panchamukhani

Matla River

Netidhopani

Chamta

Chandkhali

Raimangal River

Matla River

Matla

Goashaba

Gosaba River

Harimbhanga River

Thakuran River

Chotahardi

Gona

Baghmara

5

Halliday
Island

Moyadvip

Bhangaduni

Golf von Bengalen

0   5   10 Km

chern, ist unter den Einheimischen nicht sehr populär. Die Masken werden oft nur auf Wunsch von Besuchern zur Schau gestellt. Tödliche Zusammenstöße mit Tigern sind in den letzten Jahren zurückgegangen (in Indien noch 10 bis 20 Fälle pro Jahr). Sie finden zum großen Teil in der Grenz- und Konfliktregion zwischen Wildnis und bewohnten Siedlungen statt, wobei der Tiger es in der Regel auf Haustiere abgesehen hat.

Die Tiger der Sundarbans sind die wirklichen Bengalischen Königstiger. Sie sind kleiner und etwas rötlicher im Fell als die übrigen Tiger in Indien. Um ihnen und ihren Beutetieren die Lebensbedingungen im Mangrovensumpf zu erleichtern, haben die Naturschutzbehörden in der Wildnis vielerorts Tränken in Form von kleinen Sammelteichen für Regenwasser angelegt. Die Zahl der Tiger in den indischen Sundarbans wird mit etwa 250 angegeben (exakte Zählungen sind schwierig). Beutetiere der Tiger sind vorwiegend Axishirsche, Wildschweine und Rhesusaffen sowie Bindenwarane und Fische. Die Sundarban-Tiger sind sehr gute Schwimmer und durchqueren regelmäßig die Flußarme. Wer nicht selbst gesehen hat, wo die Tigerspuren ans Wasser führen und wo am gegenüberliegenden Ufer sie wieder an Land gehen, wird ihre Schwimmleistungen kaum für möglich halten.

Die Vogelwelt ist mit rund 260 Arten (davon 98 Wintergäste) vertreten. Während die typischen Waldvögel meistens unsichtbar bleiben, fallen auf den offenen Schlammflächen diverse Reiher, Störche und Limikolen wie Große Brachvögel, Goldregenpfeifer, Rotschenkel und Mongolenregenpfeifer auf. Es kommen 4 Möwen- und 12 Seeschwalbenarten vor. Von den 8 Eisvogelarten sind Halsbandliest, Kappenliest, Braunliest (S. 28) und Braunflügelgurial nicht selten. In den Brutkolonien (z. B. in Sajnakhali ①) finden sich Buntstörche, Silberklaffschnäbel, Löffler, Reiher, Kormorane und Schlangenhalsvögel (S. 200) ein.

Typische Wassertiere, die gelegentlich gesehen werden können, sind Indische Fischotter (S. 134), Schildkröten, Wasserschlangen, Leistenkrokodile (S. 162), Ganges-Delphine und Bindenwarane (S. 159). Im Schlamm wimmelt es von Schlammspringern, farbenfrohen Winkerkrabben und Schnecken.

Im Gebiet unterwegs

Die Sundarbans können nur mit Schiffen erreicht werden. Für Ausflüge in das Innere des Sumpfgebietes sind kleine Boote, die auf schmalen Wasserwegen vordringen können, vorteilhaft. Es muß stets bedacht werden, daß viele der kleinen Wasserarme bei Ebbe trockenfallen und ein Boot womöglich für mehrere Stunden festsitzen kann. Daher ist es sinnvoll, sich vorher nach den Gezeiten zu erkundigen. Im Innern des Mangrovensumpfes fällt eine Orientierung oft schwer, zumal wenn die Sonne nicht scheint. Der verschlungene Verlauf der Flußsysteme mit ihren häufigen Verzweigungen endet gelegentlich in einer Sackgasse und zwingt zu Umkehr oder Richtungsänderungen. Für das abenteuerliche Befahren schmaler Wasserwege ist das Mitführen eines Kompasses nützlich. Wer besonders ängstlich ist, bleibt auf den breiteren Flußarmen.

Private Motorboote liegen am Steg vor dem Rasthaus in **Sajnakhali** ① und warten auf Touristen. Man ist verpflichtet auf Ausflüge einen Wildhüter oder autorisierten Führer mitzunehmen. Eigenmächtige Landgänge im Mangrovendschungel sind nicht gestattet. Nur an wenigen Stellen sind Bootsanleger vorhanden, von denen Besucher über einen befestigten Steg zu einem Aussichtturm gelangen können. Um die Menschen vor möglichen (aber nicht sehr wahrscheinlichen) Tigerangriffen zu schützen, sind Stege und Türme vorsichtshalber mit sehr festen Drahtgittern umgeben.

Auch der Rasthauskomplex in Sajnakhali ist mit einem hohen, festen Drahtgitter umgeben. Um eine Attraktion für Touristen zu schaffen, wird außerhalb der Umzäunung Futter für Wildtiere ausgelegt, das hauptsächlich von Axishirschen und Rhesusaffen angenommen wird. Das kleine Naturkundemuseum in Sajnakhali ist einen Besuch wert. Nicht weit entfernt befinden sich mehrere Gehege, in denen u. a. Leistenkrokodile herangezogen werden.

Trinkwasser ist in den Sundarbans sehr kostbar. Es wird in Sajnakhali in Form von Regenwasser in mehreren Teichen, die sich während der Monsunzeit füllen, gesammelt. Während der heißen Monate von März bis Mai wird es gelegentlich knapp. Zum Waschen steht im Rasthaus nur salzhaltiges Flußwasser zur Verfügung.

Buntstörche bilden zusammen mit anderen Vögeln große Nistkolonien in den Sundarbans.

Praktische Tips

ACHTUNG: Ausländer benötigen eine besondere Genehmigung zum Betreten der Sundarbans. Sie wird in Kalkutta beim Forest Department innerhalb von 1–2 Tagen ausgestellt (meistens kann man sogar darauf warten).

Die Nacktschnecke der Gattung *Onchidium* beweidet nur nachts die Schlammflächen.

Anreise

Die Anreise zu den Sundarbans ist etwas mühsam und wird durch Sprachprobleme erschwert. Folgende zwei Möglichkeiten bieten sich an:

1) Bahnfahrt von Kalkutta nach Canning ④ (54 km, gute Verbindung), von Port Canning (etwa 2 km vom Bahnhof Canning entfernt) verkehren öffentliche Schiffslinien nach Gosaba ② und von dort weitere nach Sajnakhali①.

2) Anreise mit dem Bus von Kalkutta nach Basanti ③. Von dort mit einer öffentlichen Schiffslinie nach Gosaba und mit einer anderen Linie nach Sajnakhali.

Man sollte sehr früh in Kalkutta aufbrechen, um Sajnakhali noch am selben Tag zu erreichen. Falls sich die Umsteigezeiten und das Warten auf die öffentlichen Schiffslinien als zu zeitraubend erweisen, können in Port Canning, Basanti und Gosaba auch kleine, private Motorschiffe für die Fahrt nach Sajnakhali gemietet werden. Das Rasthaus in Sajnakhali muß im Tourist Bureau in Kalkutta vorausgebucht werden.

Stelzwurzeln verankern Mangroven im Morast.

Sundribaum mit typischen Luft- und Brettwurzeln.

Das Tourist Bureau in Kalkutta veranstaltet auch organisierte Fahrten mit einer Barkasse in die Sundarbans, die in der Regel weit im voraus ausgebucht sind. Bei diesen 2-tägigen Fahrten mit einer Übernachtung (Samstag/Sonntag) in Sajnakhali geht die meiste Zeit für die An- und Abreise verloren. Vom Mangrovenwald kann nur ein

sehr flüchtiger Eindruck gewonnen werden. Bei Rücksprache mit dem Veranstalter kann der Aufenthalt unter Umständen auf eigene Faust verlängert werden.

Klima/Reisezeit
Die mittlere jährliche Niederschlagsmenge liegt bei etwa 2000 mm. Von Dezember

Die Früchte des Dundulbaumes erreichen die Größe von Kanonenkugeln.

Der Baumschnüffler, eine ungiftige Trugnatter, bleibt im grünen Blattwerk meist unentdeckt verborgen.

Schlammspringer bewegen sich bei Ebbe mit Hilfe ihrer Flossen auf den Schlammflächen fort.

bis Februar liegen die Temperaturen zwischen 10 °C und 29 °C, von Mai bis Juli zwischen 20 °C und 35 °C.
Die Sundarbans werden häufig von Hochwasser, Flutwellen und Wirbelstürmen heimgesucht. Hochwasser durch Anschwellen der Flüsse treten nur in den regenreichen Monsunmonaten von Juni bis September auf. Flutwellen in Verbindung mit Wirbelstürmen werden im April/Mai und Oktober/November durch hohe Luftdruckgegensätze hervorgerufen. Diese werden durch den extremen Temperaturunterschied erzeugt, der sich zweimal im Jahr zwischen der Himalaya-Kette und der Bucht von Bengalen wegen des Wechsels der Jahreszeit einstellt.
Die Monate Dezember bis Februar sind durch eine weitgehend ausgeglichene, kühle Wetterlage gekennzeichnet und sollten für einen Besuch der Sundarbans bevorzugt genutzt werden. Mit gelegentlichen Schauern muß stets gerechnet werden.

Unterkunft
Rasthaus in Sajnakali oder Übernachtung auf einem Schiff.

Adressen
⮑ Field Director, Sundarbans Tiger Reserve, Canning, Dist. 24 Parganas, West Bengal, Tel. 80;

⮑ West Bengal Tourist Bureau, 3/2, B.B.D.Bag (East), Calcutta 700 001, Tel. 28–8271;
⮑ Secretary, Forest Department, Government of West Bengal, Writer's Building, Calcutta 700 001 (für Besucher: Gebäuderückseite, Aufgang G, 5. Stock).

Blick in die Umgebung

Westlich des Sundarban-Tigerschutzgebietes stehen **Halliday Island** ⑤ und **Lotian Island** (beide unbewohnt) unter Naturschutz. Information: Divisional Forest Officer, 35 Gopalnagar Road, Calcutta 700 027, Tel. 45–1037.
Jenseits der Grenze setzen sich die Sundarbans in **Bangladesh** noch etwa 85 km nach Osten hin fort. Aufgrund des geringeren Salzgehaltes steht der Mangrovenwald dort wesentlich höher und erhält durch andere Baumarten einen eigenen Charakter.
In den Sundarbans von Bangladesh sind 1977 drei Teilgebiete zu Naturschutzgebieten erklärt worden: **Kotka** (91 km^2), **Nilkamal** (179 km^2) und **Mandarbaria** (54 km^2). In den übrigen Zonen wird ein selektiver Holzeinschlag in einem 20-jährigen Zyklus betrieben, der bisher streng kontrolliert verläuft. Behauptungen der Presse, daß die Sundarbans in Bangladesh weitgehend abgeholzt sind, treffen glücklicherweise nicht zu.
Es stehen zwei Rasthäuser zur Verfügung (Hironpoint und Kotka). Bei Rundreisen zu Wasser empfiehlt sich die Übernachtung auf dem Schiff (meistens sehr einfach). Genehmigungen für den Besuch der Sundarbans in Bangladesh müssen in Khulna beim Divisional Forest Office beantragt werden. Ausgangspunkt für Schiffstouren ist Mongla (38 km südlich von Khulna). Veranstalter von Gruppen- und Einzelreisen in die Sundarbans ist: The Guide, Tour Operator, 47, New Eskaton Road, GPO Box 3358, Dhaka, Bangladesh, Tel. 400511.

21 Simlipal

Ausgedehntes Tigerschutzgebiet im Nordosten von Orissa; hügelige Landschaft mit dichtem Laubwald und eindrucksvollen Wasserfällen; Elefanten, Tiger, Hirsche, Wildschweine; Heimat der Beos; artenreiche Pflanzenwelt mit vielen Orchideen.

Das Simlipal-Tigerschutzgebiet erstreckt sich über 2750 km^2, von denen 846 km^2 Kernzone und Nationalpark sind. In diesem sehr großen Areal befinden sich etliche Dörfer und viele Felder der Adivasi (Ureinwohner der Stämme Santhal, Khadias, Munda und Kolho), deren aus Naturschutzgründen gewünschte Umsiedlung enorme Probleme bereiten würde. Ehemals waren die Wälder das Jagdgebiet des Maharadschas von Baripada. Es wird erzählt, daß dieser bei einer Jagd seinen Bruder erschoß, weil er ihn mit einem Bären verwechselte. Einmal im Jahr (im April) wurde den Einheimischen erlaubt, eine große Jagd (»Akhand Shikar«) mit Pfeil und Bogen zu veranstalten, um Fleisch für ein religiöses Fest zu beschaffen. Noch heute ist es schwer, diese fortlebende Tradition im Zeitalter von Nationalparks und Tigerschutz zu unterbinden.
In den siebziger Jahren war Simlipal berühmt für die in Gefangenschaft aufgewachsene Tigerin Khairi. Ihre Auswilderung gelang nicht, obwohl sie oft in den Wald geführt wurde und eine Attraktion für Touristen war.
Simlipal liegt zwischen 300 m und 1165 m hoch. Die höchste Erhebung ist der Meghasani ③. Der geologische Komplex, der wie eine aufgewölbte Insel aus der Ebene ragt, besteht weitgehend aus metamorphen Tiefengesteinen. Messungen der natürlichen Strahlung an Magnetit ergaben ein Alter von 1,2 Milliarden Jahren. Außer Granit, Gneis und Serpentin kommen auch Sedimentgesteine und Basalte vor. Die rote Erde ist laterit- und lehmhaltig.

Pflanzen und Tiere

Im Laubwald herrschen Salbäume vor, die einmal im Jahr (März) ihr Laub abwerfen. Es wachsen jedoch auch immergrüne Bäume (Jackfruchtbaum, Mangobaum, Eisenholzbaum, Champakabaum u. a.) im Gebiet, so daß der Waldtyp nicht einheitlich bezeichnet werden kann. Er besteht zum größeren Teil aus trockenem und feuchtem Laubwald (»mixed deciduous forest«), beinhaltet teilweise auch Laubwald mit Regenwaldanteilen (»semi-evergreen forest«). Oberhalb 900 m breitet sich, hauptsächlich im höher gelegenen Süden des Gebiets, Grasland aus.
Im Schatten des Waldes trifft man auf verschiedene Arten von Bambus, Farnen, Moosen, Pilzen, Flechten, Schmarotzerpflanzen und Orchideen. Der »fleischfressende« Sonnentau *Drosera burmanni*, der an seinen mit Klebstofftröpfchen besetzten, haarigen Blättern zu erkennen ist, wächst auf feuchtem Sandboden an sonnigen Standorten. Unter den Wildkräutern zeichnen sich einige durch medizinische Wirkstoffe oder als Gewürze aus (z. B. das Bartgras *Themeda gigantea*, Mohrenhirse, wildes Zuckerrohr der Art *Saccharum spontaneum*).
Von den 120 Orchideenarten, die in Orissa vorkommen, sind bereits 66 in Simlipal gefunden worden. Darunter sind einerseits Arten, die sich an Bäumen festgeklammern wie *Acampe ochracea, Dendrobium nobi-*

Simlipal ist reich an Orchideen, deren Blütezeit in die feucht-heiße Jahreszeit fällt (hier: *Vanda marledulera*).

le und *Flickingeria macrei* sowie anderseits am Boden wachsende Arten wie *Habenaria crassifolia* und die Einblattorchis *Malaxis rheedii*. Die meisten Orchideen blühen im Mai/Juni.

Die Zahl der Elefanten in Simlipal liegt bei 400–500 Tieren. Die Tigerpopulation wird auf 80 Tiere geschätzt. In der gleichen Größenordnung liegt die Zahl der Leoparden. Die häufigsten Hirsche sind Sambars, danach folgen Muntjaks (S. 175), Axishirsche und Fleckenkantschils. Weitere Säugetiere sind Wildschwein, Gaur (s. S. 125), Vierhornantilope, Dekkan-Rothund (S. 175), Lippenbär, Hanuman-Langur, Rhesusaffe (S. 109), Königsriesenhörnchen (S. 187), Mungo und Halsstreifen-Manguste. Zu den nachtaktiven Tieren gehören Fleckenmusang, Stachelschwein und Vorderindisches Schuppentier. Pfau, Bankivahuhn, Perlspornhuhn, Schwarznackenpirol, Flaggendrongo und Goldbrustbülbül sind Charaktervögel des Waldes. Als ornithologische Raritäten gelten Arten wie Malabartrogon, Braunsichler, Wanderfalke, Dreifarbenweih und Malabarhornvogel. Die Beos (S. 17) sind bekannt dafür, daß ihnen in Gefangenschaft das Sprechen beigebracht werden kann. Sie streifen außerhalb der Brutzeit in kleinen Trupps im Land umher und treffen ab Mitte Dezember wieder in Simlipal ein, wo sie im März/April brüten.

Die Insektenwelt Simlipals ist bisher nahezu unerforscht. Auch im Winter fliegen große Schmetterlinge (z. B. der Augenfalter *Elymnias hypermnestra* oder der Fleckenfalter *Hypolimnas bolina*) umher. Die Hauptsaison für Insekten ist jedoch die Regenzeit.

Der Fleckenmusang aus der Familie der Schleichkatzen ist nur nachts aktiv.

◄ Geöffnete Fruchtkapseln eines wilden Ingwergewächses (*Zingiber chrysanthum*) leuchten am Waldboden.

Der Joranda-Wasserfall fällt 150 m tief in eine unzugängliche Schlucht. ►

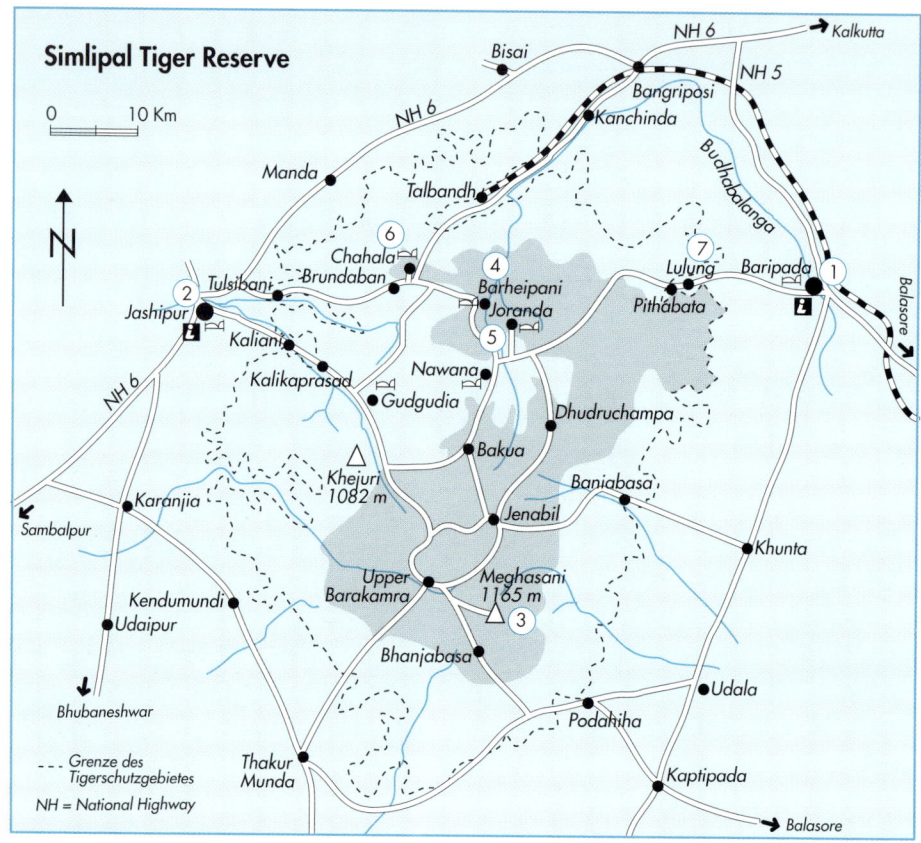

Simlipal Tiger Reserve

0   10 Km

N

In unzugänglichen Felsen (z. B. an den
Steilhängen in der Nähe der Wasserfälle)
legen Wildbienen große Honigwaben an.
Die Ureinwohner haben die Genehmigung, diesen Honig zu sammeln und liefern pro Jahr bis zu 16 000 kg ab.
In den Wäldern des Mayurbhanj-Distrikts,
in dem auch Simlipal liegt, sind Seiden-
spinner beheimatet. Diese wilden Arten,
die als Tussahseidenspinner bekannt sind,
ernähren sich nicht wie die Zuchtraupen
von Maulbeerblättern, sondern von den
Blättern der Sal-, Asana- und Arjuna-
Bäume. Unter den Tussahseidenspinnern
ist die Rasse »Goda modal« (endemisch
in Simlipal) selten geworden, weil sie
für die Herstellung von Wildseide zunehmend in Gefangenschaft gerät.

Im Gebiet unterwegs

Der Park kann nur mit robusten, kräftigen
Fahrzeugen, vorzugsweise Geländefahrzeugen, befahren werden. Auf Nebenstrecken sind einige Hänge so steil, daß
schwache Jeeps ohne Allradantrieb teilweise Probleme haben, die Steigungen zu
bewältigen. Die Hauptstrecken zu den
Wasserfällen sind dagegen nach Beseiti-
gung der Schäden aus der Regenzeit einigermaßen gut befahrbar.
Nur der nördliche Teil des Nationalparks
ist für Touristen (mit Genehmigung aus
Jashipur oder Baripada) geöffnet. Bei
Barheipani ④ gehört der Wasserfall, der in
zwei Stufen über 399 m in die Tiefe fällt,
zu den vielbesuchten Sehenswürdigkei-

ten. Auch sehr eindrucksvoll ist der 150 m hohe Wasserfall bei Joranda ⑤, der in eine tief eingeschnittene Schlucht stürzt. In der Umgebung der Wasserfälle kann man sein Fahrzeug verlassen und einige Schritte zu Fuß gehen. Dabei lassen sich neben der Bewunderung der Wasserfälle natürlich Vögel beobachten und Pflanzen näher betrachten.

Auf den Fahrten durch den dichten Wald bleiben Wildtiere meistens im Verborgenen. Tierfreunde und Tierfotografen kommen in Simlipal kaum auf ihre Kosten. Wer in Chahala ⑥ übernachtet, sollte am späten Nachmittag und am frühen Morgen unbedingt den gemauerten Unterstand benutzen, aus dem sich vor dem Wald eine Fläche mit Salzlecke und Tränke überblicken läßt. Hier finden sich regelmäßig Elefanten, Axishirsche, Muntjaks und Wildschweine ein. In seltenen Fällen sind dort auch Tiger und Leoparden beobachtet worden. In Chahala, aber auch bei den meisten anderen Rasthäusern sollen tiefe, breite Gräben verhindern, daß wilde Elefanten die Gebäude erreichen und beschädigen.

Simlipal beeindruckt die Besucher vor allen Dingen durch seine dunklen Wälder, in denen die Vegetation mit tropischer Üppigkeit gedeiht. Dieser Anblick ist besonders erquicklich, wenn man nach langer Anfahrt durch endlos erscheinende, baumlose Ebenen mit Reisfeldern endlich die Wildnis erreicht hat.

Praktische Tips

Anreise

Das Simlipal-Tigerschutzgebiet liegt (Luftlinie 200 km) von Bhubaneshwar, Ranchi und Kalkutta gleich weit entfernt (bis zu 270 Straßenkilometer).

Die Anreise kann mit Bahn, Bus oder Mietwagen erfolgen. Das Gebiet hat zwei offizielle Eingänge, einen westlichen (bei Jashipur ②) und einen östlichen (bei Baripada ①). In Jashipur und Baripada können

Geländefahrzeuge für Rundfahrten im Park gemietet werden.

Klima/Reisezeit

Jährlich fallen etwa 1500 – 2000 mm Regen, der dem Südwest-Monsun (Juni bis Oktober) zuzurechnen ist. Das Klima im Winter ist auf dem Plateau (z. B. Nawana in 850 m Höhe) nachts recht frisch (4 °C) und tagsüber sehr angenehm (20 °C). Dagegen liegen die Wintertemperaturen in Jashipur zwischen 9 °C und 33 °C. In der heißen Jahreszeit (April bis Juni) bleiben die Temperaturen auf dem Plateau zwischen 23 °C und 32 °C. In Jashipur werden demgegenüber 25 – 42 °C gemessen. In den heißen Monaten entwickelt sich im feuchten Wald ein schweißtreibendes Gewächshausklima.

Die beste Reisezeit ist von Dezember bis Juni. Während der Regenzeit weichen die unbefestigten Straßen im Park auf und sind unbefahrbar. Nach Ende der Regenfälle können nicht sofort alle Strecken ausgebessert werden. Zuerst wird die Zufahrt zu den touristisch attraktiven Wasserfällen hergerichtet. Nach offiziellen Angaben bleibt der Park vom 15.Juni bis 15.Oktober geschlossen.

Unterkunft

Es gibt mehrere Rasthäuser im Park (Lebensmittel müssen mitgebracht werden), deren Kapazität jedoch relativ gering ist. Den schönsten Ausblick bietet das Rasthaus am Barheipani-Wasserfall. Das Angebot an Unterkünften in Jashipur ist sehr begrenzt. Lediglich Baripada verfügt durch mehrere kleine Hotels und den außerhalb gelegenen Tourist Bungalow (Lulung) über eine etwas größere Auswahl an Unterkünften.

Simlipal ist kaum eine Tagesreise von Kalkutta entfernt und gilt unter den Großstädtern als beliebtes Erholungsgebiet. An Feiertagen und Wochenenden sind die Unterkünfte weitgehend ausgebucht.

Reisfelder, die bis an den Waldrand reichen, führen nicht selten zu Konflikten zwischen Wildtieren und Bauern.

Adressen

➪ Field Director, Simlipal Project Tiger,
  Baripada 757 002, Orissa,
  Tel. 2593, 2773;
➪ Assistant Conservator of Forests,
  Simlipal Project Tiger, Jashipur, Dist.
  Mayur-bhanj, Orissa, Tel. 24;
➪ Tourist Office, Government of
  Orissa, Jayadev Marg, Bhubanesh-
  war 751 002, Orissa, Tel. 50099;
➪ Tourist Office, Government of
  Orissa, Baripada 757 002, Orissa,
  Tel. 2710.

Blick in die Umgebung

In **Ramatirtha** (etwas außerhalb von Ja-
shipur) kann auf dem Gelände des Forest
Department eine Sumpfkrokodil-Auf-
zuchtstation besucht werden.
Nördlich von Simlipal beginnt der Eisen-
erzgürtel, in dem Eisenerze für das große
Hüttenwerk in Rourkela abgebaut werden.
In Orissa lagern über 30 % der indischen
Eisenerzvorräte sowie große Mengen an
Mangan-, Nickel- und Chromerzen. Bei
Jashipur und weiter südlich fallen Tage-
baue von Kaolin (China Clay) auf.
Etwa 200 km südlich von Simlipal liegt das
unter Naturschutz stehende Mangroven-
gebiet **Bhitar Kanika** (Hauptreiseziel 22).

Der Barheipani-Wasserfall ist zweistufig.

22 Bhitar Kanika

Abgelegenes Mangrovengebiet im Mündungsbereich des Bramhani-Flusses in Orissa; ähnliche Flora und Fauna wie die Sundarbans (Ganges-Delta), jedoch keine Tiger; viele Reptilien wie Leistenkrokodile, Bindenwarane und Königskobras; an den Strand von Gahirmatha kommen in den Wintermonaten Hunderttausende von Bastardschildkröten zur nächtlichen Eiablage.

Bhitar Kanika ist aus dem ehemaligen Jagdgebiet des Maharadschas von Rajkanika hervorgegangen, das sich auf der gleichnamigen Flußinsel befand. Ein verfallener Turm, der als Jagdansitz diente und mehrere künstlich gegrabene Süßwasserteiche zeugen von dieser Vergangenheit. Da der Maharadscha auf einem historischen Foto mit erlegtem Tiger zu sehen ist, wird angenommen, daß Bhitar Kanika früher eine Tigerpopulation besaß, die heute ausgestorben ist. Weil die Vegetation in Bhitar Kanika von der in den Sundarbans nicht zu unterscheiden ist, könnte das alte Foto allerdings auch dort aufgenommen worden sein.

1975 wurde das Bhitar Kanika Sanctuary (650 km^2) begründet. Die Landesregierung von Orissa hat kürzlich beschlossen, einen Nationalpark daraus zu machen.

Nur ein Teil von Bhitar Kanika besteht aus Mangrovenwald. Andere Teile des Gebiets sind eingedeicht und werden mit Reis bebaut (»Paddy Fields«). Die Menschen in den abgelegenen Ortschaften benutzen zum Transport ihrer Güter meistens noch flache Lastkähne (»Dongas«), die mit Hilfe

Traditionelle Segelkähne (Dongas) transportieren im Bramhani-Delta die Frachten zwischen den Dörfern.

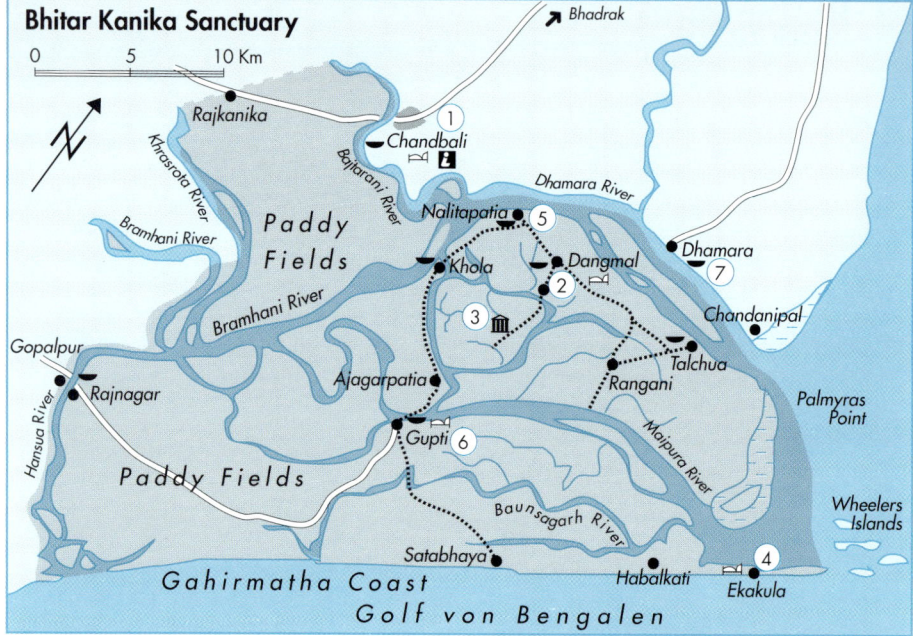

Bhitar Kanika Sanctuary

0   5   10 Km

Bhadrak

Rajkanika

Chandbali ①

Khasrota River

Baitarani River

Bramhani River

Dhamara River

Paddy Fields

Nolitapatia ⑤

Khola

Dangmal ②

Dhamara ⑦

Bramhani River

③

Chandanipal

Gopalpur

Hansua River

Rajnagar

Ajagarpatia

Talchua

Rangani

Palmyras Point

Gupti ⑥

Paddy Fields

Baunsagarh River

Majpura River

Wheelers Islands

Satabhaya

Habalkati

Ekakula ④

Gahirmatha Coast

Golf von Bengalen

großer Segel und langer Stak-Stangen vorwärtskommen.

Das Schutzgebiet erstreckt sich bis zum ausgedehnten Gahirmatha-Strand (35 km lang), der bis zu 30 m hoch ist und zum Meer steil abfällt. In jedem Jahr verlagern sich hier aufgrund starker Meeresströmungen große Sandmassen, die östlich des Strandes zur Bildung neuer Inseln führen (Wheelers Islands).

Pflanzen und Tiere

Die Mangrovenart *Avicennia alba* ist eine Pionierpflanze, die auf neu entstandenen Schlammflächen im Küstenbereich als erste Fuß faßt. Danach folgen andere Mangrovenarten wie *Avicennia officinalis* und *Rhizophora mucronata*. Weiter im Inland wachsen bei geringerem Salzgehalt u. a. Sundribäume (S. 149), *Excoecaria aquallocha* und Thespesiabäume.

Die Sanddünen entlang des Strandes wurden vom Forest Department mit Kasu-

arinen (Nadelbaum aus Australien) bepflanzt, nachdem ein Wirbelsturm (1981) die natürliche Vegetation niedergerissen hatte. Davor wachsen im Sand verschiedene Süßgräser (z. B. *Spinifex squarrosa*), Zypergras, Indigokraut und die am Boden kriechende Ziegenfußwinde.

Die größeren Säugetiere der Region sind Axishirsche, Wildschweine und Rhesusaffen. Sie kommen zur Nahrungsaufnahme gern auf die Grasflächen zwischen Wasser und Wald, die sich auf flachen Ufern ausgebildet haben.

Von Mai bis Dezember halten sich viele Silberklaffschnäbel im Gebiet auf, von denen mehrere tausend Paare eine Brutkolonie bilden. Weißbauch-Seeadler brüten mit 7–8 Paaren in Bhitar Kanika. Andere, zahlreich vertretene Greifvögel sind Schlangenadler, Fischadler, Wespenbussard, Schikra, Brahminenweih (S. 194), Schlangenweihe (S. 80) und Schwarzmilan (S. 31). Der Halsbandliest ist die auffälligste Eisvogelart. Auf der Insel Bhitar Kanika sind Bankivahühner häufig.

Zu den zoologischen Höhepunkten zählen in Bhitar Kanika die Leistenkrokodile, die sich hier ausgezeichnet beobachten und vom Boot aus fotografieren lassen. Sie nehmen im Winter nach kühlen Nächten in den Vormittagsstunden gern Sonnenbäder.

Ein Auswilderungsprojekt konnte den wildlebenden Bestand, der hier auf unter 30 ausgewachsene Krokodile zusammengeschrumpft war, erfolgreich rehabilitieren. In den Gehegen in Dangmal ② werden Jungkrokodile großgezogen, bis sie mit einer Körperlänge von 1 m in die Wildnis entlassen werden. Von Projektbeginn (1975) bis 1990 wurden 1000 junge Leistenkrokodile ausgewildert. Leider hat es in den vergangenen Jahren vereinzelte Zwischenfälle gegeben, bei denen Frauen der benachbarten Ortschaften beim Waschen im Fluß von Leistenkrokodilen ins Wasser gezerrt und getötet wurden.

Zu Wasser und zu Land ist der Mangrovenwald von Bindenwaranen besiedelt. Diese Tiere sind (nach den Komodo-Waranen in Indonesien) die weltweit zweitgrößten Vertreter der Echsenfamilie (Körperlänge bis fast 3 m). Bhitar Kanika ist außerdem sehr schlangenreich. Die im grünen Blattwerk ausgezeichnet getarnten Baum-

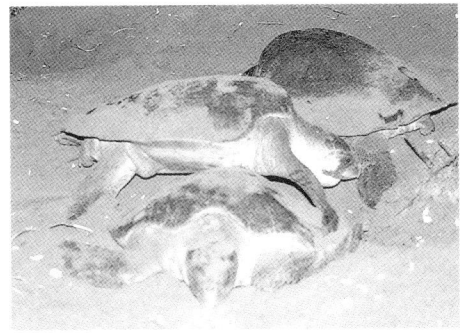

Zwischen Dezember und Februar kommen die Bastardschildkröten nachts zur Eiablage an den Strand von Gahirmatha.

schlangen (z. B. Baumschnüffler, S. 149) hängen oft im Geäst der Mangroven dicht über dem Wasser. An seichten Ufern der Flüsse fallen auf Bootsfahrten springende Meeräschenschwärme auf.

Erst seit Mitte der siebziger Jahre ist bekannt, daß Bastardschildkröten zur Masseneiablage (bezeichnet als »Arribada«) an den Strand von Gahirmatha kommen. Dieses Ereignis findet meistens in 2–3 Phasen zwischen Dezember und April statt. Während der Arribada sammelt ein Forscherteam wichtige Daten über die Brutbiologie der Schildkröten. Leider fällt das Auftauchen der Schildkröten vor der Küste

Der Bindenwaran, der überall in den Mangrovengebieten Asiens anzutreffen ist, kann bis zu 3 m lang werden.

Auf der Insel Bhitar Kanika kommt dieser farbenprächtige Falter aus der Familie Syntomididae vor.

Der Koel, eine häufige Kuckucksart, legt seine Eier bevorzugt in die Nester von Glanz- und Dickschnabelkrähen.

Entlang des Gahirmatha-Strandes wächst ein stacheliger Grasgürtel aus *Spinifex squarrosa*.

mit der Hauptsaison des Fischfangs zusammen. Etliche Schildkröten geraten in die Netze der Fischer und ertrinken. Obwohl der Fischfang aus diesem Grund in einem 5 km breiten Streifen vor dem Strand verboten wurde, fehlt den Naturschützern zur Zeit ein Schiff, mit dem die Küstenregion kontrolliert werden könnte. Die Schiffe der Küstenwache sind für diese Wassertiefen zu groß. Als Folge von unkontrollierten Aktivitäten der Fischer werden viele tote Schildkröten an den Strand geschwemmt. Sie bilden eine willkommene Nahrungsquelle für Goldschakale, Streifenhyänen, Wildschweine und andere Aasfresser wie Bengalengeier (S. 64), Schmutzgeier (S. 75) und Glanzkrähen.

Im Gebiet unterwegs

In **Dangmal** ② neben der Leistenkrokodil-Aufzuchtstation befindet sich eine kleine naturkundliche Ausstellung, in der die wichtigsten Tiere der Region auf Schautafeln vorgestellt werden.

Das Mangrovengebiet läßt sich am besten mit kleinen Schiffen oder Booten befahren. Boote ohne Motor haben zwar eine kleinere Reichweite, sind für Naturentdeckungen im Nahbereich jedoch wesentlich effektiver. Darüber hinaus muß kein lästiges Motorengeräusch in Kauf genommen werden. Da es in Bhitar Kanika keine Tiger gibt, sind Landgänge prinzipiell möglich. Dabei besteht die Schwierigkeit, die Schlammzone am Ufer zu überwinden, was insbesondere bei Ebbe ein großes Problem sein kann. Landungsstege sind rar. Leistenkrokodile flüchten bei Annäherung ins Wasser, und nur dort sind sie gefährlich.

Für Streifzüge zu Fuß eignet sich besonders die **Insel Bhitar Kanika** ③. Hier kann man einen ganzen Tag mit Vogelbeobachtungen sowie botanischen oder entomologischen Studien verbringen. In den zauberhaft im dunklen Wald gelegenen

Süßwasserteichen sollte man allerdings nicht baden. Es sind beliebte Aufenthaltsorte für junge Leistenkrokodile und große Bindenwarane. Im Unterholz des Waldes sind Königskobras häufig. Sie gelten jedoch als wenig angriffslustig und ergreifen schon bei geringsten Störungen die Flucht. Über die Insel führt ein breiter Fußweg vom Anlegesteg (gegenüber Dangmal), vorbei an einem kleinen Tempel (8.Jh.) und dem verfallenen Jagdansitz aus Maharadschas Zeiten und endet an einem Wasserarm. In dieser Region befinden sich zwei Aussichttürme aus Holz, von denen man über die Baumkronen hinwegblicken kann. Sie wurden zur Beobachtung von Vogelkolonien errichtet, in denen Störche (hauptsächlich Silberklaffschnäbel), Reiher, Ibisse, Löffler, Kormorane und Schlangenhalsvögel in den regenreichen Monaten Juli/August ihre Nester beziehen. Die Kolonien sind jedoch nicht immer ortsfest, so daß die Besteigung der Aussichtstürme in manchen Jahren nicht zu den erwünschten Beobachtungen führt.

Das Rasthaus in **Dangmal** liegt auf einer freien Fläche mit Anpflanzungen von Kokospalmen und Kasuarinenbäumen, die von Mangrovenwald flankiert wird. Nachts treten viele Wildtiere aus dem Wald und können mit einer Taschenlampe leicht vom Rasthaus aus beobachtet werden. Zu den nachtaktiven Tieren zählen Axishirsche, Kleine Zibetkatzen, Stachelschweine, Mäuse, Nachtschwalben, Kröten, Landkrabben und gelegentlich sogar eine scheue Fischkatze.

Von **Gupti** ⑥ gelangt man auf der Straße nach Süden nach etwa 3 km zu einem Feuchtgebiet, in dem viele nordische Vögel, darunter Streifengänse, überwintern. In **Dhamara** ⑦ befindet sich ein Fischereihafen. Dort kann der Reichtum der Meeresfauna bei Anlandung der Fänge von den Fischerbooten bewundert werden.

Um den **Gahirmatha-Strand** zu erreichen, sollte man bei **Ekakula** ④ an Land gehen. Da hier kein Landungssteg vorhanden ist,

Der Krabbentriel jagt am Strand nach Krabben und anderem Meeresgetier.

muß der höchste Wasserstand genutzt werden. Bei Niedrigwasser liegen große Schlammflächen frei, die zu weich sind, um sie zu Fuß überqueren zu können. Für die Strecke von Dangmal nach Ekakula benötigt man 5 Stunden Fahrzeit.

Praktische Tips

Anreise
Ausgangspunkt für den Besuch von Bhitar Kanika ist Chandbali ①. Chandbali liegt 160 km von Bhubaneshwar entfernt. Die Anreise von Bhubaneshwar mit öffentlichen Verkehrsmitteln kann mit Bahn oder Bus bis Bhadrak und von dort mit Bus bis Chandbali erfolgen. Für die Fahrt im Mietauto von Bhubaneshwar nach Chandbali müssen 4 Stunden veranschlagt werden. Zwischen Kalkutta und Chandbali verkehrt täglich ein direkter Bus (370 km, Fahrzeit etwa 14 Stunden).

Von Chandbali besteht eine Fährverbindung nach Nalitapatia (1,5 Stunden). Von Nalitapatia bis nach Dangmal ② sind es 6 km, die zu Fuß oder mit einer Fahrradriksha bewältigt werden müssen, um das Rasthaus zu erreichen. Dort können Boote

Leistenkrokodile lassen sich besonders im Winter gut beobachten, wenn sie bei Ebbe Sonnenbäder am Ufer nehmen.

(ohne Motor) mit Bootsleuten vom Forest Department gemietet werden, die sich für kleine Ausflüge sehr bewährt haben. Falls verfügbar, kann das Rasthaus in Dangmal von Chandbali auch mit einem privaten oder einem Motorboot des Forest Department direkt angelaufen werden (Fahrzeit 3 Stunden). Wenn ein Motorboot für Rundfahrten im Gebiet über mehrere Tage genutzt werden soll, muß in Chandbali an die Mitnahme ausreichender Treibstoffmengen gedacht werden.

Klima/Reisezeit

Die Wintertemperaturen liegen zwischen 13 °C und 33 °C. Von März bis Mai werden 20–43 °C gemessen. Während des Südwest-Monsuns (Juni bis September) herrschen Temperaturen zwischen 20 °C und 37 °C. Erst ab November tritt eine merkliche Abkühlung ein. Die jährliche Niederschlagsmenge liegt bei 1600 mm. Die relative Luftfeuchtigkeit beträgt von Dezember bis Mai im Mittel 60–87 %, von Juni bis November 75–92 %.
Die angenehmste Reisezeit liegt zwischen November und Februar.

Unterkunft

Einfache Rasthäuser in Dangmal, Ekakula und Gupti (alle ohne Strom). Lebensmittel müssen mitgebracht werden (gute Einkaufsmöglichkeiten in Chandbali). Da die Kapazität dieser Rasthäuser sehr gering ist, treten besonders an Wochenenden und Feiertagen Engpässe auf. Buchungen der Rasthäuser und Erledigung der Formalitäten zum Besuch des Sanctuary müssen in Chandbali im Forest Office vorgenommen werden.
Das einzige Rasthaus in Chandbali ist ein P.W.D. Inspection Bungalow, dessen Vergabe an Privatpersonen etwas problematisch ist.

Adressen

⮑ Divisional Forest Officer, Forest Office, Chandbali 756 133, Dist. Balasore, Orissa, Tel. 40;
⮑ Assistant Conservator of Forests, Forest Office, Chandbali 756 133, Dist. Balasore, Orissa;
⮑ Silver Sands Travel Agency, Shastrinagar, P.O. Chandbali 756 133, Dist. Balasore, Orissa, Tel. 224.

23 Chilika-See

Große, flache Lagune mit vielen Inseln an der Küste von Orissa; wichtiges Überwinterungsgebiet für Wasservögel; großer Fischreichtum; langer Sandstrand entlang des Indischen Ozeans.

Das stimmungsreiche Farbenspiel zwischen Himmel und Chilika-See zaubert oft die Atmosphäre einer sprichwörtlich »Blauen Lagune« hervor. Ein anderes Mal hüllt Nebel den windstillen See in helle Grautöne, dann wieder peitschen Böen sein fast schwarzes Wasser und rufen beachtlichen Wellengang hervor.

Am südwestlichen Ufer des Sees erheben sich Berge der Ost-Ghats, die aus Granit und Paragneis bestehen. Der Daya-Fluß, der im Nordosten in den Brackwassersee mündet, ist der größte Frischwasserlieferant.

Früher erstreckte sich der Chilika-See über mehr als 1000 km², ist jedoch in den ver-

Zwischen Himmel und Wasser entstehen pastellfarbene Kompositionen über der flachen Lagune.

Chilika-See
0   5   10 Km

gangenen Jahren durch Verlandung kleiner geworden (etwa 800 km²). Da die Verlandungserscheinungen auch den Mündungsbereich ④ blockieren, fließt das Wasser in der Regenzeit nur noch langsam ins Meer ab, so daß zeitweise Hochwasser auftritt. Andererseits ist auch die Durchmischung der Lagune mit Meerwasser zurückgegangen. Der Salzgehalt des Wassers schwankt derzeit zwischen 0,2 % (Regenzeit) und 3,6 % (Trockenzeit). Offenbar gehört das Wechselspiel zwischen Fluß- und Meeresablagerungen, bei dem es zu neuen Durchbrüchen im Küstenstreifen kommen kann, zur natürlichen Dynamik der Lagune.

Die Wassertiefe beträgt selbst in der Regenzeit nur 3,80 m (im Südwesten) und 1,50 m (im Nordwesten), in der trocknen Jahreszeit kann der Wasserspiegel um über 1 m sinken.

Da der See so flach ist, können die Fischer ihre Boote mit langen Bambusstangen staken. Außerdem benutzen sie Segel, die in horizontale Lage heruntergeklappt als Sonnenschutz dienen. Mehr als 9000 Fischerboote, davon kaum eines mit Motor, fangen pro Jahr etwa 700 Tonnen Fische auf dem Chilika-See.

Die **Nalban-Insel** ③ und ihre Umgebung (15,5 km²) sind seit 1973 Vogelschutzgebiet. Der gesammte Chilika-See ist seit 1981 als Feuchtgebiet mit internationaler Bedeutung (Ramsar Konvention) anerkannt.

Pflanzen und Tiere

Aus der Pflanzenwelt sind von Algen im See, über Gräser und Seggen auf den Inseln bis zu Bäumen am Ufer bisher etwa 150 Arten erfaßt worden.

Die ersten Zugvögel treffen normalerweise im Oktober am Chilika-See ein. Viele Vogelarten finden ihre Nahrung in den Flachwasserbereichen in der Umgebung der Nalban-Insel (Bird Island). Falls der Wasserspiegel zu hoch ist, verzögert sich das Erscheinen der großen Vogelmassen.

Von 160 nachgewiesenen Vogelarten sind etwa 100 Zugvögel. Unter ihnen kommt den Flamingos, Enten und Limikolen eine besondere Bedeutung zu. Das Erscheinen von mehreren tausend Flamingos (Flamingo und Zwergflamingo) fällt sehr unregelmäßig aus. 3 Gänse- und 17 Entenarten verbringen den Winter am Chilika-See (darunter Streifengans, Rostgans, Schnatterente, Pfeifente, Löffelente, Spießente, Kolbenente, Weißbauch-Zwerggans und gelegentlich sogar Sichelente).

Die Bombay Natural History Society (BNHS, s. S. 110) errichtet in den Wintermonaten Camps auf der Nalban-Insel, um von dort Kampagnen zur Vogelberingung durchzuführen. Pro Jahr werden dort mehrere tausend Vögel beringt. Zu den seltenen Fängen gehören Löffelstrandläufer, Sumpfläufer und Steppenschlammläufer. Mehrere Vögel, die ins Netz gingen, waren zuvor schon im 1200 km weiter südlich gelegenen Point-Calimere-Gebiet (Hauptreiseziel 28) beringt worden.

Aus den Beringungsstatistiken von Chilika geht hervor, daß folgende Limikolen zu den häufigsten zählen: Sichelstrandläufer, Zwergstrandläufer, Mongolenregenpfeifer, Rotschenkel, Bekassine und Teichwasserläufer.

Zu den Brutvögel, die im April/Mai auf der Nalban-Insel nisten gehören: Zwergseeschwalbe, Lachseeschwalbe, Flußregenpfeifer, Stelzenläufer, Brachschwalbe und eine Rasse der Feldlerche (*gulgula*), die oft als eigene Art angesehen wird.

Der schmale Küstenstreifen, der den Indischen Ozean von der Lagune trennt, ist nur wenige hundert Meter breit. Auf dem sandigen Boden sind Kasuarinenbäume angepflanzt worden. In diesem Bereich leben Hirschziegenantilopen (s. S. 99), Axishirsche (S. 17) und Goldschakale (S. 171). Einige Bastardschildkröten (S. 159) kommen zur Eiablage an den Strand.

Folgende See- und Wasserschlangen sind nicht selten: *Enhydrina schistosa* (giftig), *Enhydris enhydris* (ungiftig), Hundskopf-Wassertrugnatter (schwach giftig). Auf der Barakuda-Insel wurde 1917 ein seltener, beinloser Skink entdeckt (*Barakudia insularis*).

Mehr als 150 Fische und Krustentiere sind bekannt. Insbesondere »Tiger Prawn« stehen bei Feinschmeckern hoch im Kurs.

Der Stelzenläufer ist in Indien weit verbreitet. Er ist an einsamen Waldseen oder salzhaltigen Lagunen ebenso anzutreffen wie an belebten Dorfteichen.

Im Gebiet unterwegs

Ein Boot ist unerläßlich, um das Gebiet kennenzulernen. In Touristenorten wie **Barkul** ① und **Rambha** ② können Ausflugsschiffe (für größere Gruppen) und kleine Motorboote gemietet werden.

Die meisten Bootsfahrten führen auf die **Kalijai-Insel** ⑤ (von und bis Barkul in 2 Stunden) oder ins Vogelschutzgebiet (Rundfahrt ab Barkul 3 Stunden). Wer mehr als nur große Vogelmengen vom Boot aus sehen will, sollte auf **Nalban** ③ oder einer anderen Insel an Land gehen. Schon bei der Buchung sollte man Sonderwünsche äußern, um sicherzugehen, daß das Boot auch für einen längeren Zeitraum verfügbar ist. Mit etwas Glück können

Die Weißwangenseeschwalbe, Brutvogel am Persischen Golf, kommt als Wintergast nur selten bis an die Ostküste.

während der Bootsfahrten auf dem See Delphine gesehen werden.

Eine Bootsfahrt von Barkul bis zur **Küste** und zurück dauert einen vollen Tag. In Küstennähe sind die Wasserarme zwischen den Inseln mit Treibnetzen, Reusen und Aufzuchtanlagen für Hummer, Krebse, Krabben, Garnelen und Austern dicht bestückt. Die Bootsleute haben oft Mühe, einen Weg hindurchzufinden. Wegen der langen Anfahrtzeit ist am Strand dann nur noch ein Aufenthalt von 1–2 Stunden möglich. Im Winter leben dort einige Fischer in einfachen Hütten. Vom Tourismus ist dieser einsame Küstenstreifen noch nicht entdeckt worden. Wegen der meist hohen Brandungswellen ist das Schwimmen im Meer nicht unbedingt ratsam. Selbst die Fischer haben große Mühe die Brandungszone mit ihren kleinen, seetüchtigen Booten zu durchqueren.

Die größeren Inseln im See werden landwirtschaftlich genutzt und sind relativ dicht bevölkert. Zwischen den Ortschaften bestehen Fährverbindungen für Fußgänger und Fahrräder.

Am Chilika-See befindet sich das südlichste Nistgebiet des Bindenseeadlers in Indien.

Praktische Tips

Anreise
Von Bubaneshwar (etwa 100 km) über den National Highway Nr. 5 . Die parallel zur Straße laufende Eisenbahnlinie hat Stationen in Balugaon ⑥ , Khallikot ⑦ und Rambha ②.

Klima/Reisezeit
Tropisches Klima mit Temperaturen zwischen 17 °C und 37 °C. Jährliche Niederschlagsmenge: 1160 mm.
Regenzeit: Juli bis September, danach gelegentliche Regenfälle in den Monaten

Die östliche Rasse der Graugans verbringt die Zeit von Oktober bis März an Indischen Gewässern.

Häufig übersehen: die Goldschnepfe. Sie ist vorwiegend dämmerungsaktiv und verbirgt sich ansonsten geschickt.

Oktober bis Januar. Trockene Jahreszeit: Februar bis Juni.
Das Gebiet ist ganzjährig geöffnet. Die großen Vogelmengen sind am Chilika-See von Oktober bis März zu erwarten. Beste Reisezeit: Dezember bis Februar.

Unterkunft
Tourist-Bungalows (»Panthanivas«) in Barkul ① und Rambha ②; Hotels in Balugaon ⑥; Forest Resthouse in Berhampura.

Adressen
- ▷ Divisional Forest Officer, Chilika Wildlife Division, 8, Saheed Nagar, Bubaneshwar 751 007, Orissa, Tel. 56250;
- ▷ Ranger Officer, Balugaon Wildlife Range, Balugaon, Orissa;
- ▷ O.T.D.C. Tourist Office, Jayadev Marg, Bhubaneshwar 751 002, Tel. 50099;
- ▷ O.T.D.C. Tourist Counter, Barkul, Orissa, Tel. 60 (Belugaon);
- ▷ O.T.D.C. Tourist Counter, Rambha 761 028, Orissa, Tel. 44.

Blick in die Umgebung

Nordöstlich vom Chilika-See umfaßt das **Balukhand Sanctuary** mit 72 km^2 einen weiteren Küstenabschnitt (8 km von Puri, 70 km von Bubaneshwar).
Unweit von Bubaneshwar befindet sich der Biologische Park **Nandankanan** (Montags geschlossen). Er ist eine Kombination aus Zoo, Botanischem Garten, Naturkundemuseum, Aufzuchtstation und Erholungsgebiet. Der Zoo kann sich rühmen, die größte Anzahl von weißen Tigern in Indien zu beherbergen. Unmittelbar an den Park grenzt das **Chandaka-Schutzgebiet**, in dem es Elefanten und andere Wildtiere gibt.

Die Löffelente gehört zu den zahlreichen Entenarten, die auf dem Chilika-See überwintern.

Im Vogelschutzgebiet auf der Nalban-Insel verbringt auch die Bekassine den Winter.

24 Nagarhole-Nationalpark

Nationalpark am Nordufer des Kabini-Stausees in Karnataka; sehr gutes
Gebiet für Elefanten, Gaur, Muntjaks
und Dekkan-Rothunde; trockener
Laubwald mit Teak- und Mathi-
bäumen; bei Bootsfahrten lassen sich
Wildtiere am Seeufer beobachten.

Nagarhole bedeutet wörtlich übersetzt:
Schlangenfluß. Der Fluß mit diesem Namen fließt durch den Nagarhole-Nationalpark in den Taraka-Stausee. Der Nationalpark (573 km^2, Kernzone 200 km^2) besteht
seit 1974. Er ging aus dem 1955 gegründeten Nagarahole Game Sanctuary hervor,
das zunächst 285 km^2 umfaßte. Naturschützer fordern die Eingliederung des
Nagarhole-Nationalparks in das angrenzte
Bandipur-Tigerschutzgebiet, um eine
übergreifende und koordinierte Natur-
schutzplanungen zu erreichen.
Nagarhole liegt rund 800 m hoch und ist
nur wenig hügelig. Der höchste Punkt ist
der Masalbetta (959 m). Im Westen zeigt

sich am Horizont die zu den West-Ghats
zählende Brahmagiri-Bergkette. Der Kabini-Stausee, der seit 1974 existiert, liegt
700 m hoch. Die Sumpfzonen im Wald
heißen »Hadlus«. Der Untergrund besteht
aus Gneis und Granit. Im Bereich von
Mysore und weiter nördlich finden sich im
kristallinen Tiefengestein Bänder mit metamorphen Sedimenten, die »Karnataka
Dharwas«, die zu den ältesten Gesteinen
Indiens zählen.
Bis zur Mitte unseres Jahrhunderts waren
Arbeitselefanten in Indien unersetzliche
Helfer für den Abtransport von Holz. Die
zum Fang wilder Elefanten angelegten
Fallgruben führten häufig zu schweren
Verletzungen bei den hineinfallenden Tieren. 1890 erfolgte in Nagarhole die Um-
stellung auf Treibjagden, die mit Hilfe von
ortsansässigen Bewohnern (den Kurum-
bas) organisiert wurden. Die als »Kheddas« bezeichneten Fangaktionen endeten
in vorbereiteten Stockaden aus massiven
Holzkonstruktionen, die von den Elefanten nicht durchbrochen werden konnten.
Die Behandlung der gefangenen Elefanten
war ziemlich brutal. Die Kheddas in Nagarhole (bei Mastigudi ③ und Karapura ①)
dienten bis 1971 zum Fang von 1536
wilden Elefanten und wurden danach eingestellt. Sie waren gleichzeitig Volksfest,
Touristenattraktion und gesellschaftliches
Ereignis, bei dem sich auch der Maharadscha von Mysore auf der Zuschauer-
tribühne zeigte.
Inzwischen werden wilde Elefanten, die in
anderen Gebieten von Karnataka zum Problem werden, nach Nagarhole gebracht
und dort wieder freigelassen. Das Gebiet
ist noch groß genug, um weitere Tiere auf-
zunehmen.

Die Kleine Zibetkatze jagt nachts am Boden nach Kleintieren, verzehrt jedoch auch Früchte, Wurzeln und Eier.

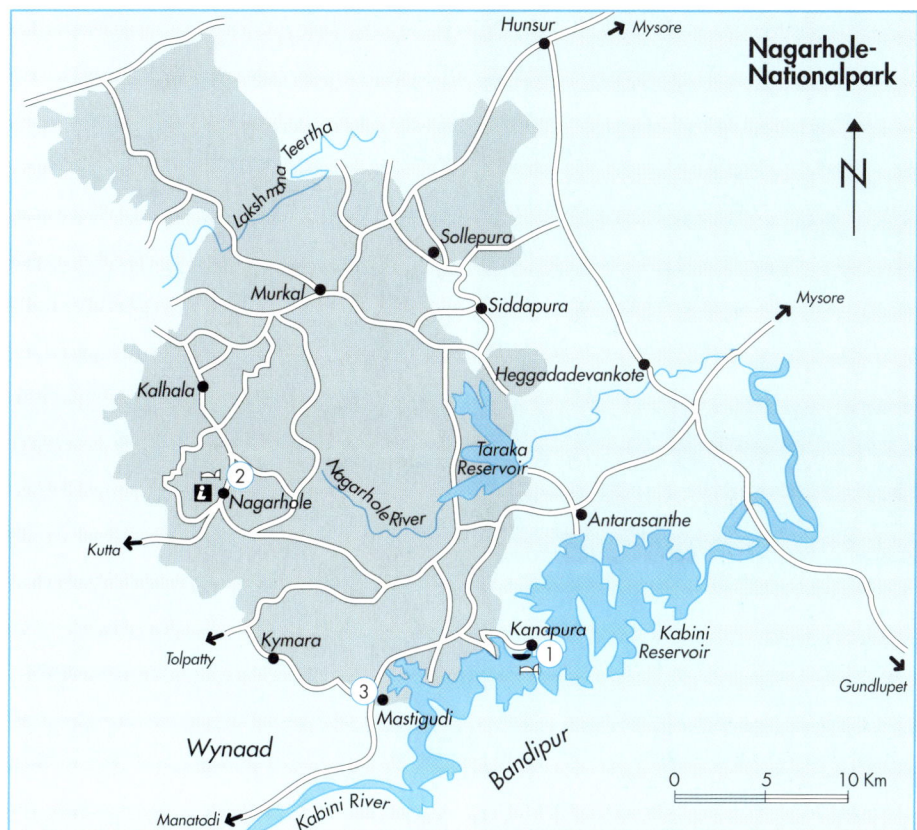

Pflanzen und Tiere

Die Waldtypen in Nagarhole sind Dornbuschzone (im trockneren Osten), trockener Laubwald (in der Mitte) und feuchter Laubwald (im Südwesten).

Entlang des Kabini-Stausees und an anderen Gewässern fällt hoher Bambus der Art *Bambusa arundinacea* auf. Er ist eine wichtige Nahrungsquelle für die Elefanten, die außerdem gern die Blätter von *Kydia calycina*, Schraubenbaum und *Grewia titiaefolia* verzehren.

Die natürliche Vegetation im Gebiet wurde in der Vergangenheit durch Abholzung und Wiederaufforstung stark verändert. Heute stehen auf mindestens 20 % der Waldfläche Teakbäume in Monokultur.

Rosenholz, Sandelholz und Ebenholz waren ehemals verbreitete Edelhölzer, die weitgehend der Axt zum Opfer fielen. Mathibäume sind nach den Teakbäumen am häufigsten. Sie werden wegen ihrer schuppigen Rindenstruktur von den Einheimischen als Krokodilrindenbäume bezeichnet.

Der aus dem tropischen Amerika stammende Wasserdost (S. 183) hat sich unkontrolliert im Unterholz ausgebreitet und ist ebenso schwer zu bekämpfen wie das aus derselben Region eingeschleppte Wandelröschen. Während die Blüten beider Arten gern von Insekten aufgesucht werden, sind andere Teile dieser Pflanzen für Wildtiere wertlos.

Zu den großen Säugetieren in Nagarhole

Indischer Flughund mit Feige von *Ficus racemosa*.

staubmanguste, Königsriesenhörnchen (S. 187), Palmhörnchen, Stachelschwein, Vorderindisches Schuppentier, Rohrkatze (S. 129), Bengalkatze, Schwarznackenhase und Fleckenkantschil genannt. In unmittelbarer Nähe der Kabini River Lodge ① hängen Indische Flughunde in einem Baum.

Zusätzlich zu den Waldvögeln der Region (siehe Beschreibung der Hauptreiseziele 25 und 26) kommen auf den Stauseen in Nagarhole Wasservögel wie Kormoran, Braunwangenscharbe, Schlangenhalsvogel (S. 200), Malaienstorch (S. 140), Seidenreiher, Weißbrust-Kielralle, Graufischer (S. 200), Rostgans (S. 139), Fischadler und Graukopf-Seeadler vor.

Im Gebiet unterwegs

In Nagarhole sind für den Tourismus zwei Zonen freigegeben: eine in der Umgebung des Ortes **Nagarhole** ② und eine in der Region westlich der **Kabini River Lodge** ①. Pirschfahrten im vorwiegend trockenen Laubwald sind landschaftlich nicht besonders abwechslungsreich. Dieser Waldtyp mit geringem Unterholz ist jedoch für Tierbeobachtungen von Vorteil.

zählen neben Elefanten (s. S. 180) und Gaur (s. S. 125), Sambar- und Axishirsche, Muntjaks (S. 175), Wildschweine, Tiger, Leoparden, Lippenbären, Dekkan-Rothunde (S. 175), Goldschakale, Hanuman-Languren und Hutaffen (S. 182).
Von den kleineren Säugetieren seien Halsstreifen-Manguste, Mungo, Gold-

Das wuchernde Wandelröschen verhindert auf Kahlschlägen oft eine natürliche Regeneration des Waldes.

Beim Fahlbauch-Paradiesschnäpper sind junge Männchen braun, ältere dagegen weiß gefärbt.

Gaur (s. S. 125) lassen sich im Nagarhole-Nationalpark am besten frühmorgens beobachten.

Im westlichen Teil der Touristenzone bei Nagarhole befinden sich entlang der Fahrwege 20 m breite Feuerschutzstreifen. Auf diesen baumlosen Flächen wachsen Gras und Kräuter wie auf einer Waldlichtung. Viele Tiere treten in der Dämmerung und nachts aus dem Unterholz, um auf dieser Freifläche zu äsen. Bei Rundfahrten am frühen Morgen oder späten Nachmittag lassen sich dort z. B. Gaur, Axishirsche und Muntjaks gut fotografieren.

Gäste der Kabini River Lodge haben Gelegenheit zu Bootsfahrten auf dem Stausee, teilweise im traditionellen Coracle (einer Bootskonstruktion aus Bambus und Büffelhaut).

Die Röhrenkassie wird auch als Indischer Goldregen (»Indian Laburnum«) bezeichnet.

Der Goldschakal ist nicht nur an fremden Beuteresten interessiert, sondern selbst ein geschickter Jäger.

Der »Blue Tiger« ist ein Monarchfalter.

Praktische Tips

Anreise

Nagarhole liegt westlich von Mysore. Die beste Straßenverbindung von Mysore nach Nagarhole führt über Hunsur und ist 96 km lang. Der Ort Nagarhole ist mit öffentlichen Bussen zu erreichen oder mit einem Mietauto. Für Rundfahrten im Park steht ein Minibus des Forest Department zur Verfügung.

Klima/Reisezeit

Die Temperaturen liegen von November bis Februar bei 14 – 27 °C und von März bis Mai bei 21 – 33 °C. Während der Regenzeit (Juni bis September) herrschen 25 – 30 °C.
Pro Jahr fallen etwa 1500 mm Niederschlag. In der trockenen Jahreszeit muß frühmorgens mit Nebel gerechnet werden. Nagarhole ist ganzjährig geöffnet. Die beste Reisezeit ist September bis Mai.

Unterkunft

Die Rasthäuser des Forest Department in Nagarhole (zu buchen in Mysore beim Assistant Conservator of Forests) sind für Touristen bestimmt, andere im Wald gelegene Häuser nur für Forstbeamte. Während die Rasthäuser des Forest Department einfach und preiswert sind, erfüllt die Kabini River Lodge in Karapura, bei der es sich um die ehemalige Hunting Lodge des Maharadschas von Mysor handelt, höhere Ansprüche.

Adressen

▷ Assistant Conservator of Forests, Vanivilas Road, Mysore 570 002, Karnataka, Tel. 21159;
▷ Range Forest Officer, Nagarhole;
▷ Jungle Lodges & Resorts Ltd., Brooklands 348/349, Rajmahal Vilas Extn., Bangalore 560 080, Karnataka, Tel. 31020 (Reservierung der Kabini River Lodge).

Blick in die Umgebung

Außer Wynaad, Bandipur (Hauptreiseziel 25) und Mudumalai (Hauptreiseziel 26) liegt das **Ranganthittu-Vogelschutzgebiet** nicht weit von Nagarhole. Es ist 19 km von Mysore in Richtung Nordosten entfernt und 3 km von Srirangapattana. Die beste Jahreszeit für den Besuch von Ranganthittu ist die Regenzeit (Juni bis August), wenn Wasservögel wie Ibisse, Löffler, Störche, Kormorane, Reiher u. a. in Kolonien brüten. Außer der interessanten Vogelwelt sind Sumpfkrokodile, Indische Fischotter und Hutaffen vorhanden. Auch eine Kolonie von Indischen Flughunden befindet sich auf dem kaum 1 km² großen Gelände, das am Cauvery-Fluß liegt.
Naturkundliche Sehenswürdigkeiten in **Mysore** sind der Zoo und eine Fabrik für Sandelholzöl, die besichtigt werden kann. 80 km östlich von Mysore bzw. 117 km südwestlich von Bangalore liegt das **Cauvery Fishing Camp**, das für Angelfreunde ein Begriff ist. Dort können die berühmten Indischen Großschuppenbarben im Cauvery-Fluß gefangen werden, die ein Gewicht bis 54 kg erreichen. Die Regeln verlangen hier, daß die Fische nach dem Vermessen ins Wasser zurückgesetzt werden müssen. Das Camp ist von Januar bis April geöffnet.

25 Bandipur

Tigerschutzgebiet im Waldgürtel von Karnataka; ehemaliges Jagdgebiet des Maharadschas von Mysore; gute Elefantenpopulation; große Herden von Axishirschen; Dekkan-Rothunde sind relativ häufig; Teakbäume und Bambus gehören zur typischen Vegetation.

Das hügelige Waldgebiet wird von drei Seiten durch andere Schutzgebiete begrenzt (im Norden: Nagarhole, im Westen: Wynaad, im Süden: Mudumalai). Die höchste Erhebung bildet der **Gopalswamy Betta** ② mit 1454 m Höhe. Auf diesem Berg liegen ein altes Fort und ein Tempel. Das übrige Gelände ist etwa 800 m hoch. Der nach Osten fließende Moayar-Fluß an der Südgrenze schneidet sich tief in die Landschaft ein. Bandipur liegt östlich der West-Ghats und nördlich des Nilgiri-Plateaus. Die Gesteine bestehen aus altem Gneis und Granit.

Innerhalb des Jagdgebietes des Maharadschas von Mysore wurde 1941 ein Teilgebiet von 60 km² als Venugopal Wildlife Park unter strengen Schutz gestellt. 1973 wurde daraus das Bandipur-Tigerschutzgebiet, das außerdem den Status eines Nationalparks erhielt. Es umfaßt heute 840 km² (Kernzone 335 km², Touristenzone 105 km²).

Im Waldgebiet Bandipurs waren verschiedene Volksgruppen ansässig wie Kurubas und Soligas. Einige Kurubas leben heute am Rand des Ortes Bandipur und werden für Arbeiten im Reservat beschäftigt. Andere wurden ganz aus dem Schutzgebiet ausgesiedelt. Früher bestritten sie ihren Lebensunterhalt mit Wanderfeldbau, Ziegenherden und dem Sammeln von Waldprodukten. Außer einem Messer besaßen sie keine Jagdwerkzeuge, sondern hatten trainierte Hunde, die kleine Wildtiere zur Strecke brachten oder Beutereste von Tigern, Leoparden und Dekkan-Rothunden aufspürten.

Pflanzen und Tiere

Der Wald in Bandipur ist zum größten Teil ein trockener Laubwald. Im regenärmeren Südosten geht er in eine Dornbuschzone über. Im niederschlagsreicheren Nordwesten breitet sich ein mit Teakbäumen durchsetzter, feuchter Laubwald aus. In der höheren Region am Gopalswamy Betta enthält der Laubwald immergrüne Bäume wie *Glochidion ellipticum*, Jambolanapflaume und den Feigenbaum *Ficus racemosa*. Dort fällt auch ein reicher Orchideenbewuchs ins Auge. Zu den häufigsten Orchideenarten sind *Dendrobium aqueum*, die Glanzorchis *Liparis viridiflora*, die Hohlnarbe *Coelogyne breviscapa* und *Aerides cylindricum* zu rechnen.

Wegen seines unverwechselbaren Rufes wird der Wechselkuckuck auch »Brainfever-Bird« genannt.

Das Waldgebiet von Bandipur erstreckt sich bis an die West-Ghats.

Der Tigerpython lebt in Erdhöhlen (manchmal zusammen mit Stachelschweinen). Er wird bis 6 m lang.

Diese im Blattwerk gut getarnte Gottesanbeterin wird treffend als »Wandelndes Blatt« bezeichnet.

Auf etlichen Bäumen wachsen neben epi-
phytischen Orchideen auch Misteln wie
Viscum angulatum und *Viscum ramoissi-
mum*.

1973 soll Bandipur nur wenig mehr als
10 Tiger beheimatet haben. Ihre Zahl ist
seit Beginn des Tigerschutzprojekts wieder
auf rund 50 Tiere angewachsen. Es ist sehr
schwer in Bandipur einen Tiger oder Leoparden zu sehen. Dekkan-Rothunde lassen sich eher blicken.

Die Zahl der Elefanten in Bandipur wird
mit über 1000 beziffert, die der Gaur mit
500. Andere typische Waldtiere sind Sambarhirsch, Muntjak, Wildschwein, Lippenbär, Goldschakal, Fleckenkantschil, Hanuman-Langur und Königsriesenhörnchen.
Axishirsche sind in der Umgebung des Ortes Bandipur sehr zahlreich. Oft grasen sie
nachts zwischen den einzeln stehenden
Bungalows der Forest Lodge. Während der
Regenzeit bilden sie große Herden, die
sich in kleinere Gruppen aufspalten, sobald das Nahrungsangebot mit Beginn der
Trockenperiode knapper wird.

Im Nuru- und Kabini-Stausee leben Indische Fischotter, Sumpfkrokodile (S. 71)
und Schildkröten (z. B. Indische Klappen-
Weichschildkröte).

Die Blüten von »Flame of the Forest« bestechen durch ihre
leuchtende Farbenkraft.

Der Muntjak wird wegen seiner bellenden Warnrufe auch
als »Barking Deer« bezeichnet.

Im südlichen Indien sind Dekkan-Rothunde weit verbreitet.
Sie jagen in Rudeln.

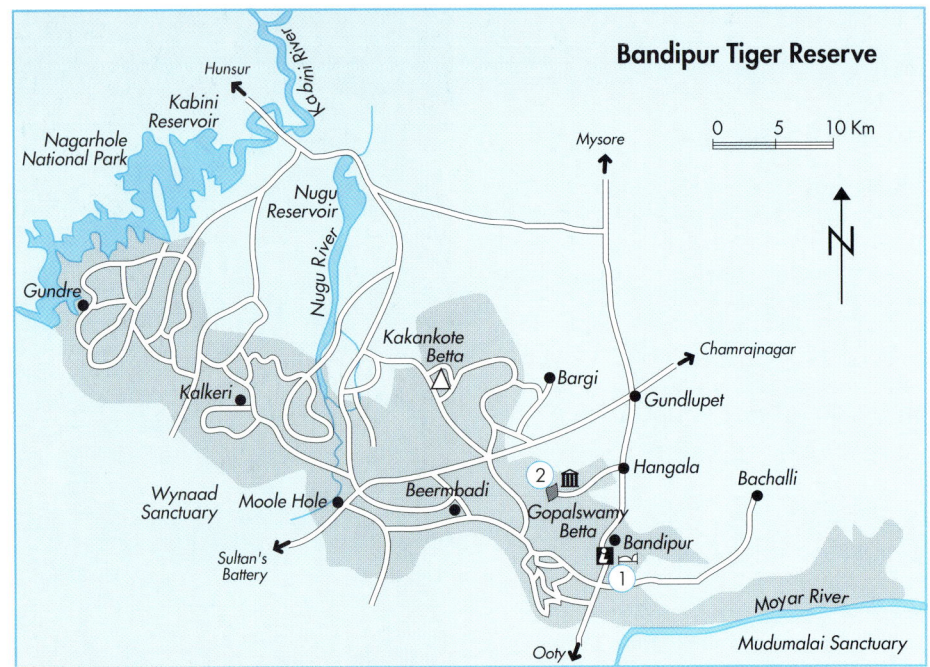

Bandipur Tiger Reserve

In Bandipur kommen dieselben Vogelarten vor wie im benachbarten Mudumalai Sanctuary (siehe Hauptreiseziel 26). Zusätzlich sollen Pflaumenkopfsittich, Heckenkuckuck, Flaggendrongo, Rotschnabel-Fluchtvogel, Rotohrbülbül und Weißkehlfächerschwanz genannt werden.

Im Gebiet unterwegs

Das Bandipur-Tigerschutzgebiet wird von der vielbefahrenen Straße von Mysore nach Ooty durchquert. Dies hat zur Folge, daß viele Fahrzeuge Station machen und die Zahl der kurzzeitigen Besucher groß ist (30 000 pro Jahr). Um dieser Situation Rechnung zu tragen, bietet das Forest Department Rundfahrten im Minibus und Ausritte auf Elefanten an, die extrem kurz sind (etwa 1 Stunde). Mit diesen für manche Naturfreunde unbefriedigenden Kurztouren soll erreicht werden, daß möglichst viele Personen einen Eindruck von der Na-

tur erhalten können. Privatautos sind für Rundfahrten im Gebiet in der Regel nicht zugelassen. Diese Situation bewirkt, daß interessierte Besucher häufig in das südlich angrenzende Mudumalai Sanctuary (Hauptreiseziel 26) ausweichen. Dort wird der Tourismus weniger restriktiv gehandhabt.

Dem Wald in Bandipur fehlt an vielen Stellen ein dichtes Unterholz, so daß Wildtiere sich hier einfacher entdecken lassen als z. B. in Mudumalai. Andererseits wandern anspruchsvolle Tiere wie Elefanten in der trockenen Jahreszeit von Bandipur in die Feuchtgebiete von Mudumalai, weil es dort mehr Schatten und Nahrung gibt.

Da Bandipur in der heißen Jahreszeit häufig von Dürre und Trockenheit geplagt wird, wurden viele künstliche Wasserstellen angelegt, um den Wildtieren ein Überleben zu sichern. Diese Wasserstellen und auch Salzlecken eignen sich hervorragend für Tierbeobachtungen und Tierfotografie, wenn man dort genügend Zeit verbringt.

Als Ansitze kommen ein Fahrzeug oder vorhandene Verstecke in Form von Türmen oder gemauerten Bunkern in Frage. Wer genügend Zeit, Ausdauer und ein eigenes Geländefahrzeug mitbringt, sollte sich beim Field Director des Bandipur-Tigerreservates in Mysore schriftlich mit Sondergenehmigungen zum individuellen Befahren des Gebiets und zur Benutzung von Beobachtungstürmen ausstatten lassen. Nur dann lohnt ein längerer Aufenthalt.

In der Umgebung des Touristenkomplexes und der anderen Gebäude im **Ort Bandipur** ① sind kleine Spaziergänge möglich. Dabei begegnet man vor allen Dingen den Hutaffen (S. 182), die sich gern in der Nähe menschlicher Siedlungen aufhalten und kaum tief im Wald anzutreffen sind. Die Streifzüge, die sich bis hinunter zu einem nahegelegenen Teich (»Tavarakattey Tank«) ausdehnen lassen, sind auch für Vogelbeobachtungen gut geeignet.

Der Jakobinerkuckuck legt seine türkis-blauen Eier bevorzugt in die Nester von Drosslingen und Häherlingen.

Praktische Tips

Anreise
Bandipur ist mit häufig verkehrenden öffentlichen Bussen auf der Strecke Mysore–Ooty oder mit einem Mietauto zu erreichen. Bandipur liegt von Mysore 78 km und von Ooty 77 km entfernt. Vom Ort Bandipur bis nach Teppakadu im benachbarten Mudumalai Sanctuary beträgt die Entfernung 12 km.

Klima/Reisezeit
Die Temperatur im Winter (Dezember bis Februar) liegt zwischen 12 °C und 28 °C, in der heißen Jahreszeit (April bis Mai) bei 20-36 °C und in der Regenzeit bei 26–32 °C.
Der Südwest-Monsun regnet sich bereits ergiebig an den westlich gelegenen West-Ghats ab und erreicht das im Schatten dieser Bergkette gelegene Bandipur mit abgeschwächter Intensität. Die jährliche

Niederschlagsmenge liegt im Ort Bandipur bei 1000 mm, westlich davon ist sie etwas höher, östlich niedriger. Während des Südwest-Monsuns (Anfang Juni bis Anfang September) fallen 60 % und während des Nordost-Monsuns (Ende Oktober bis Dezember) 40 % der jährlichen Regenmenge.
Bandipur ist ganzjährig geöffnet. Die besten Reisezeiten sind Januar bis Mai sowie September bis Mitte Oktober. Tierbeobachtungen sind während der heißen Jahreszeit (April/Mai) in der Umgebung der Wasserstellen am günstigsten.

Unterkunft
Forest Lodge im Touristenkomplex im Ort Bandipur. Mehrere Rasthäuser, die einzeln im Wald liegen, sind für Beamte des Forest Department vorgesehen und werden nicht an Touristen vergeben.

Adressen
- ▷ Field Director, Bandipur Project Tiger, Government House Complex, Mysore 570 004, Karnataka, Tel. 20901, 24980;
- ▷ Assistant Director, Bandipur Tiger Reserve, Bandipur, Karnataka, Tel. 21.

26 Mudumalai

Elefantenreiches Waldgebiet in Tamil Nadu am Nordhang des Nilgiri-Plateaus; teils hügeliges und teils sumpfiges Gelände mit attraktivem Bambusbestand; typische Tiere sind Gaur, Axis- und Sambarhirsch, Tiger, Hanuman-Langur, Hutaffe, Königsriesenhörnchen und Dekkan-Rothunde in Rudeln.

Mudumalai war ein bekanntes Jagdgebiet für Großwild, bevor für erste Teilgebiete in den dreißiger Jahren unseres Jahrhunderts ein Jagdverbot ausgesprochen wurde. Schon 1940 wurden 62 km² zum Mudumalai Wildlife Sanctuary erklärt. Heute umfaßt es 321 km². In Verbindung mit den angrenzenden Reservaten Bandipur

(Hauptreiseziel 25) und Nagarhole (Hauptreiseziel 24) in Karnataka und Wynaad in Kerala gehört es zu der größten unter Schutz stehenden Waldregion in Süd-Indien.

Mudumalai liegt in einer Höhe von rund 1000 m (höchste Erhebung 1258 m) am Nordrand der Nilgiris (s. S. 184), die auch als Blue Mountains bezeichnet werden. Gleichzeitig ist Mudumalai ein Bestandteil der West-Ghats, die ebenso wie das Nilgiri-Massiv aus alten Tiefengesteinen (Gneis, Granit) bestehen. Vielerorts bedeckt roter Laterit als Verwitterungsprodukt des kristallinen Gesteins den Boden. Der Moyar-Fluß, dessen Bett als Canyon tief in die Landschaft eingeschnitten ist, bildet im Nordosten den sogenannten Mysore-Graben und stellt die Landesgrenze zwischen Tamil Nadu und Karnataka dar.

Flußlandschaft mit Bambus in Mudumalai.

Pflanzen und Tiere

Entsprechend der Niederschläge, die im Westen des Gebiets wesentlich höher als im Osten ausfallen, bestehen verschiedene Vegetationszonen. Im Südwesten wächst ein feuchter Laubwald, der nach Norden und in der Mitte des Gebiets in einen trockenen Laubwald übergeht. Im trockeneren Osten Mudumalais wird die Bewaldung zunehmend spärlicher und ist als Dornbuschzone zu bezeichnen.

In der heißen, trockenen Jahreszeit, insbesondere im März/April verlieren die meisten Bäume ihr Laub, so daß die Wälder dann einen sehr lichten Eindruck erwecken. Ab Mai beginnt das frische Laub zu sprießen, wenn erste Schauer der eigentlichen Monsunzeit vorausgehen.

Im feuchten Laubwald dominieren Baumarten wie Mathibaum, die Almendarten *Terminalia bellirica* und *T. chebula*, *Schleichera oleosa* und *Butea monosperma*. In den Sümpfen und an Wasserläufen wachsen wunderbar üppige Bambusdickichte

Scharlachmennigvögel streifen außerhalb der Brutzeit in Trupps umher (Männchen: orange, Weibchen: gelb).

der Art *Bambusa arundinacea*. Im **trockenen Laubwald** fallen Baumarten wie *Anogeissus latifolia*, *Buchanania lanzan* und Dattelpflaume auf. Auf früheren Kahlschlägen wurden Teakbäume, die hier auch eine natürliche Verbreitung besitzen, in Monokultur aufgeforstet. In der **Dorn-**

In den zusammenhängenden Waldgebieten von Nagarhole, Bandipur und Mudumalai sind Elefanten gut zu beobachten.

Indische Elefanten

Hindus und Buddhisten betrachten Elefanten als heilige Tiere. Der Gott Ganesha mit der Elefantengestalt, der in Tempeln verehrt wird, aber auch über den Eingangstüren vieler indischer Wohnhäuser angebracht ist, gilt als freundlicher Glücksbringer.

Indische Elefanten sind etwas kleiner als Afrikanische Elefanten und unterscheiden sich von diesen insbesondere durch kleinere Ohren. Immerhin bringen auch Indische Elefanten bei bis zu 3 m Schulterhöhe ein Gewicht von bis zu 6000 kg (Bullen) bzw. 4000 kg (Kühe) auf die Waage.

Touristen in Naturschutzgebieten sollten sich darüber im klaren sein, daß Begegnungen mit wilden Elefanten nicht immer ungefährlich sind und ausreichend Abstand zu halten ist. Meistens sind es einzelne Bullen, die als angriffslustig gelten. Pro Jahr werden in Indien mehr als 100 Menschen von Elefanten getötet, insbesondere in Konfliktzonen zwischen Ackerland und Dschungel. Über die Zahl der Elefanten, die dem Menschen, speziell Wilderern oder verärgerten Bauern, zum Opfer fallen, gibt es dagegen keine genaue Statistik.

Es ist eine traurige Tatsache, daß man in Indiens Wäldern keinen wilden Elefanten mit großen Stoßzähnen mehr begegnet. Die eindrucksvollen Bullen sind längst der Jagd nach dem Elfenbein zum Opfer gefallen. Glücklicherweise tragen die meisten indischen Elefanten- kühe keine nennenswerten Stoßzähne und es gibt stoßzahnlose Bullen, die sogenannten »Makhnas«, die die Fortpflanzung sicherstellen können. Lediglich zahme Arbeits- und Reitelefanten sind noch im Besitz kräftiger Stoßzähne.

Wildfänge von Elefanten werden in Indien, es sei denn zwecks Umsiedlung in Problemfällen, nicht mehr durchgeführt. Zahme Elefanten produzieren genügend Nachwuchs in Gefangenschaft, um die Nachfrage nach Zoo- und Arbeitselefanten zu decken.

Die Zahl der Elefanten in Indien wird auf höchstens 18 000 Tiere geschätzt. Davon entfallen etwa 6000 auf Süd-Indien (Kerala, Tamil Nadu, Karnataka), 2000 auf Orissa, 300 auf Bihar, 400 auf Uttar Pradesh sowie 9000 auf Nordost-Indien (Assam, Megalaya, Arunachal Pradesh, Nagaland, Tripura) und das Grenzland zu Bhutan. Ihre Zukunft gilt keineswegs als gesichert, da die verbliebenen Lebensräume oft nicht den Anforderungen der Elefanten genügen oder gar weiterer Vernichtung preisgegeben sind. Es muß befürchtet werden, daß die Zahl der Indischen Elefanten sich nicht auf dem heutigen Niveau halten läßt. Aus Sorge über die Entwicklung läuft in Indien zur Zeit das »Project Elephant«, als größtes Schutzprojekt nach dem »Project Tiger« (s. S. 23), das einer einzelnen Tierart zugute kommen soll.

---

buschzone wachsen hauptsächlich die Akazien *A. chundra* und *A. leucophloea*, *Xeromphis spinosa* und *Barleria mysorensis*. Auf Ödflächen ist der Feigenkaktus *Opuntia dillenii* nicht selten.

Im gesamten Gebiet zwischen Nagarhole im Norden und Mudumalai im Süden wird die Elefantenpopulation auf rund 2000 Tiere geschätzt. Die Zahl der Gaur (s. S. 125) fiel 1968 drastisch, als eine Rinderpest viele Tiere hinraffte. Inzwischen hat sich ihr Bestand wieder einigermaßen erholt. Tiger, Leoparden und Lippenbären werden in Mudumalai nicht besonders häufig gesehen. Die effektivsten Jäger der Region sind vermutlich die Dekkan-Rothunde. Die typischen Paarhufer sind Axis- und Sambarhirsch, Muntjak und Wildschwein. Nur selten treten Vierhornantilope und Fleckenkantschil in Erscheinung. Streifenhyäne, Stachelschwein, Taguan (großes Gleithörnchen), Fleckenmusang und Kleine Zibetkatze leben als nachtaktive Tiere sehr im Verborgenen. Mudumalai kommt auch als Lebensraum der Malabar-Zibetkatze in Frage, die akut vom Aussterben bedroht ist.

Die Hanuman-Languren in Süd-Indien unterscheiden sich von ihren Artgenossen in Nord-Indien durch eine nach oben zugespitzte Kopfhaube. Die Hutaffen aus der Familie der Makakken haben eine Verbreitung, die sich auf Indiens Südhälfte beschränkt.

Folgende Vogelarten können unter vielen anderen in Mudumalai beobachtet werden: Pfau, Sonnerathuhn (S. 105), Horsfield-Pfeifdrossel, Malabartoko, Beo (S. 17), Schlangenweihe, Haubenadler, Türkis-Irene, Schamadrossel, Fahlbauch-Paradiesschnäpper (S. 170), Weißbauchspecht, Taubensittich und Malaienkauz.

Die Zahl der Insekten erreicht ihr Maximum während der Regenzeit. Der April ist für spektakuläre Ansammlungen von Leuchtkäfern bekannt. Termitenhügel werden von Bengalenwaranen zur Eiablage benutzt.

Indische Flugdrachen (sie werden etwa 20 cm lang) sind, weil gut getarnt, ebenso schwer zu entdecken wie Indische Chamäleons.

Im Gebiet unterwegs

Ausritte auf Elefanten (frühzeitig in **Teppakadu** ① im Reception Centre buchen) sind ideal zum Durchstreifen von Wald- und Feuchtgebieten. Rundfahrten mit Fahrzeugen sind eine weitere Möglichkeit zur Erkundung des Mudumalai Sanctuary. Die Befahrbarkeit der Wege im Gebiet muß vorher im Reception Centre erfragt werden. Privatwagen sind zugelassen. Offene Geländefahrzeuge, die vom Forest Department vermietet werden, sind geschlossenen Personenwagen vorzuziehen. Das hohe Gras kann oft nur überblickt werden, wenn man sich im Geländeauto auf die offene Plattform stellt.

Hutaffen halten sich gern in der Umgebung menschlicher Siedlungen auf.

Caesalpinia derapetala blüht an Waldrändern, Flußufern und auf Lichtungen.

Alle Fahrzeuge müssen (Durchgangs-straßen ausgenommen) von einem Wild-hüter begleitet werden, der nach Abspra-che der Route die unter Umständen benötigten Schlüssel zum Öffnen von Straßenschranken mit sich führt. Die als »Vayals« bezeichneten Sumpfgebiete zie-hen vor allem in der Trockenzeit viele Tie-re an. Die beste Tageszeit für Wildbeob-achtungen ist der Nachmittag. Neben Tierbeobachtungen gehört der **Moyar-Was-serfall** ②, der sich gut von der gegenüber-liegenden Ringstraße einsehen läßt, zu den touristischen Attraktionen. Er hat eine Höhe von 152 m.

In den Randbereichen des Schutzgebietes (z. B. östlich und südlich von **Masinagudi** ⑤) sind auch Fußwanderungen möglich. Außerhalb des Sanctuary bietet sich der **Moyar-Fluß** zum Baden und Fischen an. Südlich von Mudumalai liegt ein unter Schutz stehendes Waldgebiet (Reserved Forest) am Nordhang des Nilgiri-Plateaus. Ein gut befestigter Weg führt durch schö-nen Wald den teilweise recht steilen Hang bis auf etwa 2000 m hinauf und weiter durch Teeplantagen in Richtung Sholur. Da der bewaldete Hang sehr wildreich ist, sollte man sich dort in der Dämmerung und nachts, wenn Elefanten und Gaur sich auf Nahrungssuche befinden, nicht aufhal-ten. Für nächtliche Tierbeobachtungen eignen sich dagegen Fahrten entlang der öffentlichen Durchgangsstraßen durch das Mudumalai Sanctuary.

Das **Elefanten-Camp** ④ bei Teppakadu ist sehr erfolgreich bei der Aufzucht von Nachwuchs in Gefangenschaft. Die zah-men Elefantenkühe werden meistens von wilden Bullen gedeckt, wenn sie nachts zwecks Nahrungsaufnahme freigelassen werden.

Ein besonderes Erlebnis sind in Muduma-lai die Übernachtungen in der Wildnis. Dafür sind einfache »Game Huts« und Be-obachtungstürme vorgesehen, die beim Wildlife Warden in Ooty gebucht werden müssen. Diese Übernachtungsmöglichkeiten ohne Strom, Wasser und Küche liegen an landschaftlich reizvollen Punkten. Neben eventuellen Tierbeobachtungen kann während der einsamen Stunden eine enge Beziehung zum Dschungel entwickelt werden. Dafür in Frage kommen z. B. der Watchtower an der Ringstraße gegenüber vom Moyar-Wasserfall ② und die Mudumalai Game Hut ③.

Während die benachbarten Schutzgebiete Bandipur und Nagarhole für den Tourismus nur kleine Gebiete vorgesehen haben, gelten für die Besucher in Mudumalai großzügigere Regelungen. Die besseren Möglichkeiten (z. B. Benutzung von Privatautos) und die Lage an der vielbefahrenen Durchgangsstraße Mysore – Ooty bringen in Mudumalai ein hohes Besucheraufkommen mit sich.

Die Perlhalstaube, die in vielen Waldgebieten Indiens anzutreffen ist, hat einen charakteristischen schönen Ruf.

An Waldrändern und auf Lichtungen macht sich der aus Südamerika stammende Wasserdost breit.

Praktische Tips

Anreise

Mit Mietauto oder öffentlichen Bussen von Ooty (65 km über Gudalur) oder Mysore (90 km) bis nach Teppakadu (Informationszentrum). Von Teppakadu ① fahren Minibusse in Richtung Masinagudi ⑤ und weiter über Kalhatti nach Ooty (Streckenführung mit bis zu 10 % Steigung). Ooty ist die Kurzbezeichnung für Ootacamund, das heute auch als Udhagamandalam bezeichnet wird.

Die zu Mudumalai nächstgelegene Tankstelle/Autowerkstatt befindet sich in Gudalur (16 km von Teppakadu). Dort können auch Fahrzeuge gemietet werden.

Klima/Reisezeit

Die Wintertemperaturen liegen zwischen 10 °C und 24 °C. In der heißen Jahreszeit von März bis Mai steigt die Temperatur bis 36 °C.

Die mittlere jährliche Niederschlagsmenge liegt zwischen 500 mm im Nordosten und 2000 mm im Südwesten des Gebiets. Der Südwest-Monsun (Juni bis August) ist der größte Regenlieferant, während der

Der Skink *Mabuya carinata* wird bis 30 cm lang. In der Nähe seiner Erdhöhle nimmt er gern ein Sonnenbad.

Eine schwarz-gelbe Spinne der Gattung *Argiope.*

Nordost-Monsun (Oktober bis Dezember) sich nur wenig auswirkt.

Für Tierbeobachtungen ist die Zeit März/ April bis hinein in die ersten Junitage besonders lohnend. Auch September/Oktober sind bevorzugte, weil relativ trockene Monate.

Mudumalai ist ganzjährig für Touristen geöffnet. Es wird lediglich während extremer Dürreperioden (wegen Waldbrandgefahr und Wassermangel) geschlossen. Nach der Regenzeit sind häufig Brücken, Furten und Straßenbefestigungen zerstört, so daß nicht jederzeit alle Wege im Gebiet befahrbar sind. Dies trifft besonders auf das Sumpfgebiet zwischen Mudumalai Game Hut und Benne zu.

Unterkunft

Rasthäuser des Forest Department in Teppakadu ①, Abhayaranyam ⑥, Kargundi ⑦ und Masinagudi ⑤. Diverse private Pensionen auf Farmgelände in der Umgebung von Masinagudi.

Adressen

↳ Wildlife Warden, Mudamulai Wildlife Sanctuary, Mahalingam Building, Coonor Road, Ooty 643 001, Tamil Nadu, Tel. 3114;

↳ Tourist Office, Government of Tamil Nadu, Supermarket Complex, Charing Cross, Ooty 643 001, Tamil Nadu, Tel. 2416;

↳ Range Officer, Reception Centre, Mudumalai Sanctuary, Teppakadu 643 227, Tamil Nadu, Tel. 35 (Masinagudi Exchange);

↳ Jungle Hut, Bokkapuram, P.O.Masinagudi 643 223, Tamil Nadu, Tel. 40 (Masinagudi via Ooty);

↳ Jungle Trails, Chaddapatti, P.O.Masinagudi 643 223, Tamil Nadu.

Blick in die Umgebung

Ooty ist ein vielbesuchter Luftkurort auf dem Nilgiri-Plateau, der wegen seiner Höhenlage (2240 m) ein sehr gemäßigtes Klima aufweist. 10 km außerhalb liegt der Doddabetta, mit 2623 m der höchste Berg des Plateaus. In Ooty fällt an einem Berghang das berühmte Radioteleskop auf, das speziell für Messungen von Bedeckungen kosmischer Radioquellen durch den Mond ausgelegt ist. Es ist 529 m lang und besteht aus 24 parabolisch geformten Antennen. Die natürliche Vegetation in der Umgebung von Ooty ist durch Tee-, Kaffee- und Eukalyptusanpflanzungen sowie andere landwirtschaftliche Nutzung weitgehend zerstört. Das für Naturfreunde interessante **Nilgiri-Tahr-Sanctuary** (78 km^2), in dem der Mukarti Peak (2554 m) liegt, ist von Ooty über Portimund oder Mukurti Dam zu erreichen. Hier befindet sich eines der letzten Rückzugsgebiete der seltenen Nilgiri-Tahrs (S. 190) aus der Familie der Bergziegen. Sie leben in einer mit Rhododendren der Art *R. nilgirica* durchsetzten Graslandschaft. Zwischen den Grasflächen und dem angrenzenden Shola-Wald (s. S. 196) läßt sich die blaue Blume *Strobilanthes kunthianum* finden, der die Nilgiris den Namen »Blue Mountains« zu verdanken haben.

Information: Nilgiri Wildlife and Environment Association (Ooty, Tel. 3968).

27 Anamalai

Bergregion bis 2500m in den West-Ghats, grasbedeckte Hänge oberhalb der Baumgrenze; dichte Waldbestände aus feucht-tropischem Laubwald mit Regenwaldkomponenten; berühmt für Teak- und Rosenholzbestände, reiche Pflanzen- und Tierwelt mit vielen für die West-Ghats endemischen Arten; charakteristische Tiere: Elefant, Gaur, Hirsche, 4 Affenarten, Königsriesenhörnchen, Hornvögel.

Die Anamalai-Berge liegen südlich der Palghat-Gap in den West-Ghats, dem über 1600 km langen Westküstengebirge Indiens. Während die West-Ghats im Norden die Abbruchkante des Dekkan-Plateaus (mit geschichteten Lavadecken) darstellen, bestehen die südlichen Berge (Nilgiri, Anamalai, Ashambu u. a.) aus alten, dunklen Tiefengesteinen wie Gneis, Granit und Gabbro der Charnockite-Serie.

Das Gebiet um die Anamalai-Berge war, als es gegen 1800 unter britische Verwaltung kam, noch ein weißer Fleck auf der Landkarte. Als dort reiche Vorkommen von Teakholz und anderen wertvollen Tropenhölzern bekannt wurden, begann die wirtschaftliche Erschließung. Von Topslip ⑥ (740 m) ließ man das Holz zu Tal gleiten. Eine deutsche Firma baute sogar eine heute längst stillgelegte Waldbahn bis nach Parambikulam für den Abtransport von Holz an die Kerala-Küste. Durch den Reichtum an Wildtieren wurde das Anamalai-Gebiet in jenen Tagen unter Großwildjägern zu einem beliebten Jagdrevier.

Ursprünglich bestand in dieser Region der größte zusammenhängende Regenwald Süd-Indiens. Nach der partiellen Abholzung erwiesen sich Teile des Gebiets, wie das 1000–1200m hoch gelegene Valparai-Plateau als hervorragend geeignet für den Anbau von Tee und Kaffee. Andere Flächen wurden ab 1856 mit Teak in Monokultur wieder aufgeforstet. Glücklicherweise blieb der natürliche Wald an

Im Elefantencamp Varagaliar werden Arbeitselefanten gezüchtet und trainiert.

Kapokbäume können sehr hoch werden. Ihre Blüten locken einige Säugetiere und viele Vögel an (Blütezeit: Winter).

einigen Stellen unberührt, so daß der Tierwelt Rückzugsmöglichkeiten erhalten blieben.

Zwischen 1950 und 1970 begann mit dem Bau von mehreren Staudämmen zur Stromerzeugung eine neue Welle menschlicher Eingriffe, in deren Verlauf das Straßennetz weiter ausgebaut wurde. 1976 wurden 958 km^2 als Sanctuary deklariert. Seitdem ist eine gewisse Beruhigung eingetreten, obwohl die forstwirtschaftliche Nutzung in kleinerem Umfang weitergeht.

Offiziell wird das Anamalai-Gebiet inzwischen als Indhira Gandhi Wildlife Sanctuary bezeichnet.

Zurückgezogen in kleinen Walddörfern leben etwa 300 Familien im Anamalai Sanctuary, die vier verschiedenen Stammesgruppen angehören und zu den Ureinwohnern Süd-Indiens zählen. Da sie sich sehr gut im Wald auskennen, werden einige von der Forstbehörde als Wildhüter, Mahouts, Trekker und naturkundliche Führer beschäftigt.

Ein Nilgiri-Langur im Kapokbaum. Dieser Langur darf nicht mit dem schwarzen Wanderu (S. 203) verwechselt werden.

Das Königsriesenhörnchen wird bis zu 1 m lang. Zwei Drittel seiner Körperlänge nimmt der Schwanz ein.

Pflanzen und Tiere

Anamalai bedeutet »Elefanten-Berge« in tamilischer Sprache.

Die Anamalai-Berge werden von 3 Vegetationselementen geprägt: Gras-, Wald- und Gebüschzonen.

Grasland bedeckt die höheren Regionen. Feucht-tropischer Laubwald ist zwischen 500 m und 1500 m zu finden, dazwischen treten unberührt gebliebene Regenwaldzonen auf, die als »Shola« bezeichnet werden (s. S. 196). Mit kaum mehr als 10 km^2 ist der »Karian-Shola« ① in der Nähe von Topslip ⑥ das größte noch verbliebene Regenwaldareal. Innerhalb der höheren Regionen sind auch »montane Sholas« anzutreffen und zwar in Senken und Schluchten innerhalb des Graslands zwischen 1500 m und 2000 m. Eingestreut auf felsigem Untergrund, verwilderten Kahlschlägen sowie in den Ausläufern des Bergmassivs liegen die trockeneren Gebüschzonen.

Etwa 800 Pflanzenarten sind bisher in den Anamailai-Bergen nachgewiesen worden. Darunter finden sich seltene Farne (z. B. *Anemia tomentosa, Gymnopteris contaminatus*), Orchideen (z. B. *Habenaria rariflora*) und viele andere für die West-Ghats endemische Raritäten.

Von den begehrten Teak- und Rosenholzbäumen stehen einige langlebige Exemplare unter Denkmalschutz. Ihr Alter wird auf 500–600 Jahre geschätzt.

Die artenreiche Vogelwelt ist u. a. vertreten durch: Flaggendrongo, Sonnerathuhn, Schwarzkopfpirol, Horsfield-Pfeifdrossel, Dreifarbenweih.

Aus der Familie der Nashornvögel seien Malabartoko, Malabarhornvogel und Doppelhornvogel (S. 202) genannt.

Folgende Wildtiere leben im Anamalai Sanctuary (Reihenfolge nach Häufigkeit): Sambarhirsch, Nilgiri-Langur, Hutaffe (S. 182), Gaur, Hanuman-Langur, Axishirsch, Muntjak, Wanderu (S. 203), Elefant, Königsriesenhörnchen, Wildschwein, Lippenbär, Indischer Fischotter, Taguan. Dekkan-Rothunde (S. 175) sind die häufigsten Raubtiere, danach folgen Leoparden und Tiger (etwa 20). Die Anamalai-Berge beheimaten einige hundert Nilgiri-Tahrs, eine nur in den größeren Höhen der West-Ghats verbreitete Wildziegenart.

Unter den Schlangen sind hochgiftige Grubenottern und Kettenvipern verbreitet. Sie

Diese Ansammlung von Schildwanzen der Art *Scutellaria nobilis* wurde im Winter beobachtet.

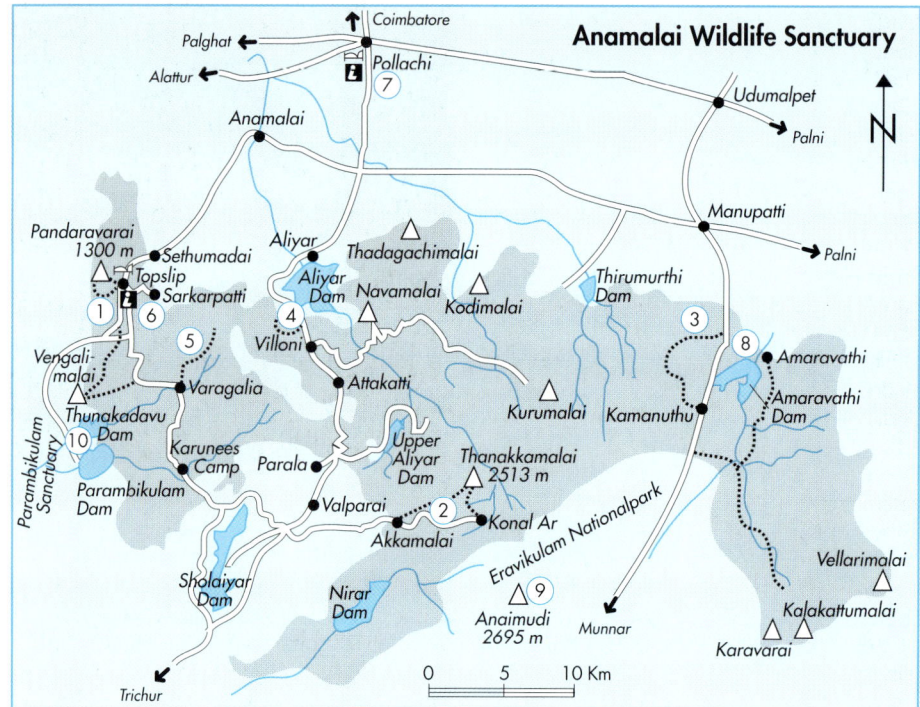

Anamalai Wildlife Sanctuary

gelten jedoch als wenig angriffslustig und
man wird sie nur selten zu Gesicht bekommen.

Der durch Wilderei dezimierte Bestand an
Sumpfkrokodilen (S. 71) wurde durch die
Aktivitäten einer Krokodil-Aufzuchtstation
erfolgreich aufgestockt. Heute gilt der
Amaravathi-Stausee ⑧ als das krokodil-
reichste Gewässer in Süd-Indien.

Nach Gewittern im April/Mai können
nachts große Ansammlungen von Leuchtkäfern auftreten – ein wunderschönes Naturschauspiel.

Es lohnt sich die Umgebung der Rasthäuser nachts mit der Taschenlampe nach Eulen, Stachelschweinen (S. 45) und Kleinen
Zibetkatzen (S. 168) abzusuchen. Auch
Wildschweine, Axishirsche und Gaur
(s. S. 125) kommen im Schutz der Dunkelheit gelegentlich direkt bis vor die Haustür.
In Topslip schleicht manchmal ein Leopard (S. 106) durch die Siedlung.

Im Gebiet unterwegs

Während der trockeneren Jahreszeit lassen
sich viele der Wege mit gewöhnlichen
PKWs befahren. Besonders in den Mor-
gen- und Nachmittagsstunden bestehen
Möglichkeiten zur Tierbeobachtung aus
dem Wagen, jedoch sind selbst die großen
Elefanten und Gaur nur mühsam im Unterholz auszumachen. Tierfotografen werden
Schwierigkeiten haben im dunklen, dichten Wald freistehende und gut beleuchtete
Motive zu finden.

Mit dem Auto gut erreichbar ist das **Elefantencamp Varagaliar** ⑤. Dort leben etwa
30 Elefanten, die nach mehrjähriger Ausbildung für Waldarbeiten eingesetzt werden. Nicht nur ihr Training ist sehenswert,
sondern auch ihr Bad im Fluß und ihre Füt-
terung.

In **Topslip** ⑥ stehen für Touristen einige
Reitelefanten zur Verfügung. Vom Elefan-

tenrücken sind Tierbeobachtungen meistens günstiger als aus einem Fahrzeug. Die Nilgiri-Languren und Wanderus zählen zu den Tierarten, denen es hier nachzuspüren besonders lohnt. Während die Nilgiri-Languren mit etwas Glück fast überall im Wald anzutreffen sind, muß man sich nach den Aufenthaltsorten der Wanderus genau erkundigen. Am ehesten findet man sie mit Hilfe eines ortskundigen Führers. Die Suche nach ihnen im sehr hohen Primärwald kann nur zu Fuß erfolgen. Die eindrucksvollen Besonderheiten des Waldes mit seinen botanischen Raritäten und seiner Kleintierwelt lassen sich ebenfalls nur zu Fuß entdecken.

Den möglicherweise größten Eindruck des Anamalai-Gebietes hinterläßt jedoch nicht unbedingt der unübersichtliche Wald, sondern die erhabene Gipfelregion. Nicht nur die Nilgiri-Tahrs sind dort anzutreffen. Hirsche, Gaur, Elefanten und Lippenbären suchen das offene Grasland an den Berghängen regelmäßig zur Nahrungssuche auf. In ihrem Gefolge erscheinen hier auch Dekkan-Rothunde, Tiger und Leoparden. Aus sicherer Entfernung (Fernglas benutzen!) sind Tierbeobachtungen in der Bergregion deswegen besonders lohnend. Das Forest Department schlägt 5 verschiedene Trekkingrouten vor (die Nummern weisen auf die Zuordnung in der Karte hin):

① Topslip – Karianshola – Pandaravai Peak – Topslip (5 Stunden),
② Akkamalai – Thanakamalai – Konal Ar – Akkamalai (7 Stunden),
③ Elumalaiyan Odai – Kamanuthu – Pungan Odai – Udumalpet – Munnar Road (2,5 Stunden),
④ Monkey Falls am Aliyar River (3 Stunden),
⑤ Varagaliar – Kurampalliar – Varagaliar Shola – Perunkundru Peak und zurück (7 Stunden).

Im weniger bekannten **Amravathi-Gebiet** ⑧ und in den südlichen »Gras Hills« können oft große Tierherden beobachtet werden,

Typische Frucht des Schraubenbaumes.

die an ostafrikanische Verhältnisse erinnern.

ACHTUNG: Bei Fußwanderungen muß mit Zecken und Blutegeln gerechnet werden. Die Teufelsnessel ruft bei Berührung schmerzhaft brennende Rötungen mit Schwellung auf der Haut hervor, die bei einigen Menschen sogar mit Lähmungserscheinungen einhergehen sollen.

Praktische Tips

Anreise
Von Coimbatore mit eigenem Fahrzeug oder Bus nach Pollachi ⑦ (45 km). Dort wegen Rasthausreservierung, allgemeiner Beratung oder Genehmigung von Sonderwünschen zum Office des Wildlife Warden. Von Pollachi dann über alljährlich befahrbare Straße nach Topslip (35 km) – Busverbindung 3 x täglich. Topslip ⑥ ist Ausgangspunkt für touristische Aktivitäten. Dort stehen in begrenztem Umfang Reitelefanten, Fahrzeuge des Forest Department und Guides für Wanderungen und Trekkingtouren zur Verfügung. An Sonn- und Feiertagen ist die Umgebung von Topslip überlaufen und es bestehen erhebliche Engpässe bezüglich Unterkunft und Transportkapazitäten.

Niligiri-Tahrs leben nur in den höheren Bergregionen Süd-Indiens.

Klima/ Reisezeit

Je nach Höhenlage fallen jährlich Regenmengen von 500–5000mm, davon 3/4 während des Südwest-Monsuns von Juni bis August. Mit wesentlich geringeren Niederschlägen ist während des Nordost-Monsuns von September bis Dezember zu rechnen. Weitgehend trocken sind die Wintermonate Januar und Februar, während von März bis Mai gelegentliche Wärmegewitter auftreten, die dem Monsun vorausgehen. Starke Winde in den größeren Höhen und Nebel sind häufig. Aufgrund der Höhenlage ist das Klima gemäßigter als in der Tiefebene. Die gemessenen Temperaturextreme schwanken zwischen 8 °C und 32 °C in mittleren Höhenlagen, zwischen leichtem Frost und 20 °C in extremen Höhenlagen. Empfohlene Reisezeit: Oktober bis Mai.

Unterkunft

Unterkünfte in Pollachi und Topslip. Mehrere kleine Rasthäuser des Forest Department im Gebiet. Bei Benutzung abgelegener Rasthäuser müssen Lebensmittel mitgebracht werden.

Adressen

⇨ Wildlife Warden, Anamalai Sanctuary, 78F, Meenkarai Road, Pollachi 642 002, Tamil Nadu, Tel. 4345;

⇨ Forest Range Officer, Anamalai Sanctuary, Topslip P.O. 642 141, Tamil Nadu.

Blick in die Umgebung

Die Anamalai-Berge bilden zusammen mit den Palni Hills (östlich) und den Cardamom Hills (südlich) ein zusammenhängendes Bergmassiv innerhalb der West-Ghats. An das größere Anamalai-Schutzgebiet in Tamil Nadu schließen sich in Kerala im Westen das **Parambikulam Sanctuary** (285 km²) und im Süden der **Eravikulam-Nationalpark** (97 km²) an.

Der größte Berg des Massivs, der **Anaimudi** ⑨ (2695 m), ist die höchste Erhebung Indiens außerhalb des Himalaya-Gebirges und liegt im Eravikulam-Nationalpark. Dieser hochgelegene Park, der über Munnar (16 km) erreichbar ist, erschließt sich nur für Wanderer. Im Gebiet seiner »High Range« bestehen besonders gute Möglichkeiten zur Beobachtung der Nilgiri-Tahrs. Das Parambikulam Sanctuary (S. 223), das von 3 Stauseen (Parambikulam, Thunakadavu und Peruvaripallam) geprägt wird, ist mit Pollachi ⑦ (48 km) durch eine Straße verbunden, die über Topslip und durch das Anamalai Sanctuary führt. Im Besucherzentrum **Thunakadavu** ⑩ gibt es Rasthäuser, Reitelefanten, Fahrzeuge und Boote. Der »Kannimara Teak« in Thunakadavu gilt als der größte Teakbaum der Welt.

Ausgangspunkt für Wanderungen in den **Palni Hills** ist der Ort **Kodaikanal**, der bereits in einer Höhe von 2135 m liegt. Bei Einplanung einer Übernachtung (Zelt) kann man von dort zu Fuß bis in das östliche Grasland (Amaravati-Gebiet ⑧) des Anamalai Sanctuary gelangen.

28 Point Calimere

Küstenregion mit langem Strand, kleiner Waldregion und ausgedehnten Schlammflächen; bedeutender Sammelpunkt von Wasser- und Zugvögeln.

Point Calimere bezeichnet einen markanten Punkt an der indischen Ostküste, an dem die Koromandel-Küste und die Palk Strait aufeinandertreffen. Am offenen Meer im Osten besteht der Strand aus feinem Sand, weiter westlich geht er in lehmigen Schlick über. Im Hinterland befindet sich der große **Vedaranyam-Salzsumpf,** der im Norden von einem künstlichen Damm be-grenzt wird. Das Sumpfgebiet erstreckt sich über 50 km parallel zur Küste. Auf den Schlammflächen, die zu den bedeutendsten Überwinterungsgebieten in Indien gehören, finden sich in den Wintermonaten Hunderttausende von Vögeln ein. In den Sumpf münden 5 Süßwasserzuflüsse, deren Wasser sich dort mit dem eindringenden Meereswasser vermischt. Dadurch bilden sich Zonen mit unterschiedlicher Salinität und entsprechend angepaßten Kleinstlebewesen, die eine breite Nahrungspalette für die Wasservögel bilden.

Gleichzeitig wird das Gebiet zur Salzgewinnung genutzt, die vielen Einheimischen einen Arbeitsplatz bietet. Der Landesregierung liegt seit einigen Jahren der

Auf den Schlammflächen überwintern Limikolen in großer Zahl; dieser Schwarm besteht aus Dunkelwasserläufern.

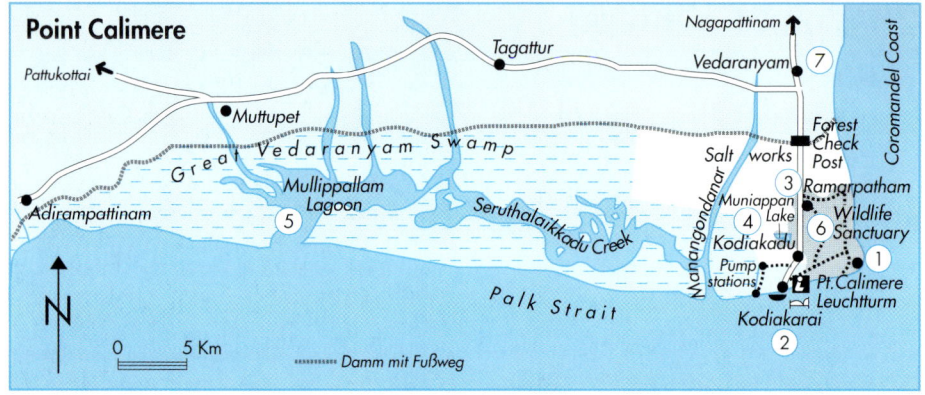

Antrag vor, den Vedaranyam-Sumpf als Feuchtgebiet mit internationaler Bedeutung (Ramsar Konvention) unter Schutz zu stellen. Dafür vorgesehen ist eine Fläche von 350 km². Dem stehen die Interessen der Fischer und Pachtverträge mit der Salzindustrie entgegen.

Bisher ist nur ein Waldgebiet von 25 km² unter Schutz gestellt worden (Wildlife Sanctuary seit 1967), das sich östlich des Vedaranyam-Sumpfes bis zur Küste erstreckt.

Ein bescheidener Aussichtspunkt im Wald (etwa 5 m über Umgebungsniveau) ist der **Ramarpatham** ③. Auf diesem Hügel wird der Fußabdruck Ramas, der sich der Sage nach auf dem Weg nach Sri Lanka befand (etwa 50 km vor der Küste gelegen), in einem kleinen Heiligtum verehrt. In der Nähe der Straße liegt der **Muniappan-See** ④, dem als Sammelbecken für Regenwasser eine wichtige Bedeutung als Tränke für die Wildtiere zukommt.

Kodiakarai ② ist eine kleine Ortschaft mit etwa 170 Häusern. Während der Fischfangsaison im Winter (Dezember bis März) vervielfacht sich die Einwohnerzahl. Die zuziehenden Familien bauen sich am Ortsende und am Strand einfache Hütten aus Palmwedeln. Es herrscht ein äußerst geschäftiges Treiben. Der reiche Fang aus dem Meer wird hier bei Tag und Nacht an-

gelandet. Es lohnt, einen Blick in Körbe und Kisten zu werfen. Zwischen großen Hammerhaien und bunten Krustentieren sind Fische vieler Größenklassen vertreten. Naturschützer machen sich allerdings Sorgen, daß durch den unkontrollierten Zuwachs der Fischkutterflotte die Fanggründe überfischt werden könnten.

Pflanzen und Tiere

Die Vegetation entlang der Schlammflächen und am Strand wird geprägt von niedrigen Büschen (z. B. Mesquitebaum und die Tamariske *T. traupii*), einigen Salzpflanzen (z. B. *Salicornia brachiata*) und widerstandsfähigen Gräsern. In der Umgebung der Mullippallam Lagoon ⑤ und westlich davon wächst ein niedriger Mangrovenwald (vorherrschend: *Avicennia officinalis*).

Im vorhandenen **Schutzgebiet** ⑥ wächst ein tropischer Laubwald (Typ: »Dry-Ever-green«), der hier in Meeresnähe nicht besonders hoch wird und mehr einem Dickicht gleicht. Dazwischen breiten sich Gras-, Sand- und temporäre Überschwemmungsflächen aus. Dies ist der Lebensraum von etwa 600 Hirschziegenantilopen und einigen Axishirschen. Andere Säugetierarten sind Wildschweine, Goldschakale, Mungos, Schwarznackenhasen und Indische Flughunde (S. 170).

Die »Bombay Natural History Society«, kurz BNHS genannt, beringt (seit 1969) in Point Calimere in den Wintermonaten Zehntausende von Vögeln. Die Beringungsaktionen für Wasservögel finden nachts statt, die für Waldvögel am frühen Morgen. Für das Einfangen der Vögel werden »Adivasis« beschäftigt. Diese Ureinwohner sind Sammler und Jäger, die früher auch vom Vogelfang lebten, der jetzt verboten ist.

Von den über 230 festgestellten Vogelarten sind 14 % Standvögel, 32 % Zugvögel aus dem Indischen Raum und 33 % weitgereiste Zugvögel aus Nord- und Mittelasien. Die anderen Arten sind unregelmäßige Durchzügler und Irrgäste.

Unter den gefiederten Wintergästen sind Zwerg- und Sichelstrandläufer die häufigsten. Zwischen den anderen Limikolen, Enten, Reihern, Störchen und Pelikanen fallen besonders die Flamingos auf. Ihr Erscheinen ist sehr unregelmäßig – manchmal werden Tausende gezählt, manchmal nur ein paar Dutzend. Sie halten sich bevorzugt in den Salzpfannen auf.

Extreme Raritäten, die während der Beringungsaktion ins Netz gingen, sind ein Löffelstrandläufer (Brutgebiet: östliches Sibirien) und eine Dreifarbenweih (offenbar auf dem Weg nach Sri Lanka).

Zu den Brutvögeln von Point Calimere zählen Fluß- und Seeregenpfeifer, Rotlappen- und Graukopfkiebitz sowie die Zwergseeschwalbe (Brutzeit: April/Mai).

Ehemals befand sich die BNHS-Forschungsstation in Kodiakarai. Wegen mangelhafter Wasser- und Stromversorgung ist sie jetzt nach Vedaranyam verlegt worden, insbesondere weil ein Personalcomputer zur Auswertung der Daten angeschafft wurde. In der früheren Station in Kodiakarai befindet sich jetzt ein kleines, naturkundliches Museum.

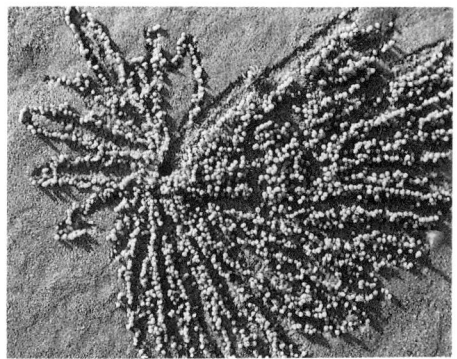

Winzige Krebse durchseihen bei Ebbe den feuchten Sand und hinterlassen Muster aus kleinen Kügelchen.

Im Gebiet unterwegs

Kodiakarai ② ist Ausgangspunkt für Exkursionen. Mit etwas Verhandlungsgeschick läßt sich auch ein Fahrrad mieten, ansonsten bleiben Fußwanderungen am Strand, zum Leuchtturm ①, auf Dämmen zwischen den Schlammflächen oder im Waldgebiet.

Die vielen Boote vor Ort werden in den Wintermonaten intensiv für den Fischfang benutzt. Manchmal lassen sich die Fischer dazu überreden, in ihren Booten auch Touristen mitzunehmen.

Schon von der Dachterrasse des Rasthauses in Kodiakarai kann man sich einen Überblick über die Verteilung der Vögel auf den Schlammflächen verschaffen. In den Palmen unmittelbar neben dem Rasthaus brüten oft Brahminenweihen, denen man direkt ins Nest schauen kann, ohne zu stören. Neben den Fischerhütten und der Hafenanlage warten Brahminenweihen, Krähen und Möwen in großer Zahl auf Fischabfälle.

Auf Strandwanderungen fallen in der Gezeitenzone flinke Sandlaufkäfer und verschiedene Krabbenarten auf, z. B. die tiefroten Gespensterkrabben. Angespülte Gehäuse von schönen Muscheln und Schnecken machen den Strand zu einer Fundgrube für Sammler.

Die Brahminenweihe lebt im Küstenbereich von angespülten Meerestieren und sucht in Fischereihäfen nach Abfällen.

Am Strand von Point Calimere lassen sich Muscheln und Schnecken finden, darunter die schönen Murex-Schnecken.

Praktische Tips

Anreise

Die Ortschaft Kodiakarai ② kann nur über Vedaranyam ⑦ (11 km) erreicht werden. Zwischen beiden Orten fahren öffentliche Busse und private Minibusse. Der Eisenbahnverkehr auf dieser Strecke ist kürzlich eingestellt worden.

Vedaranyam hat Busverbindungen nach Tiruchchirappalli – Kurzbezeichnung: Trichy – (145 km), Thanjavur (90 km) und Nagapattinam (46 km). Die Entfernung nach Madras beträgt etwa 350 km.

Klima/Reisezeit

Die Tagestemperaturen in den Wintermonaten schwanken zwischen 23 °C und 30 °C, in den Sommermonaten liegen die

Ein Wintergast: die Tibet-Lachmöwe. Im Flug sind schwarze Flügelspitzen mit weißen Flecken ihr Erkennungsmerkmal.

Temperaturen zwischen 30 °C und 37 °C. Die jährliche Niederschlagsmenge beträgt etwa 1300 mm. Der Südwest-Monsun bringt von Mai bis Juli nur geringen Regen, während der Nordost-Monsun von September bis Dezember ergiebiger ausfällt mit höchsten Regenmengen im Oktober/November. Kräftige Winde mit Windgeschwindigkeiten bis zu 60 km/h treten regelmäßig in den Monaten Mai bis September auf.

Das Gebiet ist ganzjährig geöffnet. Am günstigsten für einen Besuch sind die Monate Januar und Februar.

Unterkunft

Rasthaus in Kodiakarai.

ACHTUNG: In der trockenen, heißen Jahreszeit ist die Versorgung mit fließendem Wasser nicht immer gewährleistet. Trinkwasser wird dann mit Tankwagen verteilt.

Adressen

- ⤳ Wildlife Warden, Point Calimere Wildlife Sanctuary, Kadampadi, Nagapattinam 611 001, Tamil Nadu, Tel. 2349;
- ⤳ Forest Range Officer, Point Calimere Wildlife Sanctuary, Poonarai Illiam Rest House, Kodiakarai 614 807, Tamil Nadu, Tel. 24;
- ⤳ BNHS Research Station, 44, Mariamman Koil Street, Vedaranyam 614 810, Tamil Nadu, Tel. 388.

29 Periyar

Touristisch gut erschlossenes Tiger-
schutzgebiet in den Cardamom Hills;
Hauptattraktion: Schiffsausflüge auf
dem Periyar-Stausee mit sehr guter
Möglichkeit zur Beobachtung von
Wildtieren, insbesondere Elefanten;
Vegetationsvielfalt zwischen grasbe-
deckten Berghängen und tropischem
Regenwald; die Waldregion ist ein
Eldorado für Ornithologen.

Periyar kann sich damit rühmen, das be-
liebteste und meistbesuchte Tigerschutzgebiet Indiens zu sein. Die liebliche Landschaft, das angenehme Klima und das gut
ausgebaute Netz von Unterkünften,
Schiffstouren und Busverbindungen haben
dazu beigetragen, daß sich hier ein Erholungsgebiet entwickelt hat. Es liegt in den
Cardamom Hills im südlichen Teil der
West-Ghats, die hier aus altem Tiefengestein (Granit, Gabbro) aufgebaut sind.
Bereits 1895 war der Staudamm am
Periyar-Fluß fertiggestellt worden, um das
gestaute Wasser für Bewässerungszwecke
zu nutzen. Der Periyar-See liegt in einer
Höhe von 1000 m und erstreckt sich etwa
über 26 km². Der höchste Berg der Gegend ist der Vellimalai mit 2019 m.
Nachdem der Maharadscha von Travancore sich für den Schutz des Waldes und
ein Jagdverbot einsetzte, wurde 1934 zunächst das kleine Nellikampatty Sanctuary
(etwa 13 km²) deklariert. 1950 wurde das
Schutzgebiet auf 777 km² erweitert und
bekam seinen heutigen Namen. 1977 erhielt es den Status eines Tigerschutzgebietes. Eine Kernzone von 350 km² wurde
1982 zum Nationalpark erklärt. Die ehemals im Wald heimischen Volksstämme
der Mannan, Paliyan und Uraly wurden
umgesiedelt. Sie wohnen heute außerhalb
des Schutzgebietes, sind jedoch weiterhin
in der Wildnis beim Fischen und Sammeln
anzutreffen.

Die Fischnatter lebt nicht nur in Seen, sondern auch in
Brunnenschächten und künstlichen Wasserbecken.

Der Paddyreiher ist äußerst anpassungsfähig. Er lebt an
Seen, Flüssen, Tümpeln, Dorfteichen und auf Reisfeldern.

Die toten Bäume, die bizarr aus dem Periyar-See ragen, sind inzwischen fast 100 Jahre alt. Sie sind ein Beweis für die Dauerhaftigkeit tropischer Hölzer. Es ist sogar beobachtet worden, daß der Blitz in einen toten Stamm einschlug und ihn wie eine Fackel in Brand setzte. Jetzt hat der Stumpf zwar eine verkohlte Oberfläche, wird aber wohl wie viele andere Stämme noch einige Jahrzehnte überdauern. Unterhalb der Wasseroberfläche stehen weitere Überreste des ertrunkenen Waldes. Die Schiffsführer müssen bestimmte Routen einhalten, um diese unsichtbaren Hindernisse zu umfahren.

Pflanzen und Tiere

Das Periyar-Gebiet ist »das Land wo der Pfeffer wächst«. Im Schatten des Waldes rankt sich der wilde Schwarze Pfeffer zusammen mit anderen Kletterpflanzen und Schlinggewächsen an den Baumstämmen empor.

Etwa 40 % des Schutzgebiets werden von üppigem tropischen Shola-Wald bedeckt, während weitere 40 % mit feuchtem tropischen Laubwald bewachsen sind. Die restliche Fläche besteht aus Grasland, dem verzweigten Stausee und einigen Eukalyptus-Anpflanzungen.

Tiger werden nur äußerst selten beobachtet (Census 1990: 45 Tiere). Von den etwa 1000 Elefanten (s. S. 180) trägt kaum einer schwere Stoßzähne, da die Wilderei nach Elfenbein schwer kontrolliert werden kann. Weitere Säugetierarten sind Gaur (s. S. 125), Sambar, Wildschwein, Muntjak (S. 175), Fleckenkantschil, Lippenbär, Leopard, Rohrkatze, Königsriesenhörnchen, Hutaffe, Hanuman-Langur (S. 57), Nilgiri-Langur (S. 186), Wanderu (S. 203), Schwarznackenhase und Buntmarder. Es

Shola

Regenwälder in Indien findet man in Zonen mit extrem hohen Niederschlagsmengen im Nordosten und im Süden. Während der indo-malayische Regenwaldtyp im Nordosten sich noch weit nach Südosten fortsetzt, ist der auf ein kleines Verbreitungsgebiet begrenzte südindische Regenwald von ganz eigenem Charakter. Man bezeichnet diesen einmaligen tropischen Urwald, der auf Zonen in den West-Ghats begrenzt ist, auf die pro Jahr mehr als 2500 mm Regen niedergehen, als »Shola«. In Höhen zwischen 500–1500 m erreicht er sein üppigstes Wachstum mit Baumhöhen von 40–50m. In höheren Berglagen von 1500–1800m, teilweise auch darüber, geht der Shola-Wald aufgrund der rauheren Klimaverhältnisse in einen kleinwüchsigen Regenwaldtyp über, »Montan Shola« genannt.

Ursprünglich wurde die Bezeichnung »Shola« nur für den montanen Shola-Wald benutzt, heute wird sie in einem erweiterten Sinne verwendet.

Entlang der Flüsse, die von den Regenwäldern ganzjährig mit Wasser gespeist werden, an denen auch unterhalb von 500 m ein feuchter, immergrüner Laubwald wächst, spricht man von »Riverine Shola«.

Die indischen »Sholas« sind Heimat vieler endemischer Tier- und Pflanzenarten. Darüber hinaus besteht eine interessante Beziehung zwischen einigen Arten der südlichen West-Ghats und des Himalayas (z. B. in der Verbreitung der Häherlinge aus der Vogelgattung *Garrulax*), die die Vermutung nahelegt, daß beide Bergregionen in ihrer Entwicklungsgeschichte miteinander in Verbindung standen.

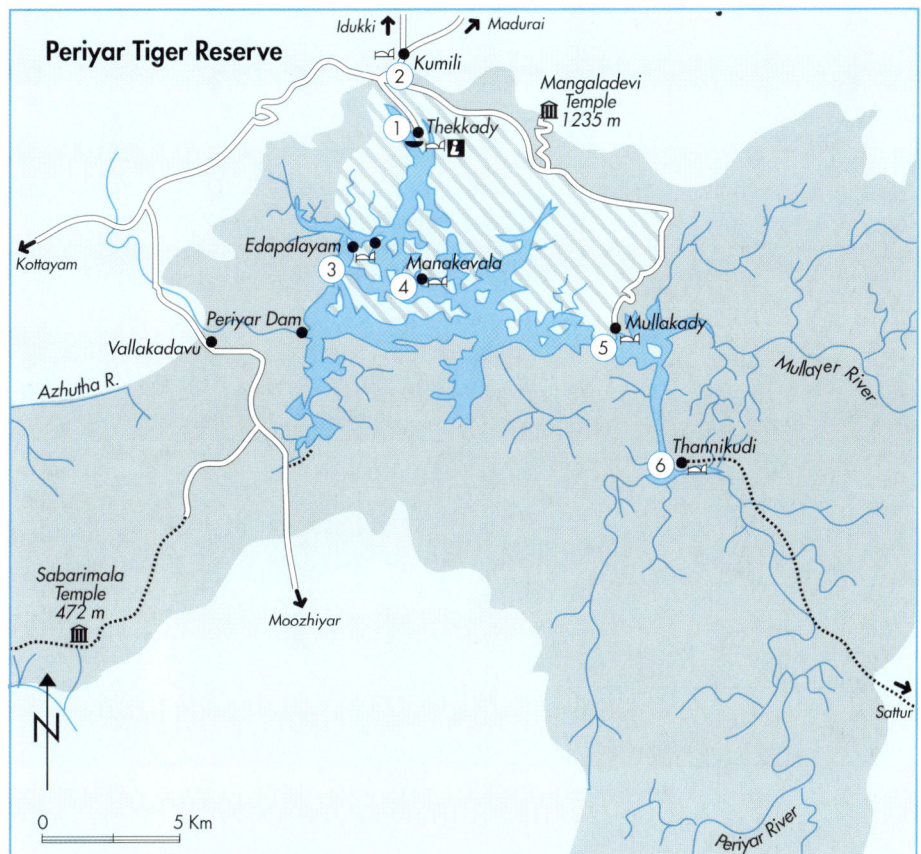

Periyar Tiger Reserve

Idukki ↑   ↗ Madurai
🏠● Kumili
②
Mangaladevi
Temple
🏛 1235 m
① Thekkady
🏠 ℹ

Kottayam ←
Edapálayam ●
③ 🏠
Manakavala
④ 🏠

Periyar Dam ●
Vallakadavu ●
Azhutha R.
Mullakady ●
⑤

Mullayer River

Thannikudi ●
⑥ 🏠

Sabarimala
Temple
472 m
🏛
Moozhiyar ↓

Sattur ↗

N↑

0   5 Km

Periyar River

gibt etwa 50 Rudel von Dekkan-Rothun-den (S. 175), die aus 2–14 Tieren bestehen. Der Versuch Axishirsche einzubürgern (1935 auf Deer Island) ist mißlungen, da sie leichte Beute der Tiger wurden.

Da der Stausee kaum seichte Uferbezirke hat, sondern recht steil in die Tiefe geht (maximal 42 m tief in der Nähe des Stau-dammes), gibt es nur solche Wasservögel, die auf das Fischen in tiefen Gewässern spezialisiert sind. Dazu gehören Schlan-genhalsvogel, Kormoran, Eisvogel und Fischadler, während Enten völlig fehlen. Der Vogelreichtum mit etwa 275 Arten bezieht sich vorwiegend auf die Wald-region. Bemerkenswert gut vertreten sind Kuckucke (12 Arten), Spechte (12 Arten),

Greifvögel (29 Arten, davon 3 Geierarten), Eulen (8 Arten), Bülbüls (7 Arten), Tauben (8 Arten), Fliegenschnäpper (14 Arten) und Bachstelzen (5 Arten).

Von den in den West-Ghats endemischen Vogelarten sind Weißbauch-Baumelster, Taubensittich und Däumlingsnektarvogel in Periyar besonders leicht zu sehen.

In einem hohen Baum neben dem Infor-mationszentrum in Thekkady nistet seit vielen Jahren ein Paar Wollhalsstörche. Neben Vögeln, Insekten und Fledermäu-sen gleiten in Periyar auch andere Tiere durch die Luft wie Gleithörnchen (Taguan, Travancore-Gleithörnchen), »fliegender« Malabar-Ruderfrosch, Indischer Flug-drache und »fliegende« Goldschlange.

Vom Boot können in Periyar viele Wildtiere beobachtet werden; manchmal sogar Elefanten, die den See durchschwimmen.

Im Gebiet unterwegs

Neben dem Schiffsanleger in **Thekkady** ①
befindet sich ein Informationszentrum für
Besucher mit Buchungsschalter für Schiffsfahrten, Elefantenritte, geführte Fußexkur-
sionen und Reservierung kleiner Rasthäuser.
Die Schiffsausflüge auf dem See dauern in
der Regel 2 Stunden. Nirgendwo sonst in
Indien, lassen sich mit diesem Verkehrsmittel so außergewöhnliche Tierbeobachtungen machen. Natürlich müssen die Aktivitätsphasen der Tiere beachtet werden
– die späten Nachmittagsstunden sind besonders günstig. In dem schmalen Streifen zwischen Wald und Wasser grasen
hauptsächlich Elefanten und Sambarhirsche. Auch Wildschweine wühlen hier in

Rotten nach Nahrung. Rudel von Dekkan-
Rothunden jagen oft in der Uferzone am
See nach Beutetieren. Indische Fischotter,
Wasserschlangen und Schildkröten sind
häufig. Die mächtigen Gaur sind relativ
scheu und weichen beim Herannahen des
Schiffs meistens in den Wald zurück.
Wer besonderes Glück hat, kann Elefanten
durch den See schwimmen sehen und mit
dem Schiff nebenher fahren. Die riesigen
Kolosse erinnern dabei an einen schwimmenden Eisberg, bei dem nur ein kleiner
Teil aus dem Wasser ragt. Die abgetauch-
ten Tiere benutzen ihren Rüssel wie einen
Schnorchel zum Luftholen.
In Periyar werden auch kleine Exkursionen
auf dem Rücken zahmer Elefanten angeboten. Da die kurzen Touren unweit der
gestörten Touristenzone verlaufen, beste-

In der Nähe der kleineren Rasthäuser stehen Beobachtungstürme, von denen man Tiere beobachten kann, die zum Trinken ans Wasser kommen.

Praktische Tips

Anreise
Direkte Busverbindungen von Trivandrum (273 km), Cochin (190 km), Madurai (140 km), Kottayam (114 km), Kodaikanal (116 km) bis nach Kumili ② oder Thekkady ①. Für die Strecke von Kumili nach Thekkady (4 km) stehen private Fahrzeuge und ein Minibus-Service zur Verfügung.

Die häufige Mimose *M. pudica* stammt aus Brasilien.

Im Winter blüht *Terminalia paniculata* in verschiedenen roten Farbtönen. Der Handelsname des Holzes ist »Kindal«.

hen wenig Chancen auf Begegnungen mit größeren Wildtieren. Der Elefantenritt ersetzt hier vielmehr einen Waldspaziergang mit Eindrücken aus der Pflanzenwelt, mit Vogelgezwitscher und fremdartigen Gerüchen.
In der Touristenzone zwischen dem Periyar House und dem Schiffsanleger kann man auf eigene Faust im Wald und am Seeufer umherstreifen. Dies ist besonders für Ornithologen, Entomologen und Botaniker ergiebig. Auch Nilgiri-Languren und Königsriesenhörnchen können hier mit großer Wahrscheinlichkeit beobachtet werden. Größere Wanderungen im Gebiet sind offiziell verboten, können aber nach Absprache mit der Parkverwaltung durchaus genehmigt werden, wenn ein Forest Guard mitgeht.

Ein Schlangenhalsvogel trocknet sein Gefieder.

Klima/Reisezeit
Die mittlere Niederschlagsmenge liegt zwischen 2000 mm und 2500 mm pro Jahr. Der Südwest-Monsun dauert von Mai bis August (größte Regenmengen im Juli). Der Nordwest-Monsun bringt nochmals Regen von Oktober bis Dezember. Die Temperaturen schwanken im Lauf des Jahres etwa zwischen 15 °C und 32 °C. Periyar ist ganzjährig geöffnet. Die günstigste Zeit für Tierbeobachtungen ist die

Der Graufischer benutzt die toten Bäume im See als Ansitz.

heiße Jahreszeit im März/April, wenn wegen der Trockenheit mehr Tiere als sonst zum Seeufer kommen.

Unterkunft
Mehrere Rasthäuser innerhalb des Gebiets, von denen das Periyar House in Thekkady ① die größte Kapazität besitzt (preiswerter als Aranyas Nivas ① oder Lake Palace ③). In Kumili ② gibt es etliche private Rasthäuser und kleine Hotels. Die Verpflegung für die abgelegenen Rasthäuser (Edapalayam ③, Manakarala ④, Mullakady ⑤, Thannikudi ⑥) muß selbst mitgebracht werden. Dafür bietet Kumili gute Einkaufsmöglichkeiten. Die kleinen Rasthäuser sind sehr beliebt und oft viele Tage im voraus ausgebucht.

Adressen
↪ Field Director, Periyar Tiger Reserve, Kanjikuzhi, Kottayam, Kerala, Tel. 8409;
↪ Tourist Information Centre, Periyar Tiger Reserve, Thekkady 685 536, Kerala, Tel. 2028 (Kumili);
↪ Peermade Wildlife Preservation Society, Ashley Estate, P.O. Peermade 685 531, Dist. Idukki, Kerala.

Blick in die Umgebung
Die unmittelbare Umgebung Periyars wird von Plantagen und Pflanzungen geprägt (Tee, Kaffee, Kardamom, Pfeffer, Eukalyptus, Kautschuk, Zimt, Bananen). Durch die dichte Besiedlung ist es nicht einfach, die äußeren Zonen des Schutzgebietes wirksam zu schützen.
Im selben Idukki-Distrikt wie Periyar liegen das Idukki Sanctuary (am gleichnamigen Stausee), das Chinnar Sanctuary und der Eravikulam-Nationalpark (s. S. 190).
Die bekannten Naturschutzgebiete »Anamalai« (s. Hauptreiseziel 27) bzw. »Kalakad-Mundanthurai« liegen je nach Transportmittel 1–2 Tagesreisen entfernt.

30 Kalakad – Mundanthurai

Bergregion mit tropischem Regenwald in den Ashambu Hills; südlich-
stes Tigerschutzgebiet Indiens; Kardamom-Pflanzungen im Schatten der
Urwaldriesen; rauschende Wasserfälle und klare Bäche; Grasland in den
Höhenlagen; Wandermöglichkeiten;
charakteristische Tiere: Gaur, Hirsche, Elefanten, Nilgiri-Languren,
Wanderus.

An der Südspitze Indiens bilden die West-
Ghats eine Bergkette, aus der einige kahle
Bergkegel aus Gneis und Granit wie
Zuckerhüte hervorragen. Es sind die
Ashambu Hills, die zu 2/3 in Tamil Nadu
und zu 1/3 in Kerala liegen. Durch die
großen Regenmengen, die der Südwest-
Monsun hier abläd, hat sich in den mittleren Höhenlagen ein üppiger Regenwald
gebildet, der »Shola« (s. S. 196) genannt
wird.
Der höchste Berg der Region, der Agastiyamalai (1868 m), läßt sich am besten von
Neyyar in Kerala besteigen. Auch von einigen anderen Gipfeln der Ashambu Hills
bietet sich für Bergwanderer ein unvergeßlicher Panorama-Ausblick auf die Südspitze Indiens.
In den Jahren 1976/77 wurden hier zwei
aneinandergrenzende Schutzgebiete geschaffen: Kalakad Sanctuary (253 km²)
und Mundanthurai Sanctuary (567 km²).
Erst 1989 wurden beide Gebiete zum Ka-
lakad-Mundanthurai-Tigerschutzgebiet
zusammengefaßt. Diese Maßnahme
kommt natürlich auch den wenigen Tigern
(Census 1989: 18 Tiger) zugute, ist aber
vor allem gedacht, um das gesamte Gebiet
und den einmaligen Regenwaldbestand
effektiver schützen zu können.

Pflanzen und Tiere

Primaten sind mit 5 Arten vertreten: Hanuman-Languren, Nilgiri-Languren, Hutaffen, Wanderus und Schlankloris. Die Elefantenpopulation des Gebiets ist mit etwa
80 Tieren recht niedrig – vermutlich weil
das Angebot an geeigneten Gras- und
Schilfarten gering ist. Auch Nilgiri-Tahrs
sind selten. Sambarhirsche und Wildschweine sind dagegen verbreitet, Axishirsche gibt es nur im Mundanthurai-
Gebiet. Lippenbär, Leopard, Dekkan-Rothund, Tiger und Gaur werden nur selten
gesehen.
Die besondere Attraktion der Region ist
der tropische Regenwald. Seine Flora (mit
über 2000 Gefäßpflanzen und 150 endemischen Arten) gehört zu den artenreich-
sten auf dem Indischen Subkontinent. Ein
seltener Venusschuh (*Paphiopedilum
druryi*), eine Palmenrarität (*Bentinckia
coddapanna*) und sogar eine Steineibe (*Podocarpus wallichiana*) sind hier zu Hause.
Etliche Stammformen von Kulturpflanzen
kommen hier wild vor (z. B. Mango, Zimt,
Kardamom) und auch Grünpflanzen und
Farne, die bei uns als Zimmerpflanzen bekannt sind. Wilde Mango- und Jackfruchtbäume werden hier sehr hoch.
Die **Kardamom-Pflanzungen** im Regenwald
sind aus ökologischer Sicht langfristig be-
denklich, da nur die höchsten Urwaldbäu-
me als Schattendach stehengelassen werden. In den unteren Stockwerken wird
jede Vegetation entfernt, um den Karda-
mom-Pflanzen viel Raum zu geben. Die
natürliche Regeneration des Waldes wird
dadurch verhindert. Da die Urwaldriesen
sehr langlebig sind, ist das Regenwalddach
zur Zeit noch intakt. Von unten aus den
Kulturen erscheint der Wald besonders im-
posant, da keine halbhohe Vegetation den
Blick in die Gipfel versperrt.

In der kaum erschlossenen Bergregion Süd-Indiens verbergen sich noch Bestände von tropischem Regenwald.

Aus der Pflanzenwelt des südindischen Regenwaldes bezieht die **Ayurvedische Medizin** (indische Naturheilkunde nach den Lehrbüchern der Veden) seit alters her wertvolle Heilsubstanzen. Einige davon haben auch in der Schulmedizin Bedeutung erlangt, wie die Wirkstoffe des Strauches *Rauwolfia serpentina* gegen hohen Blutdruck oder des Baumes *Hydnocarpus laurifolia* gegen Lepra.

Der Doppelhornvogel lebt vorwiegend von ausgewählten Baumfrüchten in großen Wäldern.

Im Gebiet unterwegs

Da zwischen den Teilgebieten Kalakad und Mundanthurai keine Straßenverbindungen existieren, muß der Besucher vorher entscheiden, in welches Gebiet er einreisen will. Die Umgebung der vorhandenen Rasthäuser eignet sich sehr gut für Ausflüge und Entdeckungstouren zu Fuß. ACHTUNG: Blutegel können in einigen Regionen lästig werden; Stechmücken, Bremsen und Hippobosciden treten gehäuft im Mai auf und veranlassen sogar Elefantenherden zur Flucht.

Kalakad

Das Kalakad-Gebiet im Süden ist das weniger bekannte Teilgebiet und eignet sich für Individualtouristen, die Einsamkeit suchen. Die Umgebung des **Thalayanai-Rasthauses** ⑫ bietet 2 Beobachtungstürme, ein Freiluft-Orchidarium sowie ein naturkundliches Museum mit Bibliothek. Nur 5 Minuten entfernt liegt der **Pachayar-Fluß**, der

Der Wanderu ist ein scheuer Bewohner des Regenwaldes. Ein sicheres Bestimmungsmerkmal: kurzer Schwanz mit Quaste.

in seinem schattigen Flußbett klares, kühles Wasser führt und zum Baden einlädt. Es gibt sogar Umziehkabinen.

ACHTUNG: Zeitweise halten sich Elefanten im Flußbett des Pachayar auf – Abstand halten !

Von Thalayanai führt eine kurvenreiche Straße über 11 km nach **Sengaltheri** ⑬ (910 m). Die Umgebung des Rasthauses in Sengaltheri ist gleichermaßen ideal für botanische Exkursionen in den Regenwald und in die Grashügel. Wildtiere kann man nur mit viel Glück sehen. Im hohen Wald lassen Nilgiri-Languren und Königsriesenhörnchen sich noch am ehesten ausfindig machen. Auch hier laden Wasserfälle und klare Bäche zum Baden ein. Oberhalb von Sengaltheri liegt eine Kardamom-Plantage mit kleiner Ansiedlung inmitten des Regenwaldes.

Abenteuerlustige Naturfreunde können im Kalakad-Gebiet eindrucksvolle Wanderungen unternehmen, die zum Teil recht schwierige Kletterpartien beinhalten. Die

Forstverwaltung hält einen kleinen Prospekt mit einem Vorschlag für eine **mehrtägige Rundwanderung** in 10 Etappen bereit. Da der Weg nicht immer einfach zu finden ist, sollte man sich vorher eingehend beraten lassen und möglicherweise einen einheimischen Führer engagieren. Zelt und Verpflegung nicht vergessen. Natürlich lassen sich die Etappen auch anders kombinieren als hier beschrieben:

Dicht am feuchten Waldboden ist die unscheinbare Kardamom-Blüte zu finden.

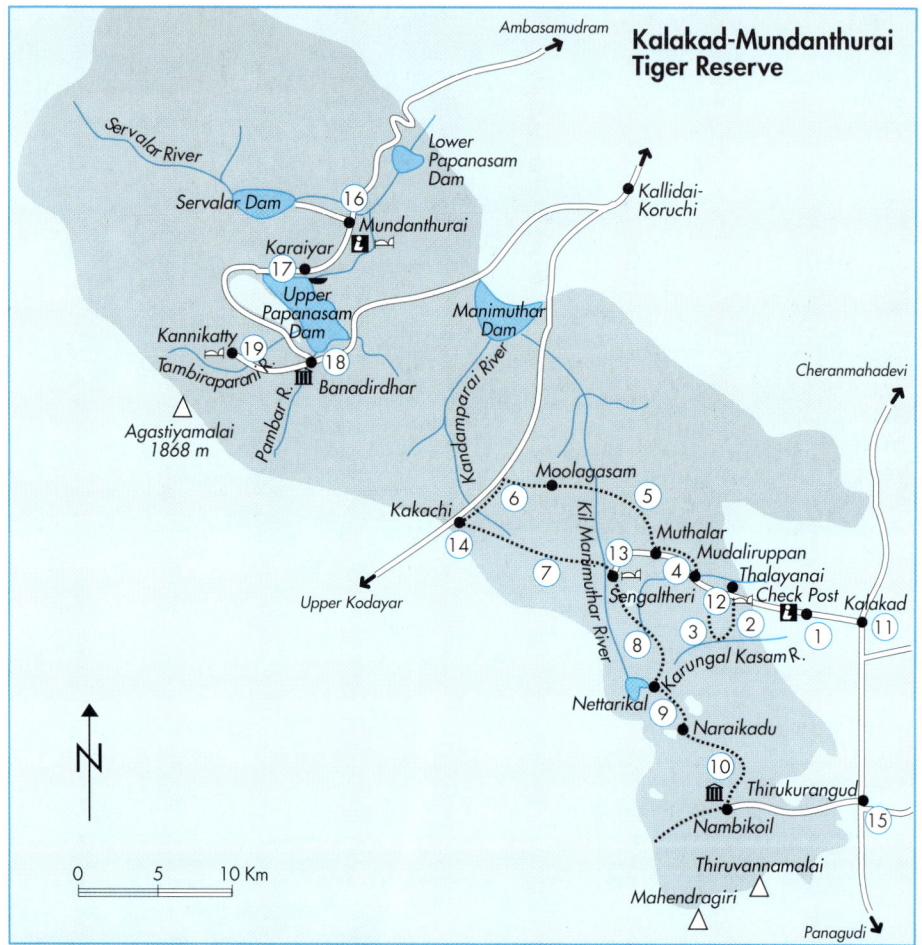

① Kalakad ⑪ (Ort) – Thalayanai (2 Std.).
Von der Bushaltestelle erreicht man nach
4 km die Eingangspforte am Ortsende,
nach weiteren 5 km auf schmaler Straße
das Thalayanai-Rasthaus.
② Thalayanai – Karungal Kasam (2 Std.).
Wanderung durch feuchten Laubwald mit
Teak und Bambus zu einem natürlichen
Swimming Pool.
③ Karungal Kasam – Mudaliruppan
(2 Std.). Zurück zur Straße und aufwärts
Richtung Sengaltheri bis zu einer Straßen-
brücke an einem kleinen Wasserfall.
④ Mudaliruppan – Muthalar Road Cross

(2 Std.). Steile Abkürzung zwischen den
Serpentinen der Straße nach Sengaltheri
mit schönen Ausblicken (Höhendifferenz
360 m).
⑤ Muthalar Road Cross – Moolakasam
(2,5 Std.). Leichte Wanderung durch
offene Graslandschaft bis zu einem tiefen Swimming Pool (guter Platz zum
Zelten).
⑥ Moolakasam – Kakachi ⑭ (2 Std.). Recht
schwieriger, steiler Aufstieg (Höhendifferenz etwa 900 m) auf einer Strecke von
3 km bis zum Erreichen der Straße nach
Kakachi.

⑦ Kakachi – Sengaltheri ⑬ (5–6 Std. mit Pausen). Zunächst leicht, danach sehr steil abfallender Hangweg, der bald durch dichten Regenwald führt. Hier befindet sich ein Revier der Wanderus. Murungai Mottai ist ein Aussichtsfelsen. Übernachtung im Rasthaus Sengaltheri.

⑧ Sengaltheri – Netterikal (5 Std.). Schwierige, abwechslungsreiche Wanderung mit 90 Minuten steilem Anstieg. Das alte Rasthaus in Netterikal ist verfallen.

⑨ Netterikal – Naraikadu (3,5 Std.). Äußerst schwieriger, extrem steiler Abstieg. Naraikadu ist in Privatbesitz der Dhonavur Fellowship, die den wunderbaren Shola-Wald auf ihrem Gelände unter strengen Schutz gestellt hat.

⑩ Naraikadu – Nambikoil – Thirukurangud (6 Std.). Abstieg aus dem dichten Wald in besiedelte Gegend. Nach 4 Std. erreicht man den Tempel von Nambikoil. Von dort führt eine Straße nach Thirukurangud ⑮ (Bushaltestelle).

Mundanthurai

Das Mundanthurai-Gebiet hat ein größeres Straßennetz und ist touristisch weiter erschlossen als das Kalakad-Gebiet. Durch den Bau von 4 großen Stauseen, Besiedlung und die frühere forstwirtschaftliche Nutzung ist der ursprüngliche Waldbestand auf dem Mundanthurai-Plateau beeinträchtigt worden. In dem jetzt lichteren Wald lassen sich Säugetiere und Vögel gut beobachten. Das **Mundanthurai-Rasthaus** ⑯ liegt in 200 m Höhe nahe am **Tambiraparani-Fluß**, über den eine urige Hängebrücke führt. Die Umgebung ist ornithologisch interessant (159 Vogelarten).

Am oberen **Papanasam-Stausee** befindet sich ein großer Parkplatz ⑰ (Weiterfahrt auf der Straße zum Kannikatty-Rasthaus nur mit Sondergenehmigung). Der Staudamm wurde in den Jahren 1938–1943 zur Stromerzeugung errichtet. Mehrere Motorboote stehen für Fahrten über den

See zum Banadirdham-Tempel ⑱ (etwa 5 km Entfernung) zur Verfügung. Auch auf dem **Servalar-Stausee** sind Bootsfahrten möglich. An Sonn- und Feiertagen ist der Andrang groß.

Das **Kannikatty-Rasthaus** ⑲ ist ein guter Ausgangspunkt für Wanderungen in die höheren Bergregionen.

Praktische Tips

Anreise

Ausgangspunkt für einen Besuch im Mundanthurai-Teilgebiet ist der Ort Ambasamudram, der von Tirunelveli (35 km) mit Bus und Bahn erreicht werden kann. Von dort fahren täglich mehrere Busse über Mundanthurai bis nach Kariyar am oberen Papanasam-Stausee. Zwischen Ambasamudram und Mundanthurai liegen 17 km, zwischen Mundanthurai und Kariyar 8 km.

Der Ort Kalakad ⑪ ist Ausgangspunkt für das gleichnamige Teilgebiet des Tigerreservats. Er liegt von Tirunelveli 45 km entfernt, von Trivandrum 140 km. Vom Range Office in Kalakad (neben der Eingangspforte) sind es 5 km bis nach Thalayanai ⑫ und weitere 11 km bis nach Sengaltheri ⑬. Von Kalakad nach Ambasamudram sind es 37 km.

Klima/Reisezeit

In den höheren Regionen des Gebiets fallen 3000–5000 mm Regen pro Jahr. Der Südwest-Monsun bringt von Mai bis Juli höhere Niederschläge als der Nordost-Monsun von Oktober bis Dezember. Die Temperaturen sind stark von der Höhenlage abhängig. Innerhalb der Waldregion können die Verhältnisse ganzjährig als schweißtreibend bezeichnet werden. Nur in großer Höhe wird es wirklich kühl. In mittlerer Höhe schwanken die Temperaturen etwa zwischen 20 °C (Winternächte) und 40 °C (Sommertage). Günstige Reisezeit: Januar bis Februar.

Jackfruchtbäume tragen ihre Früchte am Stamm.

Unterkunft

Im Mundanthurai-Gebiet gibt es 2 kleine Rasthäuser (Mundanthurai und Kannikatty), ebenso im Kalakad-Gebiet in Thalayanai und Sengaltheri. Alle Rasthäuser sind mit dem Auto erreichbar. Für mehrtägige

Baumfarne, bereits vor 300 Mio. Jahren ein Bestandteil der Steinkohlewälder, wachsen in schattigen Hochlagen.

Wanderungen ist die Mitnahme eines Zeltes zu empfehlen.

Adressen

⮡ Field Director, Kalakad-Mundanthurai Tiger Reserve, Perumalpuram, Tirunelveli 627 011, Tamil Nadu;
⮡ Deputy Director, Kalakad-Mundanthurai Tiger Reserve, Ambasamudram 627 401(opposite State Bank), Tamil Nadu, Tel. 594;
⮡ Forest Range Officer, Kalakad 627 501.

Blick in die Umgebung

Das **Neyyar Sanctuary**, das sich mit 128 km^2 im Westen unmittelbar an das Mundanthurai-Gebiet anschließt, liegt in Kerala und ist von Trivandrum 32 km entfernt. Der Ort Neyyar ist ein beliebtes Ausflugsziel. Bootsfahrten auf dem gleichnamigen Stausee gelten als Hauptattraktion. Die zweite Attraktion ist die **Besteigung des Agastiyamalai**, der mit 1868 m der höchste Berg in der Region ist. Für die Besteigung, die vorher unbedingt mit dem Wildlife Warden (PTP Nagar, Social Forestry Office, Trivandrum 695 010, Kerala) abgesprochen werden sollte, müssen 2 Tage eingeplant werden. Zunächst muß von Neyyar eine Strecke von 9 km mit dem Boot zurückgelegt werden, danach erstreckt sich der Aufstieg über etwa 10 km. Nach 3 km erreicht man den **Meenmutty-Wasserfall**. Ein kleines Rasthaus in seiner Nähe bietet eine Bleibe für Besucher, die sich in der Umgebung mit der interessanten Tier- und Pflanzenwelt beschäftigen möchten. Der Agastiyamalai wird im Januar von mehreren tausend heimischen Pilgern bestiegen, die aus der Sicht des Naturschutzes erhebliche Störungen verursachen.

Nördlich angrenzend an das Neyyar Sanctuary liegt das kleinere **Peppara Sanctuary** (53 km^2). Die Orte Peppara und Ponmudi sind Ausgangspunkte für Wanderungen in Höhenlagen um 1000 m.

Nebenreiseziele

N1 Rajaji-Nationalpark

Rajaji ist ein Waldgebiet (75 % Salbäume) am Fuße der Himalaya-Vorberge (Siwaliks), das etwa 300–1000 m hoch liegt. Der 820 km² große Nationalpark entstand 1987 durch die Zusammenlegung mehrerer kleinerer Schutzgebiete. Dabei mußte man in Kauf nehmen, daß entlang einer Strecke von 24 km im Ganges-Tal noch gewisse Probleme bestehen, Verbindungskorridore zwischen den Teilgebieten herzustellen.

Rajaji ist vor allen Dingen für seine Elefanten bekannt, deren Population bei 400 Tieren liegt. Die 40–50 Tiger und zahlenmäßig noch überlegenen Leoparden lassen sich nur selten blicken. Zu ihren Beutetieren gehören Axis-, Sambar- und Schweinshirsch, Muntjak, Nilgaiantilope und Wildschwein. Aus den Siwaliks kommen Gorals bis hinunter in die höhergelegenen Parkregionen.

Beste Reisezeit: November bis März (Tageshöchsttemperatur im Winter um 20 °C, nachts gelegentlich Frost). In den Sommermonaten (Mai/Juni) werden Temperaturen von 40 °C überschritten. In den Hochlagen fallen im Mittel 2800 mm Niederschlag pro Jahr, in den tiefergelegenen Zonen oft nur 400 mm (davon 90 % während der Regenzeit zwischen Juni und September).

Informationen: Director, Rajaji National Park, UP Forest Department, Tilak Road, Dehra Dun, Uttar Pradesh; Tourist Offices in Hardwar und Rishikesh.

Das 14 km vom Rajaji-Park entfernte **Dehra Dun** ist ein Zentrum für Forst- und Naturschutzangelegenheiten (Ausbildung und Forschung). Hier sind Institutionen wie das bekannte Wildlife Institute of India, das Forest Research Institute, die Wildlife Preservation Society of India und eine Regionalstation des Zoological Survey of In-

dia angesiedelt. Dehra Dun (225 km von Delhi) bietet sich als Ausgangspunkt für den Besuch des Rajaji-Nationalparks an. Am Stadtrand von Dehra Dun existiert eine Kolonie von Indischen Flughunden, die im Winter nur klein, von Juli bis September jedoch viele tausend Tiere groß ist.

N2 Valley of Flowers

Das sagenhafte Blumental wurde 1931 während einer Expedition entdeckt und von dem englischen Bergsteiger Smythe mit großer Begeisterung als botanisches Naturparadies beschrieben.

Das Tal ist bis zu 2 km breit und 4 km lang und liegt 3400–3700 m hoch im Gebiet des Garhwal-Himalaya in Uttar Pradesh. Es endet am Tipra-Bank-Gletscher. 1981 wurden 87 km² in dieser Region zum Valley of Flowers-Nationalpark deklariert.

Lippenbären lassen sich in freier Wildbahn kaum blicken, obwohl sie z.B. in Kumbhalgarh (N4) häufig sind.

Von November bis April/Mai liegt Schnee. Die ersten Blüten nach der Schneeschmelze werden von dem weißblühenden Rhododendron *R. campanulatum*, von Sumpfdotterblumen und Kugelprimeln hervorgebracht. Die Hauptblütezeit ist Juli und August. Der artenreiche alpine Blumenteppich besteht u. a. aus dem rotblühenden Fingerkraut *Potentilla atrosanquinca*, blaublühendem Scheinmohn, der Trollblume *Trollius acaulis*, Feuerkolben, Breitblättrigem Knabenkraut, dem Frauenschuh *Cypripedium himalaicum*, dem Eisenhut *Aconitum heterophyllum*, dem Enzian *Gentiana stipitata* und der Glockenblume *Campanula latifolia*. Ausgangspunkt für den Besuch des Valley of Flowers ist Govindghat (1800 m). Der Ort liegt an der Straße Rishikesh – Badrinath und ist mit öffentlichen Bussen erreichbar (von Rishikesh 160 km). Von dort führt ein gut ausgebauter Pilgerweg (15 km) in das 3000 m hoch gelegene **Ghangria** (Unterkünfte/Verpflegung vorhanden). Hier gabelt sich der Weg und führt (rechts) zum Pilgerort Hemkund (4300 m) am gleichnamigen See und (links) in nordwestliche Richtung in das Valley of Flowers. Von Ghangria aus kann das blumenreiche Tal, das nur 20 km von der chinesischen Grenze entfernt ist, auf einem Tagesausflug erreicht und durchwandert werden. Information: Deputy Conservator of Forests, Joshimath, Uttar Pradesh.

N3 Delhi und Sultanpur

Einen guten Eindruck von der Indischen Tierwelt vermittelt das **Naturkundemuseum** in Delhi (Barakhamba Road). Vor einer Reise in die indische Wildnis kann man sich hier Kenntnisse aneignen, die bei der Bestimmung von Wildtieren in diesem Land von Nutzen sind.

Auch im **Zoo** von Delhi können Besucher viele Vertreter der Indischen Tierwelt kennenlernen. Die Parkanlage dieses Zoos lockt übrigens viele Vögel aus der Umgebung an und eignet sich daher auch für ornithologische Exkursionen (diverse Wasser- und Singvögel, Geier, Milane). Kormorane, Schlangenhalsvögel, Reiher und Buntstörche suchen im nahegelegenen Jamuna-Fluß nach Nahrung und kommen zum Rasten und Brüten in den Zoo. Besonders sehenswert ist die Kolonie der Buntstörche, in der maximal 500 Brutpaare gezählt worden sind. Wenn die Monsunregen ausbleiben oder zu spät einsetzen, lassen die Buntstörche ihr Brutgeschäft allerdings ausfallen. Man sollte beachten, daß einige Bäume im Zoo botanische Namensschilder tragen.

Viele öffentliche **Parkanlagen** in Delhi (z. B. Lodi Garden) eignen sich für vogelkundliche Spaziergänge, auf denen man vor allen Dingen Singvögel beobachten kann.

Die **Ruinen von Tughlaqabad**, 14 km südlich von Delhis Zentrum, sind die Heimat von etwa 500 Rhesusaffen. Hier läßt sich das Verhalten der wenig scheuen Tiere gut beobachten. Der Nachwuchs kommt zwischen April und Juni zur Welt.

Das kleine Wasservogelschutzgebiet von **Sultanpur** (der See bedeckt nur wenig mehr als 1 km^2) ist unter Ornithologen sehr bekannt. Es liegt 47 km südwestlich von Delhi (15 km westlich von Gurgaon) und eignet sich für einen Halbtagsausflug. Die Vogelliste von Sultanpur umfaßt 238 Arten. Zwischen November und Februar halten sich dort viele Zugvögel auf. Die Konzentration der Vögel auf dem See hängt stark vom Wasserstand ab. Wenn man Glück hat, sind auch Flamingos und Rosapelikane anwesend.

Weitere Seen in Delhis Umgebung, die sich für Vogelbeobachtungen lohnen, sind z. B. der **Badkhal Lake** (östlich Faridabad), der **Bhindawas Lake** und **Suraj Kund** (Peacock Lake).

Informationen: Haryana Tourist Office, Chanderlok Building, 36 Janpath, New Delhi 110001, Tel. 3324911.

N4 Kumbhalgarh

Wenig bekanntes Sanctuary in den Aravalli-Bergen in Rajasthan (578 km²). Die teilweise steilen Berghänge, die aus schroffem Sandstein bestehen, bilden ein gutes Rückzugsgebiet für Leoparden und Lippenbären. Am Fuß der Berge ragen große, verwitternde Granitblöcke aus der Ebene. Aufgrund des trockenen Klimas ist die Vegetation karg und zeigt nur in der Regenzeit ein frisches Grün. Zu den häufigsten Säugetieren gehören Nilgaiantilopen, Chinkaras, Sambarhirsche, Wildschweine und Indische Wölfe. Sonnerathuhn, Rotes Spornhuhn, Pfau, Pirol, Neunfarbenpitta, Rotlappenkiebitz und Brahmakauz sind typische Vertreter der Vogelwelt. Kumbhalgarh liegt etwa 100 km nördlich von Udaipur in unmittelbarer Nähe des sehenswerten **Jain-Tempels von Ranakpur**. Das Gebiet wird von einem eindrucksvollen **Fort** aus dem 15. Jh. überragt, das in 1087 m Höhe liegt. Vom höchsten Gebäude des Forts, dem Badal Mahal (Wolkenpalast), kann man bei klarem Wetter im Westen die Tharr-Wüste in 150 km Entfernung liegen sehen.

Das für Kumbhalgarh zuständige Forest Office liegt in Sadri. Touristenunterkünfte befinden sich in Nathdwara, Ranakpur, Kumbhalgarh und Ghanerao.

N5 Shivpuri-Nationalpark

Der Shivpuri-Nationalpark (auch Mandhav-Nationalpark genannt) erstreckt sich über 156 km² meist trockenen Laubwaldes. Er gehört zum ehemaligen Jagdgebiet des Maharadschas von Gwalior (Madhya Pradesh). Auf dem höchsten Punkt im Park steht ein altes Jagdschloß (George Castle) mit Blick auf den Sakhya-Sagar-Stausee. Die einst berühmte Tigerpopulation wurde durch zu starke Bejagung ausgerottet. Mehrere alte Ansitztürme (Hunting Towers) sind Zeugen aus jenen Tagen.

Zu den häufigsten Säugetieren zählen Axis- und Sambarhirsche, Chinkaras, Nilgaiantilopen, Vierhornantilopen, Wildschweine, Lippenbären, Goldschakale und Leoparden. Ein gutes Netz von Fahrwegen ermöglicht interessante Rundfahrten durch die Wildnis. Spaziergänge zum Zweck von Vogelbeobachtungen sind nur außerhalb des Parks erlaubt und sind entlang der Nationalparkgrenze durchaus lohnend. Auch der Park des nahegelegenen, vielbesuchten **Marmormausoleums** (Madho Rao Scindia's Chhatri) beherbergt Kleinvögel wie Pupurnektarvogel, Kupferschmied, Russbülbül und Hirtenmaina. Shivpuri liegt 115 km südlich von Gwalior und 97 km westlich von Jhansi und ist von dort mit öffentlichen Bussen leicht zu erreichen. Jeeps können vor Ort gemietet werden.

Unterkünfte: Forest Resthouse am Parkeingang (unter Tierfreunden wegen seiner »putzigen« Ratten bekannt), Motel und Tourist Village im Ort Shivpuri.

N6 Jaisamand

Jaisamand ist ein kleines Schutzgebiet in Rajasthan von 52 km² Größe, 45 km südöstlich von Udaipur. In dieser Region liegt die Wasserscheide zwischen Flußläufen, die nach Osten in die Bucht von Bengalen fließen, und solchen, die nach Westen in das Arabische Meer fließen. Trockener Laubwald und Dornbusch bedecken die bergige Landschaft, die etwa 500 m hoch liegt. Neben Axishirschen, Wildschweinen, Goldschakalen, Nordindischen Hasen und Hanuman-Languren sind hier Chinkaras und Leoparden besonders gut vertreten.

Das Gebiet grenzt an einen malerisch gelegenen Stausee aus dem 16. Jh., der 160 km² groß ist und zu Bootsfahrten einlädt. Die Staumauer ist mit freistehenden Elefantenskulpturen aus Sandstein geschmückt. Der See ist sehr fischreich und

Der Jaisamand-Stausee (N6) im südlichen Rajasthan ist der Trinkwasserspeicher für die Stadt Udaipur.

ermöglicht den Sumpfkrokodilen ein gutes Auskommen. Südlich der Staumauer liegt eine Palastruine über dem See, die über einen Fußweg erreicht werden kann und einen sehr schönen Ausblick bietet. Ein Tourist-Bungalow mit Bootsvermietung liegt direkt am Seeufer.

N7 Marine-Nationalpark

Küstenregion im Golf von Kutch in Gujarat mit vorgelagerten Inseln, Korallenbänken und Mangrovenbewuchs. Der National-park erstreckt sich von Okha (im Westen) bis nach Jodia (im Osten) über eine Länge von rund 150 km und bedeckt eine Fläche von 619 km² (Kernzone: 163 km²).
Im Winter halten sich viele nordische Zug-vögel dort auf, die bei Ebbe zur Nahrungs-suche ins Watt hinausfliegen. Auf einigen Inseln befinden sich Brutkolonien, in de-nen u. a. Silberreiher, Seidenreiher, Meer-reiher, Schlangenhalsvögel und Kormo-rane nebeneinander nisten. Flamingos,

Säbelschnäbler, Raub- und Zwergsee-schwalben sind typische Küstenvögel. Zu den ornithologischen Besonderheiten gehören zweifellos die Reiherläufer. Suppenschildkröten kommen zwischen Mai und September zur Eiablage. Die Meeresfauna ist sehr artenreich. Zwischen 55 Korallenarten wie Sternkorallen, Loch-korallen und Hirnkorallen leben Seegur-ken, Igelwürmer, Krabben, Seesterne, Seeschlangen, Seepferdchen, Quallen, Tintenfische und annähernd 200 Fisch-arten. Bei Ebbe fallen große Austernbänke mit Kuchenmuscheln auf. Walhaie und Delphine sind nicht selten.
Das Gebiet ist touristisch wenig erschlos-sen und gilt nicht als Taucherparadies, da die Strömungen zu viele Schwebteilchen aufwirbeln, die das Wasser trüben. In den Wintermonaten findet oft auf einer der In-seln (Auskunft: WWF Baroda, s. S. 225) ein naturkundliches Lager für Jugendliche statt.
Ausgangspunkt für Schiffsausflüge in das Gebiet ist der Hafen der Stadt Jamnagar.

Information: Director, Marine National Park, Forest Department, Pradashan Ground, Jamnagar 361 005, Gujarat, Tel. 72 077.

N8 Melgath

Melghat ist ein Tigerschutzgebiet in Maharashtra mit einer Fläche von 1571 km² (Kernzone 311 km²). Es liegt in den Gawilgarh Hills auf dem zerklüfteten Dekkan-Plateau zwischen 381 m und 992 m Höhe. Im Norden bildet der Tapi-Fluß die Grenzlinie des Schutzgebietes und ist gleichzeitig Landesgrenze zwischen Maharashtra und Madhya Pradesh.
Der trockene Laubwald besteht zu einem großen Teil aus Teakbäumen und Bambus. Die Tigerpopulation wird mit 80 Tieren angegeben. Die Anzahl der Gaur ist mit rund 2000 sehr hoch. Andere typische Säugetiere sind Sambar- und Axishirsch, Muntjak, Vierhornantilope, Wildschwein, Lippenbär, Leopard, Dekkan-Rothund, Hanuman-Langur und Rhesusaffe. An mehreren künstlich angelegten Wasserstellen stehen Beobachtungstürme.
Die trockene Jahreszeit (März bis Juni) ist zwar sehr heiß (bis 43 °C), für Tierbeob-achtungen aber die effektivste Jahreszeit. Rasthäuser des Forest Department stehen z. B. in Kolkaz, Koktu und Dhakna zur Verfügung. Die Anreise kann auf der Bahnstrecke Bombay – Nagpur bis Badnera (600 km von Bombay, 180 km von Nagpur) erfolgen. Von Badnera sind es 60 km (über Amravati und Achalpur) bis nach Paratwada, wo sich das Melgath Project Tiger Office befindet, das zwecks weiterer Information vor dem Besuch des Gebietes aufgesucht werden sollte.
Paratwada ist noch etwa 20 km vom Reservat entfernt.

N9 Jaldapara

Das im nördlichen West-Bengalen gelegene Sanctuary (116 km²) wurde bereits 1940 zum Schutz der bedrohten Panzernashörner eingerichtet. Es liegt in einer mittleren Höhe von 76 m am Fuß des Himalayas (etwa 20 km von der Grenze zu Bhutan) in einer als »Dooars« bezeichneten Landschaft.
Jaldapara wird geprägt vom verzweigten, breiten Flußbett des Torsar-Flusses. Hohe Grassavanne, die von lichten Auwäldern und feuchten Dschungelzonen begrenzt

Im Botanischen Garten von Kalkutta (N 11) steht der größte Banyanbaum Indiens.

wird, bietet den Nashörnern einen idealen Lebensraum. Es gibt keine Straßen durch die Wildnis, sondern lediglich unbefahrbare Feuerschneisen. Touristen können das reizvolle Gebiet nur mit Reitelefanten durchstreifen. Außer den Nashörnern kommen Tiger, Gaur, Sambar-, Axis- und Schweinshirsche, Muntjaks, Wildschweine, Rhesusaffen und viele kleinere Tiere vor.

Jaldapara ist von Kalkutta etwa 700 km und von Darjeeling etwa 200 km entfernt. Es läßt sich erreichen, indem man mit dem Zug (von Kalkutta günstig: Nachtexpress) bis Siliguri und von dort mit Bus, Bahn oder Mietauto nach Madarihat (115 km) fährt. Eine Tourist Lodge in Madarihat (einige Kilometer außerhalb des Schutzgebiets), ein Forest Bungalow in Barodabri und eine Forest Lodge in Hollong stehen zur Verfügung.

Die beste Reisezeit ist November bis März. Ab April ist mit heftigen Gewittern zu rechnen. Ende Mai setzt die niederschlagsreiche Regenzeit (3000 mm pro Jahr) ein. Kleinere Naturschutzgebiete in der Umgebung sind **Gorumara** und **Chapramari** (beide mit Forest Bungalows).

Wer sich näher informieren und auf die Tierwelt des Jaldapara-Gebietes einstimmen möchte, sollte das Buch »Meine Jagd nach dem Einhorn« von Bengt Berg lesen. Das 1932 erschienene Buch ist in Bibliotheken und Antiquariaten noch recht häufig zu finden.

N10 Namdapha

Namdapha (1808 km^2) ist ein außergewöhnlich vielgestaltiges Tigerschutzgebiet in Arunachal Pradesh. Seine Einmaligkeit wird einerseits durch die geographische Lage und andererseits durch die extremen Höhenunterschiede bedingt. In Flora und Fauna treffen sich hier die indischen mit malayischen und chinesischen Elementen. Das Gebiet liegt zwischen 300 m und über

4000 m hoch. Entsprechend den Höhenlagen finden sich viele Vegetationszonen, die von dichtem Regenwald über feuchten Laubwald bis zur Nadelwaldzone und darüber hinaus zur hochalpinen Flora reichen. Die Pflanzenwelt ist reich an Raritäten.

Insgesamt leben 4 große Katzenarten in Namdapha: Tiger, Leopard, Nebelparder und Schneeleopard. Außerdem sind hier Elefant, Gaur, Kragenbär, Goldkatze, Hulock, Binturong und Katzenbär beheimatet. Typische Tiere der Gebirgszone sind Moschustier, Serau, Goral, Takin und Blauschaf.

Namdapha beginnt 27 km östlich von Miao im Tal des Noa-Dehing-Flusses. Der nächstgelegene Flughafen (Dibrugarh in Assam) ist 132 km entfernt.

Ausländer brauchen für den Besuch von Namdapha unbedingt eine Sondergenehmigung des Ministry of Home Affairs in Delhi (s. S. 143).

N11 Kalkutta

Als Kulturstadt bietet Kalkutta dem interessierten Reisenden eine Vielzahl von Einrichtungen im Bereich der Naturkunde. Im Stadtzentrum ist das **Indian Museum**, mit seiner großen Naturkundeabteilung in jedem Fall einen Besuch wert. Die Abteilung wurde bereits 1878 eröffnet und viele Ausstellungsstücke (ausgestopfte Säugetiere, Vögel, Reptilien und Insektenpräparate) sind sogar noch älter. In der geologischen Abteilung werden Gesteine, Mineralien und Fossilien gezeigt. In der Nutzpflanzen-Abteilung kann man sehr viel über Anbau und Verarbeitung tropischer Pflanzen lernen. Auch Wildkräuter mit medizinischer Bedeutung kommen darin nicht zu kurz.

Südlich des Zentrums liegt der **Zoo**, in dem schwerpunktmäßig indische Wildtiere gehalten werden. Die hohen Bäume auf dem Zoogelände sind Schlafplatz für freilebende Reiher, auf den Wasserflächen finden sich im Winter viele Enten ein.

Gegenüber vom Zoo befindet sich ein schöner Park, in dem das Gebäude der **National Library** steht. Zwischen den seltenen und alten Büchern der Bibliothek befinden sich auch naturkundliche Werke.

Am westlichen Ufer des Hooghly liegt im Stadtteil Howrah der **Botanische Garten**, der bereits 1786 gegründet wurde. Der berühmteste Baum der Parkanlage ist ein riesiger Banyanbaum (S. 211) aus der Feigenfamilie. Annähernd 2000 Luftwurzeln haben sich zu Nebenstämmen entwickelt und man muß fast 500 m laufen, um den Baumkomplex zu umwandern. Sein Alter wird auf etwa 200 Jahre geschätzt. Er gilt als der größte Banyanbaum in Indien.

Auf dem Gelände des Botanischen Gartens hat auch der Botanical Survey of India seinen Sitz, in dessen Räumen sich u. a. das Central National Herbarium befindet. Diese Sammlung getrockneter Pflanzen mit 1,5 Mio. Belegen aus 200 Jahren ist die größte in Südasien.

Das **Birla-Planetarium**, das meistbesuchte der Welt, bietet seine Vorführungen in verschieden Sprachen an. Eintrittskarten sollten mehrere Stunden im voraus beschafft werden, da die Vorstellungen in der Regel ausverkauft sind.

Eine kleine Oase der Beschaulichkeit ist der **alte englische Friedhof** (gegründet 1767) im Süden der Parkstreet. Auf ihm wachsen große alte Bäume. Die Grabmale sind von vielen wilden Pflanzen überwuchert, die den Besucher zu botanischen Entdeckungen einladen.

N12 Indravati

Großes Tigerschutzgebiet (2799 km², davon 1258 km² Kernzone) im südöstlichen Madhya Pradesh (200 km von Jagdalpur), dessen Unversehrtheit durch den geplanten Bau von Staudämmen am Indravati-Fluß bedroht wird. Der Wald setzt sich über die Landesgrenzen nach Andhra Pradesh, Maharashtra und Orissa fort und zählt zu den letzten großen Waldgebieten in Indien. Verschiedene Laubwaldtypen (trocken, feucht und immergrün), Grasland auf den Hochflächen (bis 1400 m Höhe), Feuchtzonen mit Seen in den Tälern (400 m hoch), Wasserfälle und Flußläufe prägen das Bild der Landschaft. Teakbäume und Bambus sind weit verbreitet. Darüber hinaus ist der Reichtum an Pflanzenarten eine Herausforderung für botanische Studien.

Die Zahl der Tiger ist mit etwa 40 sehr gering. Andere Tiere der Region sind Axis- und Sambarhirsch, Nilgaiantilope, Leopard, Lippenbär, Streifenhyäne, Indischer Wolf und Gaur. Bemerkenswert ist die isolierte Population des Arni (Wilder Wasserbüffel), der sonst nur im Nordosten Indiens vorkommt.

Für den Besuch des Bastar-Distriktes, in dem das Indravati-Tigerschutzgebiet liegt, ist häufig eine Sondergenehmigung erforderlich (unbedingt aktuelle Information einholen, z. B. bei einem Office der Madhya Pradesh State Tourism Development Corporation in Delhi, Bombay, Kalkutta oder Bhopal). Adresse des Field Directors: Indravati Project Tiger, P.O. Bijapur, Bastar District, Madhya Pradesh.

N13 Goa

Das kleine Bundesland Goa an der Westküste Indiens, das 1961 aus einer portugiesischen Kolonie hervorging, ist berühmt für seine schönen Sandstrände. Aber nur wenige der vielen Besucher wissen etwas von den Naturschönheiten im Hinterland. Goa hat 3 Naturschutzgebiete in der Sadyadri-Bergkette der West-Ghats: **Cotigao** (105 km²), **Bhagwan Mahavir** (250 km²) und **Bondla** (8 km²). Auf der **Chorao-Insel** unterhält der WWF außerdem eine naturkundliche Station zum Studium der Mangrovenzone.

Vedanthangal (N16) ist das älteste Vogelschutzgebiet in Indien.

An der regenreichen Westflanke des Küstengebirges lädt der Südwest-Monsun zwischen Juni und September hohe Niederschlagsmengen ab, so daß Goa pro Jahr etwa 3000 mm Regen (die Bergregion mehr) erhält. Dementsprechend gedeihen auf den Hängen, die bis in Höhen von 800 m reichen, dichter Regenwald und feuchter Laubwald. Für Wanderungen im Wald ist die trockene, kühle Jahreszeit (November bis März) besonders günstig. Im Mai blühen die meisten Orchideen (z. B. *Rhynchostylis retusa, Aerides maculosum*) und die Indischen Flugdrachen sind in Paarungsstimmung. Dagegen entfaltet die Insekten- und Amphibienwelt (mit Fröschen wie Malabar-Ruderfrosch oder Kröten wie *Bufo stomaticus*) erst während der feuchten Regenzeit ihre volle Aktivität und Pracht.
Eine ideale Wanderstrecke (Tagestour) durch üppigen Wald führt von **Castlerock** (an der Grenze zu Karnataka), bergab über den Ort **Anmod** bis nach **Molem** am **Bhagwan-Mahavir-Nationalpark**. Von Molem nach Colem läßt sich ebenfalls eine Tageswanderung durch die Waldregion unternehmen. Diese Wanderungen sind besonders Botanikern und Ornithologen zu empfehlen. Folgende Vogelarten sind für das Gebiet typisch: Grünbartvogel, Doppelhornvogel, Malaienpfeifdrossel, Schwarzgenickschnäpper, Türkis-Irene und Goldbrustbülbül.

N14 Nagarjunasagar

Größtes indisches Tigerschutzgebiet, das 130 km von Hyderabad in den Nallamalai Hills in Andhra Pradesh liegt. Es erstreckt sich über eine Fläche von 3568 km^2 (Kernzone 1200 km^2) in Höhenlagen um 500 m.
Der Krishna trennt das Amrabad-Plateau im Norden vom Guttalchenu-Plateau im Süden durch sein tief eingeschnittenes Flußbett. Das Klima ist heiß (höchste Temperatur 43 °C im Mai/Juni) und trocken (jährliche Niederschlagsmenge kaum 700 mm). Dementsprechend besteht die Vegetation aus Dornbusch und trockenem Laubwald.
Innerhalb der Waldzone leben Naturvölker wie die Naxalites und Chenchus. Der große **Nagarjunasagar-Stausee** sowie der **Srisailam-Tempel** sind andererseits große Anziehungspunkte für Ausflügler und Pilger.

Die Andamanen (N17) sind ein noch kaum bekanntes Naturparadies mit Korallenriffen, Regen- und Mangrovenwald.

Bootsfahrten auf dem See sind möglich. Auch der bezaubernde **Ethipothalla-Wasserfall** am Chandravanka (einem Nebenfluß des Krishna im Osten) ist ein beliebtes Picknick-Ziel. Man kann in dem Becken unterhalb des Wasserfalls nicht baden, da hier Sumpfkrokodile erfolgreich ausgewildert wurden. Die Zahl der Tiger liegt in der Größenordnung von 70, die der Leoparden etwas niedriger. Axis- und Sambarhirsch, Nilgaiantilope, Chinkara, Muntjak, Vierhornantilope, Wildschwein, Lippenbär, Streifenhyäne, Hanuman-Langur und Hutaffe sind die charakteristischen Säugetiere des Gebiets.

Kontaktadressen: Andhra Pradesh Tourism, 1st Floor, Gagan Vihar, M.J.Road, Hyderabad 500 001, Andhra Pradesh und Field Director, Nagarjunasagar Project Tiger, Srisailam Dam East 512 102, Andhra Pradesh.

N15 Madras

Das State Government Museum verfügt über eine naturkundliche Sammlung. Im Garten der Theosophischen Gesellschaft steht ein sehr großer, alter Banyanbaum.

Madras ist unter Zoologen sehr bekannt für seinen **Snake Park** und seine Crocodile Bank. In Zusammenarbeit mit dem Snake Park wurde die Irula Schlangenfänger Kooperative gegründet. Dorfbewohner aus der Umgebung, die früher Jagd auf Schlangen machten, um von den Häuten zu leben, wurde hier eine neue Existenz geboten. Heute fangen sie Giftschlangen lebend, um sie nach Gewinnung des Schlangengiftes zurück in die Natur zu bringen.

Die **Crocodile Bank**, eine Forschungs- und Zuchtstation für Krokodile, liegt 35 km südlich von Madras im Ort Vadanemmeli (an der Straße nach Mahabalipuram). Im Stadtgebiet von Madras, unmittelbar hinter dem Zoo und dem Snake Park, befindet sich der **Guindy-Nationalpark**. Auf 2,7 km² Fläche konnte hier eine kleine Naturlandschaft erhalten werden, die sich hervorragend für Spaziergänge und ornithologische Streifzüge eignet (Zwergadler, Dreifarbenweih, Schikra, Wachtelfrankolin, Malabarkiebitz, Rotohrbülbül und viele andere Singvögel). Axishirsche, Hirschziegenantilopen, Goldschakale und Mungos lassen sich hier leicht beobachten.

Zwischen Januar und März kommen die Bastardschildkröten (S. 159) nachts zur Eiablage an die Strände der Koromandel-Küste. Auch am Strand von Madras können sie beobachtet werden. Eine Gesellschaft zum Schutz der Meeresschildkröten (Sea Turtle Conservation Network, Madras, Tel. 4 914607) führt nächtliche Strandwanderungen durch und sucht nach den Nestern im Sand. Die Eier werden eingesammelt und in einem eingezäunten, bewachten Schutzgebiet wieder eingegraben, um sie vor Eiersammlern und anderen Verlustmöglichkeiten zu schützen. Interessierte Besucher können an den Aktionen teilnehmen und bekommen mit etwas Glück eine Bastardschildkröte zu Gesicht. 15 km nördlich von Madras liegt der **Pulikat-See**, der in naturkundlicher Hinsicht eine große Ähnlichkeit mit dem weiter nördlich gelegenen Chilika-See (s. S. 163) aufweist.

Das Vedanthangal-Vogelschutzgebiet (N16) liegt südwestlich von Madras und kann im Rahmen eines Tagesausflugs besucht werden.

N16 Vedanthangal

Bereits 1798 wurde auf Wunsch von Dorfbewohnern erreicht, daß für den vogelreichen Vendanthangal-Stausee in Tamil Nadu ein Jagdverbot ausgesprochen wurde. Damit ist Vedanthangal das älteste Vogelschutzgebiet Indiens.

Von 115 nachgewiesenen Vogelarten in Vedanthangal, bilden 15 eine Nistkolonie, in der sich jährlich etwa 5000–6000 Vögel zum Brüten einfinden. Dies ist für den kleinen See, der nur eine Fläche von 0,3 km² bedeckt, eine beachtliche Anzahl. Die Brutvögel sind Kormoran, Braunwangenscharbe, Mohrenscharbe, Schlangenhalsvogel, Löffler, Silberklaffschnabel, Graureiher, Silberreiher, Mittelreiher, Seidenreiher, Kuhreiher, Paddyreiher, Nachtreiher und Schwarzhalsibis.

Entsprechend der Regenzeit, die in der Region besonders vom Nordost-Monsun geprägt wird, treffen die ersten Brutvögel im Oktober ein. Als Hauptbrutsaison gelten die Monate November bis Februar.

Der Stausee wird von einem Erddamm begrenzt, auf dem ein Fußweg entlangführt. Ein kleiner Aussichtsturm bietet außerdem einen guten Überblick über den See und die im Wasser stehenden Nistbäume (hauptsächlich *Barringtonia acutangula*). Das Nachmittagslicht ist zum Fotografieren günstig. Am späten Nachmittag wird es in der Kolonie besonders lebendig, wenn die Elternvögel auch von benachbarten Seen mit vollen Kröpfen zurückkehren, um ihren Nachwuchs zu füttern.

Vedanthangal liegt 86 km südwestlich von Madras und kann mit öffentlichen Bussen oder Taxi erreicht werden. Sonn- und Feiertage in der Hauptsaison sollten für einen Besuch gemieden werden, da sich dann sehr viele Tagesbesucher einfinden. Nur 8 km entfernt von Vedanthangal befindet sich das weniger bekannte **Karikili-Vogelschutzgebiet** mit einer ähnlichen Nistkolonie. Information und Buchung des Rasthauses in Vedanthangal: Wildlife Warden, 50, Fourth Main Road, Gandhi Nagar, Adyar, Madras 600 020, Tamil Nadu.

N17 Andamanen

Zauberhafte Inselgruppe im indischen Ozean, die weit entfernt vom indischen Festland auf einem Inselbogen zwischen Burma und Indonesien liegt. Die günstigste Reisezeit ist Dezember bis April. Die Regenzeit dauert von Mai bis November und geht oft mit rauher See einher. Die hohe jährliche Niederschlagsmenge (3000–4000 mm) und das warme Klima (Temperatur 22–32 °C) begünstigen einen üppigen Pflanzenwuchs. Undurchdringlicher, hoher Regenwald reicht vielerorts direkt bis an den Strand, während sich an anderen Stellen ein breiter Mangrovengürtel zwischen die See und das Land schiebt.

Die isolierte Lage der Inseln, die vor etwa 2,5 Mio. Jahren die Verbindung zum Festland verloren, hat viele seltene Pflanzen und Tiere hervorgebracht. Endemische Vögel sind z. B. Andamanentaube, Andamanenstar, Andamanenkuckuck, Andamanenkauz und Andamanendrongo. Zu den nur hier beheimateten Reptilien gehören u. a. die Schlange *Boiga andamanensis*, der Gecko *Phelsuma andamanensa*, Winkelkopfagame und der Skink *Marabuya andamanensis*.

Vor der Küste liegen Korallenbänke mit reicher Meeresfauna in glasklarem Wasser, die ein Paradies für Taucher sind (Tauchgerät selbst mitbringen oder versuchen, beim Reiseveranstalter vorzubestellen!).

Ausflüge per Bus, Taxi oder Boot in die Umgebung der Hauptstadt Port Blair sind einfach zu organisieren. Leider müssen Ausländer bisher noch relativ viele Restriktionen in Kauf nehmen. Aus diesem Grund sind die Andamanen bisher bei internationalen Reiseveranstaltern kaum im Programm zu finden.

Port Blair liegt von Kalkutta 1255 km und von Madras 1190 km entfernt. Die Anreise zu den Andamanen kann von dort per Flugzeug in 2 Stunden oder per Schiff in 3 Tagen erfolgen.

Ausländer können eine Aufenthaltsgenehmigung (bis 15 Tage Gültigkeit) zum Betreten der Hauptinsel (South Andaman) und einiger kleinerer Inseln (Jolly Buoy, Redskin, Cinque, Neil, Havelock) nach der Landung beim Immigration Officer in Port Blair erhalten. Längere Aufenthalte und der Besuch anderer Inseln müssen vom Ministry of Home Affairs in Delhi bewilligt werden. Vor dem Betreten der Naturschutzgebiete auf den Andamanen sollte der Deputy Conservator of Forests, Wildlife Division, Port Blair 744 101, Tel. 20 816 aufgesucht werden.

N18 Silent-Valley-Nationalpark

Dieser Nationalpark (90 km^2) in Kerala ist ein wertvolles Regenwaldgebiet am Westhang der West-Ghats. Innerhalb weniger Kilometer fällt das Gelände vom Nilgiri-Hochland (2000 m) zur Küstenregion auf 150 m ab. Pro Jahr fallen mehr als 5000 mm Regen. Ein großes Staudamm-Projekt, das den Wald vernichtet hätte, konnte von Naturschützern verhindert werden. Das Gebiet ist ein Paradies für naturbegeisterte Wanderer, die die Einsamkeit suchen, keine Infrastruktur erwarten und sich nicht von Blutegeln abschrecken lassen. Es besteht die Möglichkeit in das **Nilgiri Tahr Sanctuary** (s. S. 184) in den Blue Mountains in Tamil Nadu aufzusteigen. Dabei muß ein beachtlicher Klimawechsel in Kauf genommen werden. Über die offenen Grasflächen in den höheren Regionen, in denen die seltenen Nilgiri-Tahrs (S. 190) leben, weht oft ein eisiger Wind.

Es ist sehr schwer im dichten Wald große Tiere wie Elefanten, Gaur, Hirsche, Tiger, Nilgiri-Languren oder Wanderus zu Gesicht zu bekommen. Es sind die Begegnungen im Nahbereich mit kleineren Tieren wie Schlangen, Fröschen, Schnecken, Spinnen und vielerlei Insekten, die den Aufenthalt in der Natur hier so faszinierend gestalten.

Die üppige tropische Vegetation birgt zwischen Urwaldriesen, Bambus, Baumfarnen und Lianen 23 endemische Pflanzenarten (z. B. den Teestrauch *Eurya nitida*, *Helicia nilagirica*, den Klebsame *Pittosporum neelgherrense* und die Heidelbeere *Vaccinium neelgherrense*). Die Orchidee *Ipsea malabarica* galt, nachdem sie 1852 von Jerdon entdeckt worden war, als ausgestorben und wurde erst nach 130 Jahren im Grasland des Silent Valley wiedergefunden.

Information: Divisional Forest Officer, Palghat 678009, Kerala.

Reiseplanung

Vor der Reise

Informationen

Vor Reiseantritt können allgemeine Informationen über Indien beim Indischen Fremdenverkehrsamt, Kaiserstr. 77, 6000 Frankfurt 1, Tel.069/235 423, angefordert werden.

Einreiseformalitäten

Für die Einreise ist ein gültiger Paß und ein indisches Visum erforderlich. Ein Touristenvisum hat zur Zeit 6 Monate Gültigkeit.
Indische Botschaften:

❏ Baunscheidtstr. 7, D-5300 Bonn 1, Tel. 02 28/5 40 51 31;
❏ Kärntnerring 2, A-1010 Wien, Tel. 02 22/6 58 66 60;
❏ Weltpoststr. 17, CH-3015 Bern, Tel. 0 30/44 01 93;

sowie Indische Generalkonsulate in Berlin, Hamburg, Frankfurt und Genf.

Gesundheit

Impfungen sind zur Zeit nicht zwingend vorgeschrieben. Aktuelle Informationen können bei den Impfstellen der Gesundheitsämter erfragt werden. Zu empfehlen sind Impfungen gegen Cholera, Typhus, Hepatitis, Polio, Tetanus und Gehirnhautentzündung sowie eine Malaria-Prophylaxe.
Der Abschluß einer Auslands-Krankenversicherung sollte nicht vergessen werden.

Devisen und Zoll

Die Ein- und Ausfuhr indischer Währung ist nicht erlaubt. Die Mitnahme ausländischer Währung unterliegt keinen Beschränkungen, allenfalls sehr hohe Beträge müssen deklariert werden. Nur autorisierte Banken und Wechselstellen dürfen in Indien ausländische Währung umtauschen (stets Umtauschbescheinigung verlangen!). Größere Hotels und Fahrkarten müssen häufig mit Devisen bezahlt werden, es sei denn, man kann eine Umtauschbescheinigung vorlegen.
Bei der Einreise nach Indien sind zur Zeit 200 Zigaretten und 0,95 l Alkohol zollfrei. Hochwertige elektrische/elektronische Geräte sind zollpflichtig oder müssen deklariert werden, wenn sie wieder ausgeführt werden sollen. Eine normale Kameraausrüstung und Videokameras können problemlos mitgenommen werden.

Reisezeit

Je nach Reisegebiet unterschiedlich. Die bevorzugte Reisezeit liegt allgemein zwischen November und Februar. Vielfach werden die heiße Jahreszeit (April/Mai) und die Regenzeit (Juni/September) gemieden.

Zeitverschiebung

Zwischen der Mitteleuropäischen Zeit (MEZ) und der Indischen Standardzeit (IST) bestehen im Sommer 3 1/2 Stunden und im Winter 4 1/2 Stunden Zeitverschiebung. In ganz Indien gilt dieselbe Uhrzeit (keine unterschiedlichen Zeitzonen).

Anreise

Viele Fluggesellschaften fliegen von europäischen Flughäfen non-stop nach Delhi oder Bombay, nur wenige auch nach Kalkutta.
Die Anreise auf dem Landweg ist über Pakistan, Nepal oder Bangladesh möglich, während die Grenzen nach Burma und China zur Zeit geschlossen sind.
Vor dem Rückflug verlangen die meisten internationalen Fluggesellschaften eine Rückbestätigung des Fluges (72 Stunden vor Abflug).

Reisen im Land

Taxi

In den Großstädten sind Personenwagen als Taxis verfügbar. Für kürzere Strecken sind sogenannte »Scooter« die preiswertere Alternative. Es sind kleine, motorisierte Dreiräder mit einer Sitzbank hinter dem Fahrer, die Platz für 2–3 Personen bieten. Wegen ihrer unangenehmen Abgase sind sie aus einigen Stadtzentren (z. B. Bombay) verbannt worden, aber in Kleinstädten sehr verbreitet. In kleinen Ortschaften und verwinkelten Altstädten sind Fahrrad-Rikschas für kurze Entfernungen üblich. Auf dem Lande dienen Pferdewagen (»Tongas«) als Taxis.

Mietwagen

Mietwagen können nur mit Fahrer gemietet werden. Der Preis muß vorher ausgehandelt werden (pauschal oder pro Kilometer). Der Fahrer schläft nachts im Auto oder sucht sich in Hotels eine für Fahrer bestimmte Unterkunft. Pro Übernachtung steht dem Fahrer eine vorher festzulegende Summe zu. Es ist wichtig, daß der Fahrer etwas englisch spricht, worauf beim Abschluß des Mietvertrags hingewiesen werden sollte.

Die Ausgaben beim Tanken (Quittungen aufbewahren) müssen meistens vom Fahrgast vorfinanziert werden, da der Fahrer selten über höhere Bargeldbeträge verfügt. Beim Tanken, insbesondere vor Fahrten in abgelegene Regionen, sollte immer vollgetankt werden, was keinesfalls selbstverständlich ist. Geeignete Reservekanister lassen sich nur in größeren Städten beschaffen.

Wegen der Straßenverhältnisse ist das Vorwärtskommen im Auto nicht besonders schnell. Größere Strecken im Land sollten per Bahn oder Flugzeug zurückgelegt werden. Der Einsatz von Mietautos ist für Strecken bis zu einigen hundert Kilometern bequem und sinnvoll.

Bus

Indien wird von einem dichten Netz öffentlicher Buslinien überzogen. Selbst kleine Dörfer besitzen in vielen Fällen eine Busverbindung in die nächste Stadt. Die Busse sind oft sehr überfüllt und manchmal müssen Fahrgäste auf dem Dach sitzen. Die Inder beweisen bei dieser und bei vielen anderen Gelegenheiten eine bewundernswerte Fähigkeit eng zusammenzurücken. Ausländern wird in der Regel mit großer Hilfsbereitschaft begegnet. Auf vielbefahrenen Langstrecken fahren Linien- und Delux-Busse mit reservierten Sitzplätzen (billiger als 1.Klasse Eisenbahn).

Bahn

Der Bahnverkehr auf dem dichten Eisenbahnnetz funktioniert ausgesprochen gut. Da die Züge meistens ausgelastet sind, empfielt sich eine rechtzeitige Buchung von Langstrecken. Für Nachtfahrten ist unbedingt eine Reservierung nötig. Ausländer können gegen Vorlage des Reisepasses kurzfristige Buchungen auf Tourist-Quota vornehmen lassen (sofern verfügbar). Da indische Eisenbahnen ziemlich langsam fahren (kaum 50 km/h), müssen lange Fahrzeiten in Kauf genommen werden. Reservierungen und Fahrkarten können bereits in Deutschland gebucht bzw. gekauft werden bei: Asra-Orient Handels

Hausgeckos an den Zimmerwänden sind nützliche Insektenvertilger.

GmbH, Kaiserstr.50, 6000 Frankfurt/Main, Tel.069/253 098 (mindestens 3–4 Wochen vor Abreise).

Flugzeug

Während die »Air-India« im wesentlichen für internationalen Flugverkehr zuständig ist, verkehren die Gesellschaften »Indian Airlines« und »Vayudoot« auf den innerindischen Strecken. Buchungen für innerindische Flüge kann in Deutschland jedes Reisebüro vornehmen. Obwohl rechtzeitiges Buchen zu empfehlen ist, hat selbst der auf Warteliste stehende Reisende oft noch eine gute Chance befördert zu werden.

Andere Verkehrsmittel

In Kleinstädten sind Fahrradvermietungen üblich, jedoch läßt der Zustand der Mietfahrräder oft zu wünschen übrig. Da indische Fahrräder sehr preiswert sind, lohnt es sich unter Umständen über den Kauf nachzudenken.

Auf dem Lande sind in abgelegenen Gegenden Ochsen-, Büffel- oder Kamelkarren ein gängiges Verkehrsmittel. Je nach Region werden Kamele, Pferde oder Esel als Reit- und Lasttiere eingesetzt, in Ladakh auch Yaks. Reisende dringen in unwegsame Gebiete meistens mit gemieteten Allradfahrzeugen vor (Ausnahme: Hochgebirge) und benutzen die traditionellen Verkehrsmittel nur selten.

Schiffsfahrten sind nur auf wenigen Strecken entlang der Küste (z. B. Bombay – Goa, Kalkutta – Port Blair, Madras – Port Blair oder Rameswaram – Talaimannar/Sri Lanka) und im Mündungsgebiet einiger Flüsse sinnvoll.

Organisierte Touren

Indien ist ein klassisches Reiseland für Kulturreisende, denen Tempel, Paläste und historische Stätten gezeigt werden. Die Anzahl der Reisenden, die Indiens Wildtiere und Nationalparks sehen wollen, ist noch verhältnismäßig gering. Mehrere spezielle Veranstalter für Naturreisen haben Indien bereits im Programm. Die organisierten Reisen bieten die Möglichkeit, sich einen ersten Einblick von den indischen Naturreichtümern zu verschaffen. Bisher hat nur eine begrenzte Anzahl von Naturschutzgebieten die Kapazität, um Gruppenreisenden Unterkunft, Verpflegung und Transportmöglichkeiten zu bieten. Viele reizvolle Gebiete sind Einzelreisenden vorbehalten.

Unterkunft

In den Großstädten gibt es eine beliebige Auswahl an Hotel-Kategorien. In kleineren Ortschaften ist das Hotel-Angebot bescheiden und beschränkt sich auf untere Kategorien. Selbst in Ortschaften ohne Hotels wird man nicht auf der Straße stehen gelassen. Die Bewohner sind liebenswert bemüht und bieten nicht selten ihr eigenes Haus als Unterkunft an.

Ernährung

In Indien wird sehr stark zwischen vegetarischer und nicht-vegetarischer Zubereitung der Speisen unterschieden. Strenge Vegetarier betreten nur vegetarische Restaurants, weil sie nur dort sicher sein können, daß Geschirr und Küchengeräte nicht verunreinigt sind.

Ausländer empfinden die indischen Gerichte oft als zu stark gewürzt. Am einfachsten hat man es, wenn man sich an die ortsüblichen Gewürze gewöhnt, es dauert meist nur wenige Tage. Wer es nicht schafft, muß versuchen Sonderwünsche zu äußern, was oft an Verständigungsschwierigkeiten scheitern dürfte. Die ungewohnte Schärfe in den Speisen rührt von Chili-Pulver bzw. Chili-Schoten her. Wer eine ungewürzte Mahlzeit erhalten will, sollte z. B. »Boiled Vegetables« bestellen. Erfreulich an den indischen Speisen ist, daß sie stets frisch zubereitet werden (keine Konserven). Das Essen hat einen hohen Stellenwert in Indien und wird als kulturelle Errungenschaft gewertet, für deren Zubereitung viel Zeit aufgewendet wird.

Praktischer Hinweis: Teelöffel mitnehmen (da viele Inder mit der Hand essen, werden manchmal keine Bestecke ausgeteilt, z. B. in Zügen).

Kleidung
Je nach Jahreszeit ist Baumwoll- und zusätzlich leichte Wollkleidung zu empfehlen. Im Winter ist im nördlichen und mittleren Indien durchaus warme Bekleidung angebracht. Wer am frühen Morgen in einem offenen Jeep umherfährt, wenn die Temperatur nur knapp über dem Gefrierpunkt liegt, wird für eine warme Jacke sowie Mütze und Handschuhe dankbar sein. Baumwollkleidung läßt sich in Indien überall billig kaufen, während warme Bekleidung schwer zu bekommen ist (die Inder wickeln sich bei Kälte bevorzugt in Schals und Wolldecken). Langärmelige Kleidung schützt vor Sonnenbrand und Insektenstichen und sollte auch in der heißen Jahreszeit nicht vergessen werden.

Sprache
Englisch wird in den Städten von vielen Indern verstanden. Dagegen ist die Verständigung auf dem Lande in Englisch meistens nur mit Personen mit guter Schulbildung möglich.
Etwa 30–40 % der Bevölkerung spricht Hindi (in Nord- und Mittel-Indien). Die Alphabetisierungsrate liegt bei 52 %.
Da es in Indien 15 zugelassene Hauptsprachen gibt, sind Wegweiser meistens nicht in Englisch beschriftet, sondern in der ortsüblichen Schrift und Sprache. Es kann passieren, daß die Fahrer von Mietautos die Beschriftung der Wegweiser nicht entziffern können (z. B. wenn die Landesgrenze von Kerala nach Tamil Nadu überquert wird). Anhalten und Fragen ist der einzige, wenn auch zeitaufwendige Ausweg.

Elektrizität
Der Wechselstrom hat einen Nennwert von 230–240 V und 50 Hz. Empfindliche Geräte müssen mit Stabilisatoren gegen Stromschwankungen geschützt werden. Zweipolige Flachstecker von deutschen Geräten wackeln zwar etwas in indischen Steckdosen, können aber ohne Adapter verwendet werden, wenn das Kabel nicht bewegt werden muß.
Auf dem Lande fällt der Strom gelegentlich aus, in den Großstädten kaum. In abgelegenen Regionen empfiehlt es sich, nach Anbruch der Dunkelheit eine Taschenlampe oder Kerze griffbereit zu haben.

Telefon
Das Telefonieren innerhalb von Städten funktioniert gut. Bei öffentlichen Telefonapparaten wird erst gewählt und die Münze (zur Zeit 1 Rupie) in dem Moment eingeworfen, wenn der Teilnehmer sich meldet. Großstädte untereinander und Verbindungen von dort mit dem Ausland können im Selbstwählverkehr erreicht werden. Telefonate aus oder in ländliche Regionen und kleinere Städte werden handvermittelt und kommen oft erst nach stundenlanger Voranmeldung zustande.

Hygiene
Leitungswasser in Großstädten ist vielfach gechlort. Eigentlich sollte man sich jedoch nirgends auf die Unbedenklichkeit von Trinkwasser verlassen, selbst dann nicht, wenn versichert wird, daß es abgekocht oder gefiltert ist (vielleicht ist es schon mehrere Tage her?). Wenn in Flaschen käufliches Mineralwasser nicht verfügbar sein sollte, ist es empfehlenswert, vorhandenes Wasser selbst zu reinigen (mit Taschenfilter oder Wasserreinigungstabletten). Wer längere Zeit am selben Ort wohnt, sollte in die Küche gehen und sich zeigen lassen, wo ein Wasserfilter steht oder wo sich Wasser frisch abkochen läßt. Nur dort, wo man absolutes Vertrauen zum Haus- oder Küchenpersonal hat, kann das angebotene Trinkwasser ohne Nachfragen getrunken werden. Vielerorts versteht man unter Trinkwasser unbehandeltes Leitungswasser, das in Flaschen

abgefüllt eine Weile im Kühlschrank gestanden hat.

In Indien wird bei jeder Gelegenheit Wasser (unbekannter Herkunft) angeboten, ob zur Begrüßung oder zum Essen. Man sollte es ebensowenig anrühren wie Eiswürfel, Eiscreme und Salate. Die Inder selbst sind resistent gegen viele Krankheitserreger und sollten nicht als Maßstab angesehen werden.

Öffentliche Toiletten sind häufig nicht besonders sauber. Da es sich um Hocktoiletten handelt, mit denen man nicht in Berührung kommt, hält sich das Gesundheitsrisiko in Grenzen. Toilettenpapier ist nicht üblich, statt dessen wird Wasser benutzt, was ökologisch sehr zu begrüßen ist.

Medizinisches

Es ist ratsam eine eigene, kleine Reiseapotheke (für die Wildnis) mitzuführen. In größeren Ortschaften ist es kein Problem, Medikamente jeder Art preiswert und rezeptfrei zu kaufen. Bei vielen indischen Medikamenten handelt es sich um Lizenzherstellungen von Weltmarktprodukten. Die ärztliche Versorgung auf dem Lande entspricht häufig nicht europäischen Ansprüchen. In schwierigen Fällen sollte man versuchen eine größere Stadt (mit Privatklinik) aufzusuchen.

Öffnungszeiten

Behörden, Banken, Postämter öffnen um 10 Uhr und haben verschieden lange Öffnungszeiten (oft mit Mittagspause). Sie haben Sonn- und Feiertags geschlossen, Samstags vormittags sind sie in vielen Landesteilen geöffnet. Neben bundesweit einheitlichen Feiertagen gibt es in jedem Bundesland regional festgelegte Feiertage, nach denen man sich vor Ort erkundigen sollte.

Museen haben in der Regel Montags geschlossen.

Die Läden in großen Städten haben meistens von 10 Uhr bis 19 Uhr geöffnet, wobei eine Mittagspause üblich ist. Basare und Lebensmittelläden sind oft länger und auch an Sonntagen geöffnet.

Diplomatische Vertretungen

➭ Deutsche Botschaft, 6 Shantipath, New Delhi 110 021, Tel. 60 48 61; sowie deutsche Generalkonsulate in Bombay, Kalkutta und Madras.
➭ Österreichische Botschaft, EP-13, Chandragupta Marg, New Delhi 110 221, Tel. 60 12 38; sowie österreichische Honorarkonsulate in Bombay, Kalkutta und Madras.
➭ Schweizer Botschaft, Nyaya Marg, New Delhi 110 021, Tel. 60 42 25; sowie schweizer Generalkonsulat in Bombay.

Unterwegs in Nationalparks und Schutzgebieten

Genehmigungen

Bei vielen bekannten Naturschutzgebieten kann die Eintrittsgenehmigung durch das Lösen von Eintrittskarten an der Eingangspforte erworben werden. In anderen Fällen muß das Büro der zuständigen Forst- bzw. Parkverwaltung aufgesucht werden, um eine schriftliche Eintrittsgenehmigung und unter Umständen eine ortskundige Begleitperson (Forest Officer oder Forest Guard) zu erhalten.

In vielen Fällen ist es nützlich, das Verwaltungsbüro zu konsultieren. Dort können häufig Landkarten eingesehen, Informationsschriften erworben und Fragen nach den speziellen Möglichkeiten beantwortet werden. Für die Benutzung von Beobachtungstürmen, eines privaten Fahrzeugs oder die Befahrung bestimmter Routen sind manchmal Sondergenehmigungen erforderlich.

Die Eintrittsgebühren in indische Naturschutzgebiete sind nicht einheitlich. Manchmal sind sie für Ausländer höher als für Inder, in jedem Fall aber preiswert.

Blick bei einer Bergwanderung in Anamalai (s. S. 185) auf das Parambikulam-Sanctuary (s. S. 190).

Fortbewegung

Aufgrund der Wege- und Straßenverhältnisse, der Verfügbarkeit bestimmter Transportmittel oder wegen der örtlichen Vorschriften gibt es keine einheitlichen Regelungen über die Fortbewegungsmöglichkeiten in den Naturschutzgebieten. Ob gewöhnliche Personenwagen, Geländefahrzeuge mit oder ohne Allradantrieb, Reitelefanten, Fahrräder, Boote, Schiffe oder das Zufußgehen mit oder ohne offizielle Begleitung erlaubt sind, muß in jedem Fall neu erfragt werden.

Bei der Miete eines Geländefahrzeugs sollte man u. a. auf eine gute Batterie achten, damit der Motor des Fahrzeugs während längerer Beobachtungsphasen abgestellt werden kann und später auch wieder gut anspringt.

In etlichen Parks ist die Eintrittszeit auf die Morgen- und Nachmittagsstunden begrenzt. Nur in wenigen Gebieten dürfen Nachtfahrten durchgeführt werden.

Unterkunft

Die Unterkünfte am Rande oder in den Naturschutzgebieten sind meist recht einfach und preiswert. Die Kapazitäten sind in vielbesuchten Gebieten während der Hauptreisezeit oft nicht ausreichend. Die Buchungsformalitäten sind nicht einheitlich. Es muß unterschieden werden zwischen Rasthäusern, die vom Tourist Department geleitet werden und zwischen solchen, die dem Forest Department unterstehen. Rasthäuser des Tourist Department werden von einem Manager geleitet, dem die Vergabe freier Zimmer untersteht. Rasthäuser des Forest Department werden dagegen von einem Hausmeister betreut, der Zimmer nur bei Vorlage einer schriftlichen Genehmigung zuteilen darf. Diese Genehmigungen werden von der Forst- bzw. Parkverwaltung erteilt, deren Sitz oft außerhalb des Gebiets liegt. Rasthäuser des Forest Department werden bevorzugt an Regierungsbeamte vergeben und es kommt vor, daß Touristen ihre Zimmer räumen müssen, wenn hohe Beamte erwartet werden.

In zunehmendem Maße werden in der Umgebung der Parks auch private Unterkünfte angeboten. Dort finden Gäste oft einen besseren Service vor als in den staatlich geführten Häusern.

Tips für die Benutzung von Rasthäusern:

☐ Mitgebrachte Lebensmittel so verwahren, daß Ameisen oder Mäuse nicht herankommen.

☐ Fast überall gibt es Personal, das für ein geringes Entgelt die Wäschepflege übernimmt.

- In der kalten Jahreszeit ist es durchaus üblich, sich in der Küche einen Eimer warmes Wasser zu bestellen, wenn es im Bad keine Warmwasserversorgung gibt.
- Wenn in der heißen Jahreszeit weder Klimaanlage noch Ventilator laufen und man vor Hitze nicht schlafen kann, empfielt sich die Verwendung von nassen Handtüchern oder das Durchfeuchten der Kleidungsstücke, die man am Körper trägt (Verdunstungskälte).
- Viele Rasthäuser verfügen über Moskitonetze, falls nicht, können sie fast in jeder Ortschaft gekauft werden. Wer viel in abgelegenen Regionen unterwegs ist, sollte ein klein zusammenlegbares Moskitonetz mitbringen. Fehlende Aufhängevorrichtungen für Moskitonetze können durch quer durchs Zimmer gespannte Bindfäden ersetzt werden.
- In abgelegenen Rasthäusern ohne Stromversorgung ist das Mitführen von kleinen Solarladegeräten für das Aufladen von Akkus sehr nützlich.

Verpflegung

Größeren Rasthäusern ist oft ein Restaurant angeschlossen. Man sollte sich erkundigen, ob eine Vorbestellung von Mahlzeiten erforderlich ist. Es ist durchaus üblich, im voraus Absprachen über die Zubereitung des Essens zu treffen. Auch die Inder selbst haben in vielen Fällen Sonderwünsche.

In kleinen, abgelegenen Rasthäusern müssen Besucher oft eigene Lebensmittel mitbringen. In diesen Fällen muß man sich vorher erkundigen, ob eine Kücheneinrichtung und ein Koch vorhanden sind. Sofern überhaupt Personal zum Rasthaus gehört, ist in der Regel auch ein Koch darunter (Bezahlung absprechen).

Folgende Einkaufsliste soll Anhaltspunkte geben, welche Artikel im letzten Dorf unter Umständen noch gekauft werden müssen:
Kerzen, Streichhölzer;
Petroleum oder Kerosin;
Mehl, Reis, Linsen;
Speiseöl, Butter/Butterfett;
Tee, Kaffee, Zucker, Milchpulver;
Kartoffeln, Zwiebeln, Knoblauch;
Gemüse der Saison, Ingwer;
Salz, diverse Gewürze;
Limonen, Obst;
Eier;
Brot, Kekse, Marmelade;
Getränke bzw. Getränkesirup;
Scheuerpulver.

Beim Einkauf sollte man die Mengen großzügig bemessen. Meistens finden sich mehr Leute zum Essen ein, als man vorher ahnt. Wer im Mietwagen anreist, hat in der Regel auch für die Verpflegung des Fahrers mitaufzukommen.

Tierfotografie

In offenen Geländefahrzeugen oder auf dem Rücken von Reitelefanten sind Einbeinstative für den Einsatz von mittleren Teleobjektiven (200–300 mm Brennweite) sehr zu empfehlen. Für Langzeitbeobachtungen (z. B. auf Beobachtungstürmen, in Tarnzelten oder auf parkenden, offenen Fahrzeugen) ist der Einsatz von Dreibeinstativen unverzichtbar. Für das Fotografieren von einzelnen Vögeln sind Teleobjektive mit langen Brennweiten (ab 500 mm) nützlich.

Filmmaterial sollte ausreichend mitgebracht werden, da die Verfügbarkeit bestimmter Fabrikate in Indien auch in Großstädten sehr schwankend ist. In der heißen Jahreszeit muß auf die Kühlhaltung der Filme sehr geachtet werden, da sonst Farbveränderungen auftreten. Falls sich keine andere Lösung anbietet, müssen Fototaschen und Filmvorräte mit nassen Handtüchern gekühlt werden.

Bei guten Lichtverhältnissen ist eine Filmempfindlichkeit ab 50 ASA angebracht. In dichten Wäldern kann hochempfindliches Filmmaterial (ab 200 ASA) das Arbeiten unter schlechten Lichtverhältnissen erleichtern.

Da viele Wildtiere nur in der Dämmerung aktiv sind, sollten die Objektive, die für die Tierfotografie eingesetzt werden, möglichst lichtstark sein. Besonders für die Makro-Fotografie und für die Nachttierfotografie ist die Mitnahme eines Blitzgerätes (besser zwei) ratsam.

Die gesamte Fotoausrüstung muß häufig gesäubert und überprüft werden, um die Funktionsfähigkeit aufrechtzuerhalten. Im feucht-warmen Regenwaldklima können Linsen leicht von Pilzen befallen werden. Deshalb ist dort die regelmäßige Anwendung von Linsenreinigungspapier bzw. -flüssigkeit besonders zu empfehlen. Außerdem ist die Mitnahme eines zusätzlichen Kameragehäuses ratsam.

Verschiedenes

Vor der Reise in abgelegene Gebiete sollte der Reisende sich mit ausreichenden Mengen an indischer Währung und mit Kleingeld eindecken.

In touristisch wenig erschlossenen Naturschutzgebieten wird man gelegentlich Zeuge von Gesetzesübertretungen (z. B. Brennholzschlagen oder Eindringen von Haustieren). Da diese Vorkommnisse meistens einen scheinbar nur geringen Umfang haben, ist man geneigt wegzuschaun. Es hat jedoch durchaus Zweck, sich an die zuständigen Verantwortlichen zu wenden. Beschwerden von Ausländern werden oft sehr ernst genommen und Maßnahmen in die Wege geleitet. Natürlich lassen sich damit nicht Mangel an Brennholz und Viehfutter beheben, doch wird bei allen Beteiligten das Bewußtsein für die geltenden Naturschutzgesetze geschärft.

Man sollte solche Gelegenheiten dafür nutzen, sich die Probleme des Schutzgebiets erläutern zu lassen und Lösungsmöglichkeiten zu diskutieren. Dabei dürfen nicht nur Mängel zur Sprache kommen, sondern es sollte auch eine Anerkennung für die unter schwierigen Bedingungen erreichten Erfolge ausgesprochen werden.

Indische Zoos

In folgenden indischen Städten gibt es Zoos: Ahmedabad, Amreli, Baroda, Bhubaneshwar (Nandan Kanan), Bikaner, Bombay, Chandigarh, Darjeeling, Delhi, Gauhati, Gwalior, Hyderabad, Jaipur, Jodhpur, Junagadh, Kalkutta, Kanpur, Kota, Lucknow, Madras, Mysore, Nagpur, Patna, Pinjore, Poona, Simla, Trichur, Trivandrum, Udaipur.

Dort werden vor allen Dingen die Tiere des Indischen Subkontinents gehalten. Da die Zoos meistens in großen, alten Parkanlagen liegen, finden sich dort auch wildlebende Tiere, insbesondere Vögel der Umgebung ein. Ein Zoobesuch kann daher auch ornithologisch und botanisch interessant sein. Einigen Zoos sind Naturkundemuseen angeschlossen (z. B. Ahmedabad, Trivandrum).

Adressen des WWF (World Wide Fund for Nature) in Indien:

- ↪ Headoffice and North, West & Central Regions Office, 172B-Lodi Estate, New Delhi 110 003;
- ↪ Maharashtra & Goa State Office, 2nd Floor, 204, National Insurance Building, Dr.D.N.Road, Fort, Bombay 400 023;
- ↪ Kerala State Office, T.C. No. 5/1725, Kawdiar, Trivandrum 695 003;
- ↪ Andhra Pradesh State Office, 624/1, Road No.10, Banjara Hills, Hyderabad 500 034;
- ↪ Karnataka State Office, „Hamsini" 1, 12th Cross, Rajamahal Vilas Extension, Bangalore 560 080;
- ↪ Gujarat State Office, c/o Jyoti Ltd., 5, Impala House, Vishwas Colony, Baroda 390 005;
- ↪ Eastern Region Office, Tata Centre, 5th Floor, 43 Chowringhee, Calcutta 700 071;
- ↪ Tamil Nadu State Office, No.13, 1st Floor, 11th Street, Nandanam Extension, Madras 600 035.

Anhang

Landkarten

Landkarten werden von dem Survey of India herausgegeben. Ein Katalog des Survey of India gibt Auskunft über die Verfügbarkeit von Karten. Es werden General Maps, State Maps (1:1 Mio.), Guide Maps (Stadtpläne) und topographische Karten (1:250 000 und 1:50 000) angeboten. Topographische Karten für die Grenzgebiete und Küstenregionen gelten als »Restricted«und stehen der Öffentlichkeit nicht zur Verfügung. Die Karten des zweibändigen »National Atlas of India« können auch einzeln gekauft werden. Der Survey of India unterhält folgende Verkaufsbüros:

- ▷ Map Sales Office, Survey of India, Janpath Barracks 'A', Janpath, New Delhi 110 001;
- ▷ Map Record and Issue Office, Survey of India, Dehra Dun 248 001;
- ▷ Southern Circle, Survey of India, 81, Richmond Road, Bangalore 560 027;
- ▷ Eastern Circle, Survey of India, 13, Wood Street, Calcutta 700 016;
- ▷ Map Sales Office, Survey of India, 3–6–561/1, Himayatnagar, Hyderabad 500 029;
- ▷ South Eastern Circle, Survey of India, Lewis Road, Bhubaneshwar 751 014.

Übersichtskarten von Indien sind bei Bartholomew's (1:4 Mio.) oder bei Nelles (1:1,5 Mio.) erschienen und lassen sich über Buchhandlungen in Deutschland beschaffen.

Landkarten von Naturschutzgebieten liegen bei den zuständigen Parkverwaltungen vor und können dort auf persönlichen Wunsch oft eingesehen werden, sind aber nicht käuflich erwerblich. Von manchen Gebieten gibt es bestenfalls Broschüren mit Übersichtsskizzen zu kaufen.

Literaturempfehlungen

ALI, S. & D. RIPLEY (1983): A Pictorial Guide to the Birds of the Indian Subcontinent, Oxford University Press, Delhi & Oxford.

ALI, S. & D. RIPLEY (1984): The Handbook of the Birds of India and Pakistan (Comprehensive Edition or 10 Volumes), Bombay Natural History Society, Bombay.

BAKER, E.C.S. (1922–1930): The Fauna of British India (8 Volumes Birds), London (zweite Auflage des Werks von W.T.Blanford).

BEDI, R. (1984): Indian Wildlife, Brijbasi Printers, Delhi.

BLANFORD, W.T. (1888–1898): The Fauna of British India (13 Volumes), Taylor and Francis, London.

CHAMPION, H.G. & S.K. Seth (1968): Forest Types of India, Manager Govt. Publications, Delhi.

DANIEL, J.C. (1983): The Book of Indian Reptiles, Bombay Natural History Society, Bombay.

GEE, E.P. (1964): The Wildlife of India, Collins, London; in deutscher Übersetzung (1967): Indiens Tierwelt in Gefahr, Albert Müller Verlag, Zürich, Stuttgart, Wien.

HAWKINS, R.E. (1986): Encyclopedia of Indian Natural History, Oxford University Press, Delhi, Bombay, Calcutta & Madras.

HOOKER, J. (1872–1897): The Flora of British India (7 Volumes), Reeve & Co., London.

ISRAEL, S. & T. Sinclair (1987): Insight Guide - Indian Wildlife, Apa Productions, Singapore; in deutscher Übersetzung (1991): Indien-Erlebnis Natur, RV Reise- und Verkehrsverlag, Berlin.

KRISHNAN, M. (1982): The Handbook of India's Wildlife, Maps and Agencies, Madras.

KRISHNAN, M.S. (1982): Geology of India and Burma, CBS Publishers, Delhi.

KURT, F. (1976): Zoo Indien, Silva-Verlag, Zürich.

LACHNER, R. (1973): Indien - Ceylon, Südwest Verlag, München.

MAJUPURIA, T.C. (1986): Wildlife Wealth of India, Tecpress Service, Bangkok.

MAXWELL-LEFROY, H. (1909): Indian Insect Life, Today & Tomorrow's Printers & Publishers, Delhi (Reprint Edition).

MOUNTFORD, G. (1985): Wild India, Collins, London.

PRATER, S.H. (1971): The Book of Indian Animals, Bombay Natural History Society, Bombay.

SESHADRI, B. (1986): India's Wildlife and Wildlife Reserves, Sterling Publishers, Delhi, Bangalore & Jalandhar.

SINGH, R.L. (1989): India - A Regional Geography, National Geographic Society of India, Varanasi.

WADIA, D.N. (1975): Geology of India, Tata McGraw-Hill Publishing Co., Delhi.

WOODCOCK, M. (1980): Collins Handguide to the Birds of the Indian Sub-Continent, Collins, London.

WYNTHER-BLYTH, M.A. (1957): Butterflies of the Indian Region, Today & Tomorrows's Printers & Publishers, Delhi (Reprint Edition).

Wörterbuch
Deutsch / Englisch / Wissenschaftlich

Säugetiere

Asiatischer Halbesel / Asiatic Wild Ass / Equus hemionus
Asiatischer Löwe / Asiatic Lion / Panthera leo
Asiatischer Mufflon / Urial / Ovis orientalis
Arni / Wild Buffalo / Bubalus bubalis
Axishirsch / Cheetal / Axis axis

Barasingha (Zackenhirsch) / Swamp Deer / Cervus duvauceli
Bengalfuchs / Bengal Fox / Vulpes bengalensis
Bengalkatze / Leopard Cat / Felis bengalensis
Bergrhesus / Assamese Macaque / Macaca assamensis
Binturong / Bear Cat / Arctictis binturong
Blauschaf / Bharal / Pseudois nayaur
Borstenkaninchen / Hispid Hare / Caprolagus hispidus
Braunbär / Brown Bear / Ursus arctos
Buntmarder / Yellowthroated Marten / Martes flavigula

Dekkan-Rothund / Dhole / Cuon alpinus
Delphin / Dolphin / Delphinus delphis
Dugong / Dugong / Dugong dugong

Elliots Tupaia / Indian Tree Shrew / Ananthana elliothi

Fischkatze / Fishing Cat / Felis viverrina
Fleckenkantschil / Indian Chevrotain / Tragulus meminna
Fleckenmusang / Common Palm Civet / Paradoxurnus hemaphroditus

Ganges-Delphin / Gangetic Dolphin / Platanista gangetica
Gaur / Gaur / Bos gaurus
Gepard / Cheetah / Acinonyx jubatus
Goldkatze / Golden Cat / Felis temmincki
Goldlangur / Golden Langur / Presbytis geei
Goldschakal / Golden Jackal / Canis aureus
Goldstaubmanguste / Small Indian Mongoose / Herpestes auropunctatus
Goral / Goral / Nemorhaedus goral
Großohriger Pfeifhase / Himalayan Mouse-Hare / Ochotona roylei

Halsstreifen-Manguste / Stripe-necked Mongoose / Herpestes vitticollis
Hanuman-Langur (Hulman) / Common Langur / Presbytis entellus
Himalaya-Wolf / Himalayan Wolf / Canis lupus chanco
Hirschziegenantilope / Blackbuck / Antilope cervicapra
Honigdachs / Ratel / Mellivora capensis
Hulock / Hoolock Gibbon / Hylobates hoolock
Hutaffe / Bonnet Macaque / Macaca radiata

Indische Gazelle / Chinkara / Gazella gazella
Indischer Elefant / Indian Elephant / Elephas maximus
Indischer Fischotter / Smooth Indian Otter / Lutra perspicillata
Indischer Flughund / Indian Flying Fox / Pteroppur giganteus
Indische Sandmaus / Indian Desert Gerbille / Meriones hurrianae
Indischer Wolf / Indian Wolf / Canis lupus pallipes

Kaschmirhirsch / Hangul (Kashmir Stag) / Cervus elaphus
Katzenbär / Red Panda / Ailurus fulgens
Khur / Khur / Equus hemionus khur
Kiang / Kiang / Equus hemionus kiang
Kleine Zibetkatze / Small Indian Civet / Viverricula indica
Königsriesenhörnchen / Indian Giant Squirrel / Ratufa indica
Kragenbär / Himalayan Black Bear / Selenarctos thibetanus

Leopard / Leopard / Panthera pardus
Leierhirsch / Thamin / Cervus eldi
Lippenbär / Sloth Bear / Melursus ursinus
Luchs / Lynx / Felis lynx
Lyra-Fledermaus / Indian False Vampire / Megaderma lyra
Malabar-Zibetkatze / Malabar Civet / Viverra megaspila
Marmorkatze / Marbled Cat / Felis marmorata
Moschustier / Musk Deer / Moschus moschiferus
Mungo / Mongoose / Herpestes edwardsi

Muntjak / Muntjac (Barking Deer) / Muntiacus muntjak
Murmeltier / Marmot / Marmota boback

Nebelparder / Clouded Leopard / Neofelis nebulosa
Nilgaiantilope / Nilgai / Boselaphus tragocamelus
Nilgiri-Langur / Nilgiri Langur / Presbytis johni
Nilgiri-Tahr / Nilgiri Tahr / Hemitragus hylocrius
Nordindischer Hase / Rufous-tailed Hare / Lepus ruficaudatus

Ohrenigel / Long-eared Hedgehog / Hemiechinus auritus

Palmhörnchen / Three-striped Palm Squirrel / Funambulus palmarum
Panzernashorn / Great Onehorned Rhinoceros / Rhinoceros unicornis

Riesenhörnchen / Oriental Giant Squirrel / Ratufa bicolor
Rhesusaffe / Rhesus Macaque / Macaca mulatta
Rohrkatze / Jungle Cat / Felis chaus
Rotfuchs / Red Fox / Vulpes vulpes

Sambarhirsch / Sambar / Cervus unicolor
Schlanklori / Slender Loris / Loris tardigradus
Schneeleopard / Snow Leopard / Panthera unica
Schopflangur / Capped Langur / Presbytis entellus
Schwarznackenhase / Blacknaped Hare / Lepus nigricollis
Schweinshirsch / Hog-Deer / Axis porcinus
Serau / Serow / Capricornis sumatraensis
Sindhase / Desert Hare / Lepus dayanus
Stachelschwein / Porcupine / Hystrix indica
Steinbock / Ibex / Capra ibex
Streifenhyäne / Striped Hyaena / Hyaena hyaena

Taguan / Giant Flying Squirrel / Petaurista petaurista
Takin / Takin / Budorcas taxicolor
Tibetisches Wildschaf / Nayan / Ovis ammon
Tiger / Tiger / Panthera tigris
Travancore-Gleithörnchen / Tranvancore Flying Squirrel / Petinomys fuscocapillus

Vierhornantilope / Fourhorned Antelope / Tetracerus quadricornis
Vorderindisches Schuppentier / Pangolin / Manis crassicaudata

Wanderu / Liontailed Macaque / Macaca silenus
Wildschwein / Wild Boar / Sus scrofa
Wüstenluchs (Karakal) / Caracal / Felis caracal

Zwergfledermaus / Indian Pipistrelle / Pipistrellus coromandra
Zwergwildschwein / Pygmy Hog / Sus salvanius (18)

Vögel

Adlerbussard / Long-legged Buzzard / Buteo rufinus
Alpendohle / Yellow-billed Chough / Pyrrhocorax graculus
Alpenkrähe / Red-billed Chough / Pyrrhocorax pyrrhocorax
Andamanendrongo / Andaman Drongo / Dicrurus andamanensis
Andamanenkauz / Andaman Hawk-Owl / Ninox affinis
Andamanenkuckuck / Andaman Crow-Pheasant / Centropus andamanensis
Andamanenstar / White-headed Myna / Sturnus erythropygius
Andamanentaube / Andaman Wood-Pigeon / Columba palumboides
Argala / Adjutant / Leptoptilos dubius

Bachkiebitz / Indian Spur-winged Plover / Vanellus duvauceli
Bankivahuhn / Red Junglefowl / Gallus gallus
Bartgeier / Bearded Vulture / Gypaetus barbatus
Bartsittich / Red-breasted Parakeet / Psittacula alexandri
Barttrappe / Bengal Florican / Eupodotis bengalensis
Baumfalke / Hobby / Falco subbuteo
Bayaweber / Baya-Weaver / Ploceus philippinus
Bekassine / Common Snipe / Gallinago gallinago
Bengalengeier / White-backed Vulture / Gyps bengalensis
Beo / Hill Myna / Gracula religiosa
Bindenflughuhn / Painted Sandgrouse / Pterocles indicus
Bindenlaufhühnchen / Bustard Quail / Turnix suscilator
Bindenseeadler / Pallas Sea Eagle / Haliaeetus leucoryphus
Bläßhuhn / Coot / Fulica atra
Blaukehlchen / Bluethroat / Luscinia svecica
Blutpirol / Maroon Oriole / Oriolus traillii

Borstenhäherling / Streaked Laughing Thrush / Garrulax lineata
Brachschwalbe / Collared Pratincole / Glareola pratincola
Brahmakauz / Spotted Little Owlet / Athene brama
Brahminenweih / Brahmini Kite / Haliastur indus
Brauenschnäpper / White-browed Blue Flycatcher / Muscicapa superciliaris
Braunbauch-Flughuhn / Chestnut-bellied Sandgrouse / Pterocles exustus
Braunbrust-Blauschnäpper / Tickell's Blue Flycatcher / Muscicapa tickelliae
Brauner Fischuhu / Brown Fish Owl / Bubo zeylonensis
Braunflügelgurial / Brown-winged Kingfisher / Pelargopsis amauroptera
Braunkopfammer / Red-headed Bunting / Emberiza brunuceps
Braunkopf-Bartvogel / Large Green Barbet / Megalaima zeylanica
Braunliest / White-breasted Kingfisher / Halcyon smyrnensis
Braunmaina / Jungle Myna / Acridotheres fuscus
Braunschielerschwalbe / Indian Cliff Swallow / Hirundo daurica
Braunsichler / Glossy Ibis / Plegadis falcinellus
Braunwangenscharbe / Indian Shag / Phalacrocorax fuscicollis
Buntstorch / Painted Stork / Ibis leucocephalus

Cistensänger / Fan-tailed Cisticola / Cisticola juncidis
Chukarsteinhuhn / Chukar Patridge / Alectoris chukar

Dajaldrossel / Magpie-Robin / Copsychus saularis
Damadrossel / Orange-headed Ground Thrush / Zoothera citrina
Däumlingsnektarvogel / Small Sunbird / Nectarinia minima
Devalerche / Sykes's Crested Lark / Galerida deva
Dickschnabelkrähe / Jungle Crow / Corvus macrorhynchos
Doppelhornvogel / Great Hornbill / Buceros bicornis
Dreifarbenweih / Black-crested Baza / Aviceda leuphotes
Dschungeldrossling / Jungle Babbler / Turdoides striatus
Dschungelfischer / Three-toed Kingfisher / Ceyx erithacus
Dschungelkauz / Jungle Owlet / Glaucidium radiatum
Dünnschnabelgeier / Long-billed Vulture / Gyps indicus

Eisvogel / Kingfisher / Alcedo atthis
Elsterstar / Pied Myna / Sturnus contra
Erddrossel / White's Thrush / Zoothera dauma

Fahlbauch-Paradiesschnäpper / Asian Paradise-Flycatcher / Tersiphone paradisi
Falkenkauz / Brown Hawk Owl / Ninox scutulata
Feldlerche / Skylark / Alauda arvensis
Fischadler / Osprey / Pandion haliaetus
Fischmöwe / Great Black-headed Gull / Larus ichthyaetus
Flaggendrongo / Greater Racked-tailed Drongo / Dicrurus paradiseus
Flaggentrappe / Lesser Florican / Eupodotis indica
Flamingo / Greater Flamingo / Phoenicopterus roseus
Fleckschnabelente / Spott-billed Duck / Anas poecilorhyncha
Flußregenpfeifer / Little Ringed Plover / Charadrius dubius
Flußuferläufer / Common Sandpiper / Actitis hypoleucos
Flußwasseramsel / Brown Dipper / Cinclus pallasii
Frankolinwachtel / Jungle Bush-Quail / Perdicula asiatica
Frühlingspapageichen / Indian Lorikeet / Loriculus vernalis

Gangesbrillenvogel / Oriental White-Eye / Zosterops palpebrosa
Gänsegeier / Griffon Vulture / Gyps vulvus
Gänsesäger / Goosander / Mergus merganser
Gebirgsstelze / Grey Wagtail / Motacilla cinerea
Gelbbauchhäherling / Yellow-throated Laughing Thrush / Garrulax galbanus
Gelbfußtaube / Yellow-legged Green Pigeon / Treron phoenicoptera
Gelbschwanz-Glanzfasan / Monal / Lophophorus impejanus
Glanzkrähe / House Crow / Corvus splendens
Gleitaar / Black-winged Kite / Elanus caeruleus
Goldbrustbülbül / Black-headed Yellow Bulbul / Pycnonotus melanicterus
Goldkopf-Cistensänger / Golden-headed Cisticola / Cisticola exilis
Goldregenpfeifer / Golden Plover / Pluvialis apricaria
Goldschnepfe / Painted Snipe / Rostratula benghalensis
Goldstirn-Blattvogel / Golden-fronted Leafbird / Cloropsis aurifrons
Graugans / Greylag Goose / Anser anser
Graufischer / Pied Kingfisher / Ceryle rudis

Graukopfkiebitz / Grey-headed Lapwing / Vanellus cinereus
Graukopf-Seeadler / Grey-headed Fishing Fagle / Ichthyophaga ichthyaetus
Graupelikan / Spott-billed Pelican / Pelecanus philippensis
Graureiher / Grey Heron / Ardea cinera
Grauscheitellerche / Ashy-crowned Finch Lark / Eremopterix grisea
Grauschmätzer / Grey Bushchat / Saxicola ferrea
Grauwangenschnäpper / Brooks's Flycatcher / Muscicapa poliogenys
Großer Alexandersittich / Alexander Parakeet / Psittacula eupatria
Großer Brachvogel / Eurasian Curlew / Numenius arquata
Großschnabelweber / Finn's Weaver / Ploceus megarhynchus
Grünbartvogel / Small Green Barbet / Megalaima viridis
Gurial / Stork-billed Kingfisher / Pelargopsis capensis

Haarbuschdrongo / Spangled Drongo / Dicrurus hottentottus
Habicht / Goshawk / Accipiter gentilis
Habichtsadler / Bonelli's Eagle / Hieraaetus fasciatus
Halsbandeule / Collared Scops Owl / Otus bakkamoena
Halsbandfrankolin / Black Partridge / Francolinus francolinus
Halsbandliest / White-collared Kingfisher / Halcyon chloris
Haubenadler / Crested Hawk Eagle / Spizaetus cirrhatus
Hausrotschwanz / Black Redstart / Phoenicurus ochruvos
Haussperling / House Sparrow / Passer domesticus
Heckenkuckuck / Crow-Pheasant / Centropus sinensis
Himalaya-Königshuhn / Himalayan Snowcock / Tetraogallus himalayensis
Himalaya-Laubsänger / Tickell's Leaf Warbler / Phylloscopus affinis
Himalaya-Fischuhu / Tawny Fish Owl / Bubo flavipes
Hindublatthühnchen / Bronze-winged Jacana / Metopidius indicus
Hindunachtschwalbe / Indian Nightjar / Caprimulgus asiaticus
Hinduracke / Indian Roller / Coracias benghalensis
Hindutrappe / Great Indian Bustard / Ardeotis nigriceps
Hirtenmaina / Common Myna / Acridotheres tritis
Höckerglanzente / Comb Duck / Sarkidiornis melanotus
Horsfield-Pfeifdrossel / Malabar Whistling Thrush / Myophonus horsfieldii
Horsfieldsäbler / Slaty-headed Scimitar Warbler / Pomatorhinus horsfieldii

Ibisschnabel / Ibisbill / Ibidorhyncha struthersii
Isabellschmätzer / Isabelline Wheatear / Oenanthe isabellina

Jakobinerkuckuck / Pied Cuckoo / Clamator jacobinus
Javapfeifgans / Lesser Whistling Teal / Dendrocyna javanica
Jungfernkranich / Demoiselle Crane / Anthropoides virgo

Kaiseradler / Imperial Eagle / Aquila heliaca
Kahlkopfgeier / Indian Black Vulture / Sarcogyps calvus
Kalijs-Fasan / Kalij Pheasant / Lophura leucomelana
Kampfläufer / Ruff (m), Reeve (f) / Philomachus pugnax
Kappenliest / Black-capped Kingfisher / Halcyon pileata
Kappenpitta / Hooded Pitta / Pitta sordida
Karmingimpel / Common Rose Finch / Erythrina erythrina
Keilschwanztoko / Grey Hornbill / Tockus birostris
Klappergrasmücke / Lesser Whitethroat / Sylvia curruca
Kleiner Alexandersittich / Rose-ringed Parakeet / Psittacula krameri
Koel / Koel / Eudynamis scolopacea
Königsdrongo / Black Drongo / Dicrurus macrocerus
Königsmeise / Yellow-cheeked Tit / Machlolophus spilonotus
Kokil / Large Green-billed Malkoha / Rhopodytes tristis
Koklasfasan / Koklas Pheasant / Pucrasia macrolopha
Kolbenente / Red-crested Pochard / Netta rufina
Kormoran / Black Cormorant / Phalacrocorax carbo
Kornweihe / Hen Herrier / Circus cyaneus
Koromandeluhu / Dusky Horned Owl / Bubo coromandus
Koromandelrennvogel / Indian Courser / Cursorius coromandelicus
Krabbentriel / Great Stone Curlew / Burhinus recurvirostris
Kragentrappe / Houbara Bustard / Chlamydotis undulata
Kranich / Common Crane / Grus grus
Kronenmeise / Black-lored Tit / Machlolophus xanthogenys
Kuhreiher / Cattle Egret / Bubulcus ibis
Kupferschmied / Coppersmith / Megalaima haemacephala

Lachseeschwalbe / Gull-billed Tern / Gelochelidon nilotica
Laggarfalke / Laggar Falcon / Falco jugger

Lannerfalke / Lanner Falcon / Falco biarmicus
Langschwanz-Mennigvogel / Long-tailed Minivet / Pericrocotus etholo-
gus
Löffelente / Northern Shoveler / Anas clypeata
Löffelstrandläufer / Spoon-billed Sandpiper / Ereunetes pygmeus
Löffler / White Spoonbill / Platalea leucorodia

Malabarhornvogel / Indian Pied Hornbill / Anthracoceros coronatus
Malabarfasänchen / White-throated Munia / Lonchura malabarica
Malabarkiebitz / Yellow-wattled Lapwing / Vanellus malabarica
Malabartoko / Malabar Grey Hornbill / Tockus griseus
Malabartrogon / Malabar Trogon / Harpactes fasciatus
Malaienkauz / Brown Wood Owl / Strix leptogrammica
Malaienpfeifdrossel / Malayan Whistling Thrush / Myophonus robin-
soni
Malaienstorch / Lesser Adjutant Stork / Leptoptilos javanicus
Mangokauz / Mottled Wood-Owl / Strix ocellata
Mauerläufer / Wall Creeper / Tichodroma murina
Meerreiher / Indian Reef Heron / Egretta chistacea
Mittelreiher / Yellow-billed Egret / Egretta intermedia
Mohrenscharbe / Little Cormorant / Phalacrocorax niger
Mohrenschwarzkehlchen / Pied Stonechat / Saxicola caprata
Mongolenregenpfeifer / Mongolian Plover / Charadrius mongolus
Muskatfink / Spotted Munia / Lonchura punctulata

Nachtreiher / Black-crowned Night Heron / Nycticorax nycticorax
Nepaluhu / Forest Eagle-Owl / Bubo nipalensis
Neunfarbenpitta / Indian Pitta / Pitta brachyura
Nonnenkranich / Siberian White Crane / Grus leucogeranus

Ohrenlerche / Shore-Lark / Eremophila alpestris
Orangespecht / Lesser Golden-backed Woodpecker / Dinopium
benghalense

Paddyreiher / Indian Pond Heron / Ardeola grayii
Papageischnabeltaube / Thick-billed Green Pigeon / Treron curvirosta
Perlhalstaube / Spotted Turtle Dove / Streptopelia chinensis
Perlspornhuhn / Painted Spurfowl / Galloperdix lunulata
Pfau / Peafowl / Pavo cristatus
Pfeifente / European Wigeon / Anas penelope
Pflaumenkopfsittich / Blossom-headed Parakeet / Psittacula cyanoce-
phala
Pirol / Golden Oriole / Oriolus oriolus
Purpurhuhn / Purple Swamp Hen / Porphyrio porphyrio
Purpurnektarvogel / Purple Sunbird / Nectarinia asiatica
Purpurreiher / Purple Heron / Ardea purpurea

Raubadler / Tawny Eagle / Aquila rapax
Raubseeschwalbe / Caspian Tern / Sterna caspia
Raubwürger / Grey Shrike / Lanius excubitor
Rauchschwalbe / Barn Swallow / Hirundo rustica
Regenwachtel / Rain Quail / Coturnix coromandelica
Reiherläufer / Crab Plover / Dromas ardeola
Rennvogel / Cream-coloured Courser / Cursorius cursor
Riesenstorch / Black-necked Stork / Xenorhynchus asiaticus
Rohrweihe / Marsh Harrier / Circus aeruginosus
Rosapelikan / White Pelican / Pelecanus onocrotalus
Rosenstar / Rose-coloured Starling / Sturnus roseus
Rostgans / Ruddy Sheld Duck / Tadorna ferruginea
Rostspecht / Rufous Woodpecker / Micropternus brachyurus
Rotbauchtimalie / Rufous-bellied Babbler / Dumetia hyperythra
Rotes Spornhuhn / Red Spurfowl / Galloperdix spadicea
Rotfußfalke / Red-footed Falcon / Falco vespertinus
Rotkopftrogon / Red-headed Trogon / Harpactes erythrocephalus
Rotlappenkiebitz / Red-wattled Lapwing / Vanellus indicus
Rotnacken-Laufhühnchen / Yellow-legged Button Quail / Turnix tanki
Rotohrbülbül / Red-whiskered Bulbul / Pycnonotus jocosus
Rotschenkel / Redshank / Tringa totanus
Rotschnabel-Fluchtvogel / Black Bulbul / Hypsipetes leucocephalus
Rotschwanzlerche / Rufous-tailed Finch Lark / Ammomanes phoeni-
curus
Rotstirn-Schneidervogel / Tailor Bird / Orthotomus sutorius
Russbülbül / Red-vented Bulbul / Pycnonotus cafer

Säbelschnäbler / Avocet / Recurviostra avosetta
Sandbrachschwalbe / Small Indian Pratincole / Glareola lactea

Sandflughuhn / Imperial Sandgrouse / Pterocles orientalis
Saruskranich / Sarus Crane / Grus antigone
Schachwürger / Rufous-backed Shrike / Lanius schach
Schamadrossel / Shama / Copsychus malabaricus
Scharlachmennigvogel / Scarlet Minivet / Pericrocotus flammeus
Schelladler / Greater Spotted Eagle / Aquila clanga
Schikra / Shikra / Accipiter badius
Schlangenadler / Short-toed Eagle / Circaetus gallicus
Schlangenhalsvogel / Asian Darter / Anhinga melanogaster
Schlangenweihe / Crested Serpent Eagle / Spilornis cheela
Schleiereule / Barn Owl / Tyto alba
Schmutzgeier / Scavenger Vulture / Neophron pernopterus
Schnatterente / Gadwall / Anas strepera
Schneeammer / Snow Finch / Plectrophenax nivalis
Schreiadler / Lesser Spotted Eagle / Aquila pomerina
Schwarzflügelaegithina / Common Iora / Aegithina tiphia
Schwarzgenickschnäpper / Black-naped Flycatcher / Hypothymis
azurea
Schwarzhalsibis / Oriental Ibis / Threskiornis melanocephala
Schwarzhalskranich / Black-necked Crane / Grus nigricollis
Schwarzkehlchen / Stonechat / Saxicola torquata
Schwarzkopfpirol / Black-headed Oriole / Oriolus xanthornus
Schwarzkopf-Raupenfänger / Black-headed Cuckoo-Shrike / Coracina
melanoptera
Schwarzmilan / Black Kite / Milvus migrans
Schwarznackenpirol / Black-naped Oriole / Oriolus chinensis
Schwarzstorch / Black Stork / Ciconia nigra
Seeregenpfeifer / Kentish Plover / Charadrius alexandrinus
Seidenreiher / Little Egret / Egretta garzetta
Sichelente / Falcated Teal / Anas falcata
Sichelstrandläufer / Curlew-Sandpiper / Calidris ferruginea
Silberkläffschnabel / Asian Open-bill Stork / Anastomus oscitans
Silberreiher / Great White Egret / Egretta alba
Smaragdspint / Little Green Bee-Eater / Merops orientalis
Sonnerathuhn / Grey Junglefowl / Gallus sonnerati
Spateldrongo / Lesser Racket-tailed Drongo / Dicrurus remifer
Spießente / Pintail / Anas acuta
Spitzschwanz-Bronzemännchen / White-backed Munia / Lonchura
striata
Spornpieper / Paddyfield Pipit / Anthus novaeseelandiae
Steinadler / Golden Eagle / Aquila chrysaetos
Steinlerche / Desert Lark / Ammomanes deserti
Steinortolan / Grey-necked Bunting / Emberiza buchanani
Stelzenläufer / Black-winged Stilt / Himantopus himantopus
Steppenadler / Steppe Eagle / Aquila nipalensis
Steppenschlammläufer / Asiatic Dowitcher / Limnodromus semipal-
matus
Steppenweihe / Pallid Harrier / Circus macrourus
Strauchschmätzer / Indian Robin / Saxicoloides fulicata
Streifenbartvogel / Lineated Barbet / Megalaima lineata
Streifendrossling / Striated Babbler / Argya earlei
Streifengans / Bar-headed Goose / Anser indicus
Strichelkopf-Schilfsteiger / Striated Marsh Warbler / Megalurus
palustris
Stummellerche / Lesser Short-toed Lark / Calandrella rufescens
Sumpffrankolin / Swamp Partridge / Francolinus gularis
Sumpfläufer / Broad-billed Sandpiper / Limicola falcinellus

Tannenhäher / Nutcracker / Nucifraga caryocatactes
Taubensittich / Malabar Parakeet / Psittacula columboides
Teichwasserläufer / Marsh Sandpiper / Tringa stagnatilis
Trauerfischer / Himalayan Pied Kingfisher / Megaceryle lugubris
Triel / Stone Curlew / Burhinus oedicnemus
Trillerkauz / Cuckoo Owlet / Glaucidium cuculoides
Tropfenfrankolin / Painted Partridge / Francolinus pictus
Türkis-Irene / Fairy Bluebird / Irena puella
Turmfalke / Kestrel / Falco tinnunculus

Ufermaina / Bank Myna / Acridotheres ginginianus
Uhu / Great Eagle-Owl / Bubo bubo

Wanderelster / Indian Tree Pie / Dendrocitta vagabunda
Wanderfalke / Peregrine Falcon / Falco peregrinus
Wachtelfrankolin / Grey Partridge / Francolinus pondicerianus

Waldpieper / Indian Tree Pipit / Anthus hodgsoni
Warzenibis / Black Ibis / Pseudibis papillosa
Wasserfasan / Pheasant-tailed Jacana / Hydrophasianus chirurgus
Wasserrötel / Plumbeous Redstart / Rhyacornis fuliginosus
Wechselkuckuck / Common Hawk Cuckoo / Cuculus varius
Weidensperling / Spanish Sparrow / Passer hispaniolensis
Weißbartseeschwalbe / Whiskered Tern / Chlidonias hybrida
Weißbauch-Baumelster / White-bellied Tree Pie / Dendrocitta leuco-
gastra
Weißbauch-Seeadler / White-bellied Sea Eagle / Haliaeetus leuco-
gaster
Weißbauchspecht / Indian Great Black Woodpecker / Dryocopus
javensis
Weißbauch-Zwerggans / Cotton Teal / Nettapus coromandelianus
Weißbrust-Kielralle / White-breasted Waterhen / Amaurornis phoeni-
curus
Weißbürzelsegler / House Swift / Apus affinis
Weißhaubenhäherling / White-crested Laughing Thrush / Garrulax
leucolophus
Weißkehlfächerschwanz / White-throated Fantail Flycatcher / Rhipi-
dura albicollis
Weißkopfschmätzer / River Chat / Chaimarrornis leucocephalus
Weißohrbülbül / White-cheeked Bulbul / Pycnonotus leucogenys
Weißstirn-Fächerschwanz / White-browed Fantail Flycatcher / Rhipi-
dura aureola
Weißstorch / White Stork / Ciconia ciconia
Weißwangenseeschwalbe / White-cheeked Tern / Sterna repressa
Wespenbussard / Honey Buzzard / Pernis apivorus
Wiedehopf / Hoopoe / Upupa epops
Wiesenweihe / Montagu's Harrier / Circus pygargus
Wollhalsstorch / White-necked Stork / Ciconia episcopus
Wüstenläuferlerche / Hoopoe-Lark / Alaemon alaupipes
Wüstenschmätzer / Desert Wheatear / Oenanthe deserti

Zippammer / Rock Bunting / Emberiza cia
Zitronenstelze / Citrine Wagtail / Motacilla citreola
Zwergadler / Booted Eagle / Hieraaetus pennatus
Zwergdommel / Little Bittern / Ixobrychus minutus
Zwergflamingo / Lesser Flamingo / Phoeniconaias minor
Zwergmennigvogel / Small Minivet / Pericrocotus cinnamomeus
Zwergohreule / Scops Owl / Otus scops
Zwergschnäpper / Red-breasted Flycatcher / Erythrosterna parva
Zwergseeschwalbe / Little Tern / Sterna albifrons
Zwergstrandläufer / Little Stint / Calidris minuta
Zwergtaucher / Little Grebe / Podiceps ruficollis
Zwergwachtel / Blue-breasted Quail / Coturnix chinensis

Reptilien, Amphibien und Fische
Andamanen-Nachtbaumnatter / Andaman Cat Snake / Boiga andamanensis

Bastardschildkröte / Olive Ridley / Lepidochelys olivacea
Baumschnüffler / Green Whip Snake / Ahaetulla nasatus
Bengalenwaran / Indian Monitor / Varanus bengalensis
Bindenwaran / Water Monitor / Varanus salvator

Dhaman / Common Ratsnake / Ptyas mucosus
Diademschildkröte / Brahminy Terrapin / Hardella thurgii
Dornschwanzagame / Spiny-Tailed Lizzard / Uromastyx hardwickii
Dreizehiger Schlangenskink / Snake Skink / Ophiomorus tridactylus

Fischnatter / Checkered Keelback Watersnake / Natrix piscator

Gangesgavial / Gharial / Gavialis gangeticus
Ganges-Weichschildkröte / Ganges Softshell Turtle / Trionyx gangeticus
Gecko / Andaman Emerald Gecko / Phelsuma andamanensa
Gelber Krait / Banded Krait / Bungarus fasciatus
Gewöhnliche Blindschlange / Common Blind Snake / Typhlops brami-
nus
Gewöhnlicher Krait / Common Krait / Bungarus caeruleus
Goldschlange / Golden Tree Snake / Chrysopelea ornata
Grubenotter / Green Pit Viper / Trimeresurus gramineus

Hammerhai / Hammerheaded Shark / Sphyrna mokkaran
Hausgecko / House Gecko / Hemidactylus sp.

Hundskopf-Wassertrugnatter / Dog-Faced Watersnake / Cerberus
rhynchops
Indische Dachschildkröte / Indian Sawback Terrapin / Kachuga tecta
Indische Großschuppenbarbe / Mahseer / Tor musullah
Indische Klappen-Weichschildkröte / Indian Flap-Shell Turtle / Lissemys
punctata
Indischer Blutsauger / Common Garden Lizard / Calotes versicolor
Indischer Flugdrachen / Flying Lizzard / Draco dussumieri
Indischer Ochsenfrosch / Indian Bullfrog / Rana tigrina
Indischer Wasserfrosch / Indian Waterskipper / Rana cyanophlyctis
Indische Sandboa / John's Earth Boa / Eryx johnii
Indisches Chamäleon / Indian Chameleon / Chamaeleon zeylanicus

Kettenviper / Russel's Viper / Vipera russelii
Kobra / Cobra / Naja naja
Königskobra / King Kobra / Ophiophagus hannah
Kröte / Toad / Bufo stomaticus

Leistenkrokodil / Estuarine Crocodile / Crocodylus porosus

Malabar-Ruderfrosch / Malabar Flying Frog / Rhacophorus malabaricus
Meeräsche / Mullet / Mugil cephalus

Panthergecko / Fat-Tailed Gecko / Eublepharis macularis

Sandgecko / Sand Gecko / Chondrodyctalus angulifer
Sandrasselotter / Saw-Scaled Viper / Echis carinatus
Sandrennatter / Condanorous Sandsnake / Psammophis condanarus
Schlammspringer / Mudscipper / Boleopthalmus sp.
Schwarznarbenkröte / Common Indian Toad / Bufo melanosticus
Seeschlange / Schneider's Smooth Watersnake / Enhydris enhydris
Skink / Limbless Skink / Barakudia insularis
Skink / Andaman Skink / Mabuya andamanensis
Skink / Brahminy Skink / Mabuya carinata
Sternschildkröte / Starred Tortoise / Testudo elegans
Strahlen-Dreikielschildkröte / Spotted Black Terrapin / Geoclemys ha-
miltonii
Sumpfkrokodil / Marsh Crocodile / Crocodylus palustris
Suppenschildkröte / Green Turtle / Chelonia mydas

Tigerpython / Indian Python / Python molurus

Walhai / Whale Shark / Rhincodon typus
Wasserschlange / Olive Keelback Watersnake / Enhydrina schistosa
Winkelkopfagame / Agama / Gonocephalus subcristatus
Wüstenwaran / Desert Monitor / Varanus griseus

Wirbellose
Augenfalter / Common Palmfly / Elymnias hypermnestra

Blutegel / Leech / Haemadipsa sp.
Bremse / Tabanus Biting Fly / Tabanus sp.

Eulenfalter / Owl Moth / Spiramea rotata

Fleckenfalter / Great Eggfly / Hypolimnas bolina

Garnele / Tiger Prawn / Penaeus monodon
Gespensterkrabbe / Ghost Crab / Ocypoda sp.

Hippoboscide / Hippoboscid Fly / Hippobosca sp.
Hirnkoralle / Brain Coral / Symphyllia nobilis

Igelwurm / Echiurid / Ikedosoma pirotanensis

Kuchenmuschel / Windowpane Oyster / Placuna placenta

Leuchtkäfer / Glowworm / Lampyridae
Lochkoralle / Poritid / Porites minicoiensis

Monarch / Blue Tiger / Danaus limniace

Qualle / Jellyfish / Aurelia solida

Sandlaufkäfer / Tiger Beetle / Cicindela sp.
Schwalbenschwanz / Lime Butterfly / Papilio demoleus
Schwalbenschwanz / Spot Swordtail / Pathysis nomius
Seepferd / Seahorse / Hippocampus kuda
Seestern / Starfish / Asterias sp.
Sternkoralle / Star Coral / Favia favus

Tintenfisch (Kalamar) / Squid / Loligo sp.
Tussahseidenspinner / Tassar Silkworm / Antheraea paphia

Vogelflügelfalter / Common Birdwing / Troides helena

Wildbiene / Wild Honey Bee / Apis sp.
Winkerkrabbe / Fiddler Crab / Uca sp.

Pflanzen
Akelei / Columbine / Aquilegia fragans
Ähriges Tausendblatt / Water-Milfoil / Myriophyllum spicatum
Almend / Belleric Myrobalan / Terminalia bellirica
Almend / Chebulic Myrobalan / Terminalia chebula
Alpenscharte / Saussurea / Saussurea sp.
Anemone / Anemone / Anemone obtusiloba
Aprikosenbaum / Apricot Tree / Prunus armeniaca
Arjunabaum / Arjan Terminalia / Terminalia arjuna
Asanabaum / Asana Tree / Bridelia retusa
Ashokbaum / Asok Tree / Saraca asoca
Aster / Aster / Aster thomsonii

Baelbaum / Bael Tree / Aegle marmelos
Bärenklau / Hogweed / Heracleum pinnatum
Banyanbaum / Banyan Tree / Ficus benghalensis
Ber-Busch / Common Jujube / Zizyphus jujuba
Ber-Baum / Ber / Zizyphus nummularia
Binse / Hard Rush / Juncus glaucus
Birke / Himalayan Silver Birch / Betula utilis
Blaue Blume der Nilgiris / Kurinji / Strobilanthes kunthianum
Breitblättriges Knabenkraut / Marsh Orchid / Dactylorhiza majalis
Brustbeerenbaum / Sebesten Plum / Cordia dichotoma

Champakabaum / Champaka / Michelia champaca

Dattelpflaume / Date Plum / Diospyros montana

Ebenholzbaum / Ebony / Diospyros ebenum
Eiche / Grey Oak / Quercus incana
Einblattorchis / Bog Orchid / Malaxis rheedii
Eisenhut / Aconite / Aconitum heterophyllum
Eisenholzbaum / Iron-Wood Tree / Mesua ferrea
Erbsenstrauch / Pea Shrub / Caragana pygmea
Eukalyptusbaum / Eucalypt / Eucalyptus sp.

Federgras / Feather Grass / Stipa barbata
Feigenkaktus / Prickly Pear / Opuntia dillenii
Feuerkolben / Arisaema / Arisaema costatum
Fingerkraut / Cinquefoil / Potentilla atrosanguinea
Frauenschuh / Lady-Slipper Orchid / Cypripedium himalaicum

Gelbe Waldrebe / Clematis / Clematis tibetana
Gewa / Blinding Tree / Excoecaria agallocha
Gewöhnlicher Froschlöffel / Water Plantain / Alisma plantago
Gewöhnlicher Schwimmfarn / Water Fern / Salvinia natans
Gewöhnliches Hornblatt / ... / Ceratophyllum demersum
Glänzender Storchenschnabel / Crane's Bill / Geranium lucidum
Glanzorchis / Fen Orchid / Liparis viridiflora
Goldbart / Grass / Chrysopogon fulvus
Goran / Goran / Ceriops roxburghiana
Guttibaum / Gamboge Tree / Garcinia tinctoria

Hahnenkamm / Wild Cock's Comb / Celosia argentea
Hakenkopf / ... / Calligonum polygonoides
Heidelbeere / Bilberry / Vaccinium neelgherrense
Himalaya-Edelweiß / Lion's Foot / Leontopodium stracheyi
Hohlnarbe / Orchid / Coelogyne breviscapa
Hundezahngras / Dhub Grass / Cynodon dactylon

Indigokraut / ... / Indigofera enneaphylla
Indische Seekanne / Fringed Water-Lily / Nymphoides indica

Jackfruchtbaum / Jackfruit Tree / Artocarpus heterophyllus
Jambolanapflaume / Jaman / Syzygium cumini

Kaddambaum / Kadam / Anthocephalus cadamba
Kaiserkrone / Imperial Fritillary / Fritillaria imperialis
Kaffee / Wild Coffee / Coffea benghalensis
Kankra / Kankra / Bruguiera gymnorhiza
Kapernstrauch / Caper / Capparis decidua
Kapokbaum / Silk Cotton Tree / Bombax ceiba
Kardamom / Cardamom / Elettaria cardamomum
Kasuarinenbaum / Beefwood / Casuarina equisetifolia

Keora / Keora / Sonneratia apetala
Klebsame / Pittosporum / Pittosporum neelgherrense
Kleines Nixenkraut / Lesser Naiaswort / Najas minor
Knöterich / Knotweed / Polygonum affine
Kokospalme / Coconut Palm / Cocos nucifera
Korallenbaum / Indian Coral Tree / Erythrina indica
Kugeldistel / Globe-Thistle / Echinops cornigerus
Kugelprimel / Primula / Primula denticulata

Lerchensporn / Birthwort / Corydalis diphylla
Liebesgras / Lovegrass / Eragrostis gangetica
Lotus / Lotus / Nelumbo nucifera

Mahuabaum / Indian Butter Tree / Madhuca latifolia
Mangobaum / Mango / Mangifera indica
Mathibaum / Leathery Murdah / Terminalia tomentosa
Maulbeerbaum / White Mulberry / Morus alba
Mesquitebaum / Mesquite / Prosopis juliflora
Mexikanischer Stachelmohn / Prickly Poppy / Argemone mexicana
Mimose / Sensitive Plant / Mimosa pudica
Mohrenhirse / Rosha Grass / Cymbopogon martini

Nelkenwurz / Avens / Sieversia elata
Nipapalme / Nipa Palm / Nipa fruticans

Oscherstrauch (Frucht: Sodomsapfel) / Giant Milkweed / Calotropis procera

Padoukbaum / Indian Kino Tree / Pterocarpus marsupium
Palmyrapalme / Palmyra Palm / Borassus flabellifer
Parkinsonie / Parkinsonia / Parkinsonia aculeata
Pepulbaum / Peepul / Ficus religiosa
Pfahlrohr / Longleaved Reed / Arundo donax
Pfeffer / Pepper / Piper diffusum
Platane / Oriental Plane / Platanus orientalis
Portulak / Purslane / Portulaca oleracea

Rahmapfel / Custard Apple / Annona squamosa
Rattan / Rattan / Calamus rotang
Rauwolfia / Rauwolfia / Rauwolfia serpentina
Reifweide / Violet Willow / Salix daphnoides
Rhabarber / Rhubarb / Rheum spiciforme
Rittersporn / Musk Larkspur / Delphinium brunonianum
Röhrenkassie / Indian Laburnum / Cassia fistula
Rosenapfelbaum / Elephant Apple Tree / Dillenia indica
Rosenholzbaum / Rose-Wood Tree / Dalbergia latifolia
Roßkastanie / Indian Horse Chestnut / Aesculus indica

Safran / Saffron / Crocus sativus
Salbaum / Sal / Shorea robusta
Salbei / Sage / Salvia hians
Salzstrauch / ... / Haloxylon thomsonii
Sanddorn / Seabuckthorn / Hippophae rhamnoides
Sandelholzbaum / Santal / Santalum album
Scheinmohn / Blue Poppy / Meconopsis aculeata
Schlangenhaargurke / ... / Trichosanthes cucumerina
Schönorchis / Orchid / Calanthe angusta
Schraubenbaum / Indian Screw Tree / Helicteres isora
Schraubenvallisnerie / Tape Grass / Vallisneria spiralis
Schwarzer Pfeffer / Black Pepper / Piper nigrum
Schwertlilie / Iris / Iris hookeriana
Seerose / Waterlily / Nymphea stellata
Seifenbaum / Soapnut Tree / Sapindus emarginatus
Sewan-Gras / Sewan Grass / Lasiurus hirsutus
Silbergras / Cogon Grass / Imperata cylindrica
Sissoobaum / Shisham Tree / Dalbergia sissoo
Sonnentau / Sundew / Drosera burmanni
Sporobulusgras / Sporobolus Grass / Sporobolus fertilis
Steineibe / Podocarpus / Podocarpus wallichiana
Strandbeifuß / Wormwood / Artemesia maritima
Stumpfgras / Grass / Apluda mutica
Sumpfdotterblume / Marsh Marigold / Caltha palustris
Sundribaum / Sundri Tree / Heritiera fomes

Teakbaum / Teak / Tectona grandis
Teestrauch / Wild Teaplant / Eurya nitida
Teichlinse / Great Duckweed / Spirodela polyrhiza

Teufelsnessel / Devil Nettle / Laportea crenulata
Thespesiabaum / Portia Tree / Thespesia populnea
Tigergras / Tiger Grass / Thysanolaena maxima
Tigerklaue / Glory Lily / Gloriosa superba
Tränenkiefer / Blue Pine / Pinus griffithii
Trollblume / Globe Flower / Trollius acaulis

Ulme / Elm / Ulmus wallichiana

Venusschuh / Lady-Slipper Orchid / Paphiopedilum druryi
Vetiver-Gras / Vetiver / Vetiveria zizanioides

Wacholder / Juniper / Juniperus betula
Walddattel / Wild Date Palm / Phoenix sylvestris
Walnußbaum / Walnut Tree / Juglans regia
Wanderlöschen / Lantana / Lantana camara
Wasserdost / Eupatorium Weed / Eupatorium triplinerve
Wasserlinse / Duckweed / Lemna sp.
Wasserquirl / Pondweed / Hydrilla verticillata

Weide / Willow / Salix sp.
Weihrauchbaum / Indian Olibanum Tree / Boswellia serrata
Weiß-Tanne / Himalayan Silver Fir / Abies pindrow
Wilde Mohrenhirse / Johnson Grass / Sorghum halepense
Wilder Ingwer / Wild Ginger / Zingiber chrysanthum
Wildrose / Wild Rose / Rosa webbiana
Wildtulpe / Wild Tulip / Tulipa clusiana
Wohlriechender Luftwurzler / Orchid / Aerides odoratum
Wohlriechendes Veilchen / Sweet Violet / Viola odorata
Wolfsmilch / Spurge / Euphorbia neriifolia
Wucherblume / Tansy / Tanacetum sp.

Yamswurzel / Yams / Dioscorea hispida

Zeitlose / Meadow Saffron / Colchicum luteum
Ziegenfußwinde / Morning Glory / Ipomoea pescaprae
Ziest / Woundwort / Stachys sericea
Zimtbaum / Cinnamon / Cinnamomum verum
Zypergras / Galingale / Cyperus arenarius

Englisch / Deutsch

Arten, die keinen deutschen Namen haben, sind hier mit ihrem wissenschaftlichen Artnamen verzeichnet.

Säugetiere

Asiatic Wild Ass / Asiatischer Halbesel
Assamese Macaque / Bergrhesus

Bear Cat / Binturong
Bengal Fox / Bengalfuchs
Bharal / Blauschaf
Blackbuck / Hirschziegenantilope
Blacknaped Hare / Schwarznackenhase
Bonnet Macaque / Hutaffe
Brown Bear / Brown Bear

Capped Langur / Schopflangur
Caracal / Wüstenluchs (Karakal)
Cheetah / Gepard
Cheetal / Axishirsch
Chinkara / Indische Gazelle
Clouded Leopard / Nebelparder
Common Langur / Hanuman-Langur (Hulman)
Common Palm Civet / Fleckenmusang

Desert Hare / Sindhase
Dhole / Dekkan-Rothund

Fishing Cat / Fischkatze
Fourhorned Antelope / Vierhornantilope

Giant Flying Squirrel / Taguan
Golden Cat / Goldkatze
Golden Langur / Goldlangur
Great Onehorned Rhinoceros / Panzernashorn

Hangul (Kashmir Stag) / Kaschmirhirsch
Himalayan Black Bear / Kragenbär
Himalayan Mouse-Hare / Großohriger Pfeifhase
Hispid Hare / Borstenkaninchen
Hog Deer / Schweinshirsch

Ibex / Steinbock
Indian Chevrotain / Fleckenkantschil
Indian Desert Gerbille / Indische Sandmaus
Indian False Vampire / Lyra-Fledermaus
Indian Flying Fox / Indischer Flughund
Indian Giant Squirrel / Königsriesenhörnchen
Indian Pipistrelle / Zwergfledermaus
Indian Tree Shrew / Elliots Tupaia

Jungle Cat / Rohrkatze
Leopard Cat / Bengalkatze
Liontailed Macaque / Wanderu
Long-eared Hedgehog / Ohrenigel
Lynx / Luchs

Malabar Civet / Malabar-Zibetkatze
Marbled Cat / Marmorkatze
Marmot / Murmeltier
Mongoose / Mungo
Musk Deer / Moschustier

Nayan / Tibetisches Wildschaf

Oriental Giant Squirrel / Riesenhörnchen

Pangolin / Vorderindisches Schuppentier
Porcupine / Stachelschwein
Pygmy Hog / Zwergwildschwein

Ratel / Honigdachs
Red Panda / Katzenbär
Rufous-tailed Hare / Nordindischer Hase

Serow / Serau
Slender Loris / Schlanklori
Sloth Bear / Lippenbär
Small Indian Civet / Kleine Zibetkatze
Small Indian Mongoose / Goldstaubmanguste
Smooth Indian Otter / Indischer Fischotter
Stripe-necked Mongoose / Halsstreifen-Manguste
Swamp Deer / Barasingha

Thamin / Leierhirsch
Three-striped Palm Squirrel / Palmhörnchen
Tranvancore Flying Squirrel / Travancore Gleithörnchen

Urial / Asiatischer Mufflon

Wild Boar / Wildschwein
Wild Buffalo / Arni

Yellowthroated Marten / Buntmarder

Vögel

Adjutant / Argala
Alexander Parakeet / Großer Alexandersittich
Andaman Crow-Pheasant / Andamankuckuck
Andaman Hawk-Owl / Andamanenkauz

Andaman Wood-Pigeon / Andamanentaube
Ashy-crowned Finch Lark / Grauscheitellerche
Asian Darter / Schlangenhalsvogel
Asian Open-bill Stork / Silberklaffschnabel
Asian Paradise-Flycatcher / Fahlbauch-Paradiesschnäpper
Asiatic Dowitcher / Steppenschlammläufer
Avocet / Säbelschnäbler

Bank Myna / Ufermaina
Bar-headed Goose / Streifengans
Barn Owl / Schleiereule
Barn Swallow / Rauchschwalbe
Baya-Weaver / Bayaweber
Bearded Vulture / Bartgeier
Bengal Florican / Barttrappe
Black Bulbul / Rotschnabel-Fluchtvogel
Black-capped Kingfisher / Kappenliest
Black Cormorant / Kormoran
Black-crested Baza / Dreifarbenweih
Black-crowned Night Heron / Nachtreiher
Black Drongo / Königsdrongo
Black-headed Cuckoo-Shrike / Schwarzkopf-Raupenfänger
Black-headed Oriole / Schwarzkopfpirol
Black-headed Yellow Bulbul / Goldbrustbülbül
Black Ibis / Warzenibis
Black Kite / Schwarzmilan
Black-lored Tit / Kronenmeise
Black-naped Flycatcher / Schwarzgenickschnäpper
Black-naped Oriole / Schwarznackenpirol
Black-necked Crane / Schwarzhalskranich
Black-necked Stork / Riesenstorch
Black Partridge / Halsbandfrankolin
Black Redstart / Hausrotschwanz
Black-winged Kite / Gleitaar
Black-winged Stilt / Stelzenläufer
Blossom-headed Parakeet / Pflaumenkopfsittich
Blue-breasted Quail / Zwergwachtel
Bluethroat / Blaukehlchen
Bonelli's Eagle / Habichtsadler
Booted Eagle / Zwergadler
Brahmini Kite / Brahminenweih
Broad-billed Sandpiper / Sumpfläufer
Bronze-winged Jacana / Hindublatthühnchen

Brooks's Flycatcher / Grauwangenschnäpper
Brown Dipper / Flußwasseramsel
Brown Fish Owl / Brauner Fischuhu
Brown Hawk Owl / Falkenkauz
Brown-winged Kingfisher / Braunflügelgurial
Brown Wood Owl / Malaienkauz
Bustard Quail / Bindenlaufhühnchen

Caspian Tern / Raubseeschwalbe
Cattle Egret / Kuhreiher
Chestnut-bellied Sandgrouse / Braunbauch-
  Flughuhn
Chukar Patridge / Chukarsteinhuhn
Citrine Wagtail / Zitronenstelze
Collared Pratincole / Brachschwalbe
Collared Scops Owl / Halsbandeule
Comb Duck / Höckerglanzente
Common Hawk Cuckoo / Wechselkuckuck
Common Iora / Schwarzflügelaegithina
Common Myna / Hirtenmaina
Common Rose Finch / Karmingimpel
Common Sandpiper / Flußuferläufer
Common Snipe / Bekassine
Coot / Bläßhuhn
Coppersmith / Kupferschmied
Cotton Teal / Weißbauch-Zwerggans
Crab Plover / Reiherläufer
Cream-coloured Courser / Rennvogel
Crested Hawk Eagle / Haubenadler
Crested Serpent Eagle / Schlangenweihe
Crow-Pheasant / Heckenkuckuck
Cuckoo Owlet / Trillerkauz
Curlew-Sandpiper / Sichelstrandläufer

Dusky Horned Owl / Koromandeluhu
Demoiselle Crane / Jungfernkranich
Desert Lark / Steinlerche
Desert Wheatear / Wüstenschmätzer

Eurasian Curlew / Großer Brachvogel
European Wigeon / Pfeifente

Fan-tailed Cisticola / Cistensänger
Fairy Bluebird / Türkis-Irene
Falcated Teal / Sichelente
Finn's Weaver / Großschnabelweber
Forest Eagle-Owl / Nepaluhu

Gadwall / Schnatterente
Glossy Ibis / Braunsichler
Golden Eagle / Steinadler
Golden-fronted Leafbird / Goldstirn-
  Blattvogel
Golden-headed Cisticola / Goldkopf-
  Cistensänger
Golden Oriole / Pirol
Golden Plover / Goldregenpfeifer
Goosander / Gänsesäger
Goshawk / Habicht
Great Black-headed Gull / Fischmöwe
Great Eagle-Owl / Uhu
Greater Flamingo / Flamingo
Greater Racked-tailed Drongo / Flaggen-
  drongo
Greater Spotted Eagle / Schelladler
Great Hornbill / Doppelhornvogel
Great Indian Bustard / Hindutrappe
Great Stone Curlew / Krabbentriel
Great White Egret / Silberreiher
Grey Bushchat / Grauschmätzer
Grey-headed Fishing Eagle / Graukopf-
  Seeadler
Grey-headed Lapwing / Graukopfkiebitz
Grey Heron / Graureiher
Grey Hornbill / Keilschwanztoko
Grey Junglefowl / Sonnerathuhn
Greylag Goose / Graugans

Grey-necked Bunting / Steinortolan
Grey Partridge / Wachtelfrankolin
Grey Shrike / Raubwürger
Grey Wagtail / Gebirgsstelze
Griffon Vulture / Gänsegeier
Gull-billed Tern / Lachseeschwalbe

Hen Herrier / Kornweihe
Hill Myna / Beo
Himalayan Pied Kingfisher / Trauerfischer
Himalayan Snowcock / Himalaya-Königshuhn
Hobby / Baumfalke
Honey Buzzard / Wespenbussard
Hooded Pitta / Kappenpitta
Hoopoe / Wiedehopf
Hoopoe-Lark / Wüstenläuferlerche
Houbara Bustard / Kragentrappe
House Crow / Glanzkrähe
House Swift / Weißbürzelsegler

Ibisbill/ Ibisschnabel
Imperial Eagle / Kaiseradler
Imperial Sandgrouse / Sandflughuhn
Indian Black Vulture / Kahlkopfgeier
Indian Cliff Swallow / Braunscheitelschwalbe
Indian Courser / Koromandelrennvogel
Indian Great Black Woodpecker / Weißbauch-
  specht
Indian Lorikeet / Frühlingspapageichen
Indian Nightjar / Hindunachtschwalbe
Indian Pied Hornbill / Malabarhornvogel
Indian Pitta / Neunfarbenpitta
Indian Pond Heron / Paddyreiher
Indian Reef Heron / Meerreiher
Indian Robin / Strauchschmätzer
Indian Roller / Hinduracke
Indian Shag / Braunwangenscharbe
Indian Tree Pie / Wanderelster
Indian Tree Pipit / Waldpieper
Isabelline Wheatear / Isabellschmätzer

Jungle Babbler / Dschungeldrossling
Jungle Bush-Quail / Frankolinwachtel
Jungle Crow / Dickschnabelkrähe
Jungle Myna / Braunmaina
Jungle Owlet / Dschungelkauz

Kalij Pheasant / Kalijs-Fasan
Kentish Plover / Seeregenpfeifer
Kestrel / Turmfalke
Kingfisher / Eisvogel
Koklas Pheasant / Koklasfasan

Large Green Barbet / Braunkopf-Bartvogel
Large Green-billed Malkoha / Kokil
Lesser Adjutant Stork / Malaienstorch
Lesser Golden-backed Woodpecker / Orange-
  specht
Lesser Florican / Flaggentrappe
Lesser Racket-tailed Drongo / Spateldrongo
Lesser Short-toed Lark / Stummellerche
Lesser Spotted Eagle / Schreiadler
Lesser Whistling Teal / Javapfeifgans
Lesser Whitethroat / Klappergrasmücke
Lineated Barbet / Streifenbartvogel
Little Bittern / Zwergdommel
Little Cormorant / Mohrenscharbe
Little Egret / Seidenreiher
Little Grebe / Zwergtaucher
Little Green Bee-Eater / Smaragdspint
Little Ringed Plover / Flußregenpfeifer
Little Stint / Zwergstrandläufer
Little Tern / Zwergseeschwalbe
Long-billed Vulture / Dünnschnabelgeier
Long-legged Buzzard / Adlerbussard
Long-tailed Minivet / Langschwanz-Mennig-
  vogel

Magpie-Robin / Dajaldrossel
Malabar Grey Hornbill / Malabartoko
Malabar Parakeet / Taubensittich
Malabar Whistling Thrush / Horsfield-Pfeif-
  drossel
Malayan Whistling Thrush / Malaienpfeif-
  drossel
Maroon Oriole / Blutpirol
Marsh Harrier / Rohrweihe
Marsh Sandpiper / Teichwasserläufer
Monal / Gelbschwanz-Glanzfasan
Mongolian Plover / Mongolenregenpfeifer
Montagu's Harrier / Wiesenweihe
Mottled Wood-Owl / Mangokauz

Northern Shoveler / Löffelente
Nutcracker / Tannenhäher

Orange-headed Ground Thrush / Dama-
  drossel
Oriental Ibis / Schwarzhalsibis
Oriental White-Eye / Gangesbrillenvogel
Osprey / Fischadler

Paddyfield Pipit / Spornpieper
Painted Partridge / Tropfenfrankolin
Painted Sandgrouse / Bindenflughuhn
Painted Snipe / Goldschnepfe
Painted Spurfowl / Perlspornhuhn
Painted Stork / Buntstorch
Pallas Sea Eagle / Bindenseeadler
Pallid Harrier / Steppenweihe
Peafowl / Pfau
Peregrine Falcon / Wanderfalke
Pheasant-tailed Jacana / Wasserfasan
Pied Cuckoo / Jacobinerkuckuck
Pied Kingfisher / Graufischer
Pied Myna / Elsterstar
Pied Stonechat / Mohrenschwarzkehlchen
Pintail / Spießente
Plumbeous Redstart / Wasserrötel
Purple Heron / Purpurreiher
Purple Sunbird / Purpurnektarvogel
Purple Swamp Hen / Purpurhuhn

Rain Quail / Regenwachtel
Red-billed Chough / Alpenkrähe
Red-breasted Flycatcher / Zwergschnäpper
Red-breasted Parakeet / Bartsittich
Red-crested Pochard / Kolbenente
Red-footed Falcon / Rotfußfalke
Red-headed Bunting / Braunkopfammer
Red-headed Trogon / Rotkopftrogon
Red Junglefowl / Bankivahuhn
Redshank / Rotschenkel
Red Spurfowl / Rotes Spornhuhn
Red-vented Bulbul / Russbülbül
Red-wattled Lapwing / Rotlappenkiebitz
Red-whiskered Bulbul / Rotohrbülbül
River Chat / Weißkopfschmätzer
Rock Bunting / Zippammer
Rose-coloured Starling / Rosenstar
Rose-ringed Parakeet / Kleiner Alexander-
  sittich
Ruddy Sheld Duck / Rostgans
Ruff(m), Reeve(f) / Kampfläufer
Rufous-backed Shrike / Schachwürger
Rufous-bellied Babbler / Rotbauchtimalie
Rufous-tailed Finch Lark / Rotschwanzlerche
Rufous Woodpecker / Rostspecht

Scarlet Minivet / Scharlachmennigvogel
Scavenger Vulture / Schmutzgeier
Scops Owl / Zwergohreule
Shore-Lark / Ohrenlerche
Siberian White Crane / Nonnenkranich
Shama / Schamadrossel

Short-toed Eagle / Schlangenadler
Skylark / Feldlerche
Slaty-headed Scimitar Warbler / Hors-
fieldsäbler
Small Green Barbet / Grünbartvogel
Small Indian Pratincole / Sandbrachschwalbe
Small Minivet / Zwergmennigvogel
Small Sunbird / Däumlingsnektarvogel
Snow Finch / Schneeammer
Spangled Drongo / Haarbuschdrongo
Spanish Sparrow / Weidensperling
Spott-billed Duck / Fleckschnabelente
Spott-billed Pelican / Graupelikan
Spoon-billed Sandpiper / Löffelstrandläufer
Spotted Little Owlet / Brahmakauz
Spotted Munia / Muskatfink
Spotted Turtle Dove / Perlhalstaube
Steppe Eagle / Steppenadler
Stonechat / Schwarzkehlchen
Stone Curlew / Triel
Stork-billed Kingfisher / Gurial
Streaked Laughing Thrush / Borstenhäher-
ling
Striated Babbler / Streifendrossling
Striated Heron / Mangrovenreiher
Striated Marsh Warbler / Strichelkopf-
Schilfsteiger
Swamp Partridge / Sumpffrankolin
Sykes's Crested Lark / Devalerche

Tailor Bird / Rotstirn-Schneidervogel
Tawny Eagle / Raubadler
Tawny Fish Owl / Himalaya-Fischuhu
Three-toed Kingfisher / Dschungelfischer
Tickell's Blue Flycatcher / Braunbrust-
Blauschnäpper
Tickell's Leaf Warbler / Himalaya-Laubsänger
Thick-billed Green Pigeon / Papageischnabel-
taube

Wall Creeper / Mauerläufer
Whiskered Tern / Weißbartseeschwalbe
White-backed Munia / Spitzschwanz-
Bronzemännchen
White-backed Vulture / Bengalengeier
White-bellied Sea Eagle / Weißbauch-
Seeadler
White-bellied Tree Pie / Weißbauch-
Baumelster
White-breasted Kingfisher / Braunliest
White-breasted Waterhen / Weißbrust-Kiel-
ralle
White-browed Blue Flycatcher / Brauen-
schnäpper
White-browed Fantail Flycatcher / Weißstirn-
Fächerschwanz
White-cheeked Bulbul / Weißohrbülbül
White-cheeked Tern / Weißwangensee-
schwalbe
White-collared Kingfisher / Halsbandliest
White-crested Laughing Thrush / Weiß-
haubenhäherling
White-headed Myna / Andamananstar
White-necked Stork / Wollhalsstorch
White Pelican / Rosapelikan
White Spoonbill / Löffler
White's Thrush / Erddrossel
White-throated Fantail Flycatcher / Weißkehl-
fächerschwanz
White-throated Munia / Malabarfasänchen

Yellow-billed Chough / Alpendohle
Yellow-billed Egret / Mittelreiher
Yellow-cheeked Tit / Königsmeise
Yellow-legged Button Quail / Rotnacken-Lauf-
hühnchen

Yellow-legged Green Pigeon / Gelbfußtaube
Yellow-throated Laughing Thrush / Gelbbauch-
häherling
Yellow-wattled Lapwing / Malabarkiebitz

Reptilien, Amphibien, Fische und Wirbellose

Agama / Winkelkopfagame
Andaman Cat Snake / Andamanen-Nachtbaumnatter

Banded Krait / Gelber Krait
Baron / Euthalia garuda
Blue Pansey / Precis orithya
Blue Tiger / Danaus limniace
Brahminy Skink / Mabuya carinata
Brahminy Terrapin / Diademschildkröte
Brain Coral / Hirnkoralle

Checkered Keelback Watersnake / Fischnatter
Common Birdwing / Vogelflügelfalter
Common Blind Snake / Gewöhnliche Blind-
schlange
Common Garden Lizard / Indischer Blut-
sauger
Common Indian Toad / Schwarznarbenkröte
Common Palmfly / Augenfalter
Common Ratsnake / Dhaman
Condanorous Sandsnake / Sandrennatter

Desert Monitor / Wüstenwaran
Dog-Faced Watersnake / Hundskopf-Wassertrugnatter

Echiurid / Igelwurm
Estuarine Crocodile / Leistenkrokodil

Fat-Tailed Gecko / Panthergecko
Fiddler Crab / Winkerkrabbe
Flying Lizzard / Indischer Flugdrachen

Ganges Softshell Turtle / Ganges-Weich-
schildkröte
Gharial / Gangesgavial
Ghost Crab / Gespensterkrabbe
Glowworm / Leuchtkäfer
Golden Tree Snake / Goldschlange
Great Eggfly / Fleckenfalter
Green Pit Viper / Grubenotter
Green Turtle / Suppenschildkröte
Green Whip Snake / Baumschnüffler

Indian Bullfrog / Indischer Ochsenfrosch
Indian Flap-Shell Turtle / Indische Klappen-
Weichschildkröte
Indian Monitor / Bengalenwaran
Indian Python / Tigerpython
Indian Sawback Terrapin / Indische Dach-
schildkröte
Indian Waterscipper / Indischer Wasser-
frosch

Jellyfish / Qualle
John's Earth Boa / Indische Sandboa

Leech / Blutegel
Lemon Pansey / Precis lemonias
Limbless Skink / Skink
Lime Butterfly / Schwalbenschwanz

Mahseer / Indische Großschuppenbarbe
Malabar Flying Frog / Malabar-Ruderfrosch
Marsh Crocodile / Sumpfkrokodil
Mudscipper / Schlammspringer
Mullet / Meeräsche

Olive Keelback Watersnake / Wasserschlange
Olive Ridley / Bastardschildkröte

Owl Moth / Eulenfalter

Painted Grasshopper / Poecilocerus pictus
Poritid / Lochkoralle

Russel's Viper / Kettenviper

Saw-Scaled Viper / Sandrasselotter
Schneider's Smooth Watersnake / See-
schlange
Snake Skink / Dreizehiger Schlangen-
skink
Spiny-Tailed Lizzard / Dornschwanzagame
Spot Swordtail / Pathysia nomius
Spotted Black Terrapin / Strahlen-Dreikiel-
schildkröte
Squid / Tintenfisch (Kalamar)
Starfish / Seestern
Starred Tortoise / Sternschildkröte

Tabanus Biting Fly / Bremse
Tassar Silkworm / Tussahseidenspinner
Tiger Beetle / Sandlaufkäfer
Tiger Prawn / Garnele
Toad / Kröte

Water Monitor / Bindenwaran
Wild Honey Bee / Wildbiene
Windowpane Oyster / Kuchenmuschel

Yellow Pansey / Precis hierta

Pflanzen

Aconite / Eisenhut
Almondette Tree / Buchanania lanza
Amoora Tree / Aphanamixis polystachya
Arisaema / Feuerkolben
Arjan Terminalia / Arjunabaum
Asok Tree / Ashokbaum
Avens / Nelkenwurz
Axlewood / Anogeissus latifolia

Babul Tree / Akazie
Beefwood / Kasuarinenbaum
Belleric Myrobalan / Almend
Bell-Flower / Glockenblume
Bilberry / Heidelbeere
Birthwort / Lerchensporn
Blinding Tree / Gewa
Blue Pine / Tränenkiefer
Blue Poppy / Scheinmohn
Bog Orchid / Einblattorchis
Broom Grass / Bartgras

Caper / Kapernstrauch
Chebulic Myrobalan / Almend
Cinnamon / Zimtbaum
Cinquefoil / Fingerkraut
Cogon Grass / Silbergras
Columbine / Akelei
Common Jujube / Ber-Busch
Conessi-Bark Tree / Holarrhena anti-
dysenterica
Crane's Bill / Glänzender Storchen-
schnabel
Custard Apple / Rahmapfel (Sitapal)
Cutch Tree / Akazie
Date Plum / Dattelpflaume
Devil Nettle / Teufelsnessel
Dhaman Tree / Grewie
Dhub Grass / Hundezahngras
Duckweed / Wasserlinse

Ebony / Ebenholzbaum
Elephant Apple Tree / Rosenapfelbaum
Elm / Ulme
Emetic Nut / Xeromphis spinosa
Eupatorium Weed / Wasserdost

Feather Grass / Federgras
Fen Orchid / Glanzorchis
Flame of the Forest / Butea monosperma
Flowering Murdah / Terminalia paniculata

Galingale / Zypergras
Gamboge Tree / Guttibaum
Giant Milkweed (Fruit: Apple of Sodom) / Oscherstrauch
Globe Flower / Trollblume
Glory Lily / Tigerklaue
Great Duckweed / Teichlinse
Grey Oak / Eiche
Gulancha Tinospora / Tinospora cordifolia
Gular Fig / Feigenbaum

Haldu Tree / Adina cordifolia
Hard Rush / Binse
Himalayan Silver Birch / Birke
Himalayan Silver Fir / Weiß-Tanne
Hogweed / Bärenklau
Hydnocarpus Tree / Hydnocarpus laurifolia

Imperial Fritillary / Kaiserkrone
Indian Butter Tree / Mahuabaum
Indian Coral Tree / Korallenbaum
Indian Gooseberry Tree / Emblica officinalis
Indian Horse Chestnut / Roßkastanie
Indian Kino Tree / Padoukbaum
Indian Laburnum / Röhrenkassie
Indian Olibanum Tree / Weihrauchbaum
Indian Sarsaparilla / Hendridemus indicus
Indian Screw Tree / Schraubenbaum
Indian Weeping Tecoma / Tecomella undulata

Jaman / Jambolanapflaume
Johnson Grass / Wilde Mohrenhirse

Kamala Tree / Mallotus philippinensis
Kasai Tree / Pongamia pinnata
Knotweed / Knöterich
Kurinji / Blaue Blume der Nilgiris

Leathery Murdah / Mathibaum
Lesser Naiaswort / Kleines Nixenkraut
Lion's Foot / Himalaya-Edelweiß
Longleaved Reed / Pfahlrohr
Lovegrass / Liebesgras

Macassar Oil Tree / Schleichera oleosa
Meadow Saffron / Zeitlose
Marsh Marigold / Sumpfdotterblume
Marsh Orchid / Breitblättriges Knabenkraut
Morning Glory / Ziegenfußwinde
Musk Larkspur / Rittersporn
Mysore Thorn / Caesalpinia decapetalea

Oriental Plane / Platane
Orobanche / Cistance tubulosa

Pea Shrub / Erbsenstrauch
Peepul / Pepulbaum
Podocarpus / Steineibe
Poplar / Pappel
Portia Tree / Thespesiabaum
Prickly Pear / Feigenkaktus
Prickly Poppy / Mexikanischer Stachelmohn
Pula Tree / Kydia calycina
Purslane / Portulak

Red Cutch Tree / Akazie
Red Grass / Bartgras
Rhubarb / Rhabarber

Rose-Wood Tree / Rosenholzbaum
Rosha Grass / Mohrenhirse

Saffron / Safran
Sage / Salbei
Santal / Sandelholzbaum
Saussurea / Alpenscharte
Seabuckthorn / Sanddorn
Sebesten Plum / Brustbeerenbaum
Sensitive Plant / Mimose
Shisham Tree / Sissoobaum
Silk Cotton Tree / Kapokbaum
Soapnut Tree / Seifenbaum
Spurge / Wolfsmilch
Sundew / Sonnentau
Sweet Violet / Wohlriechendes Veilchen

Tansy / Wucherblume
Tape Grass / Schraubenvallisnerie
Tooth-Brush Tree / Salvadora persica

Ulla Grass / Bartgras

Violet Willow / Reifweide

Water Fern / Gewöhnlicher Schwimmfarn
Waterlily / Seerose
Water-Milfoil / Ähriges Tausendblatt
Water Plantain / Gewöhnlicher Froschlöffel
White Mulberry / Maulbeerbaum
Wild Cock's Comb / Hahnenkamm
Wild Date Palm / Walddattel
Wild Rose / Wildrose
Wild Tulip / Wildtulpe
Willow / Weide
Wormwood / Strandbeifuß
Woundwort / Ziest

Wissenschaftlich / Deutsch

Arten, die keinen deutschen Namen haben, sind hier mit ihrem englischen Namen verzeichnet.

Pflanzen
Abies pindrow / Weiß-Tanne
Acacia catechu / Cutch Tree
Acacia chundra / Red Cutch Tree
Acacia leucophloea / Paniceled Acacia
Acacia nilotica / Babul Tree
Adina cordifolia / Haldu Tree
Aegle marmelos / Baelbaum
Aerides odoratum / Wohlriechender Luftwurzler
Aerva scandens / Knorpelblume
Aesculus indica / Roßkastanie
Alisma plantago / Gewöhnlicher Froschlöffel
Annona squamosa / Rahmapfel
Anogeissus latifolia / Axlewood
Anthocephalus cadamba / Kaddambaum
Aphanamixis polystachya / Amoora Tree
Apluda mutica / Stumpfgras
Argemone mexicana / Mexikanischer Stachelmohn
Arisaema costatum / Feuerkolben
Artemesia maritima / Strandbeifuß
Artocarpus heterophyllus / Jackfruchtbaum
Arundo donax / Pfahlrohr
Avicennia alba / Mangrove
Avicennia officinalis / White Mangrove

Bambusa arundinacea / Thorny Bamboo
Betula utilis / Birke
Bombax ceiba / Kapokbaum
Borassus flabellifer / Palmyrapalme

Boswellia serrata / Weihrauchbaum
Bridelia retusa / Asanabaum
Bruguiera gymnorhiza / Kankra
Buchanania lanza / Almondette Tree
Butea monosperma / Flame of the Forest

Calamus rotang / Rattan (Rotangpalme)
Calanthe angusta / Schönorchis
Calligonum polygonoidis / Hakenkopf
Calotropis procera / Oscherstrauch
Capparis decidua / Kapernstrauch
Caragana pygmea / Erbsenstrauch
Cassia auriculata / Kassie
Cassia fistula / Röhrenkassie
Casuarina equisetifolia / Kasuarinenbaum
Ceratophyllum demersum / Gewöhnliches Hornblatt
Ceriops roxburghiana / Goran
Chrysopogon fulvus / Goldbart
Cinnamomum verum / Zimtbaum
Clematis tibetana / Gelbe Waldrebe
Cocos nucifera / Kokospalme
Coelogyne breviscapa / Hohlnarbe
Coffea benghalensis / Kaffee
Colchicum luteum / Zeitlose
Cordia dichotoma / Brustbeerenbaum
Corydalis diphylla / Lerchensporn
Crocus sativus / Safran
Cymbopogon martini / Mohrenhirse
Cynodon dactylon / Hundezahngras

Cyperus arenarius / Zypergras
Cypripedium himalaicum / Frauenschuh

Dactylorhiza majalis / Breitblättriges Knabenkraut
Dalbergia latifolia / Rosenholzbaum
Dalbergia sissoo / Sissoobaum
Delphinium brunonianum / Rittersporn
Dendrocalamus hamiltonii / Rhino Bamboo
Dendrocalamus strictus / Male Bamboo
Dichanthium annulatum / Bartgras
Dillenia indica / Rosenapfelbaum
Dioscorea hispida / Yamswurzel
Diospyros ebenum / Ebenholzbaum
Diospyros montana / Dattelpflaume

Echinops cornigerus / Kugeldistel
Elettaria cardamomum / Cardamom
Emblica officinalis / Indian Gooseberry Tree
Eragrostis gangetica / Liebesgras
Erythrina indica / Korallenbaum
Eupatorium triplinerve / Wasserdost
Eurya nitida / Teestrauch
Excoecaria agallocha / Gewa

Ficus benghalensis / Banyanbaum
Ficus racemosa / Gular Fig
Ficus religiosa / Pepulbaum
Ficus rumphii / Feigenbaum
Fritillaria imperialis / Kaiserkrone

Garcinia tinctoria / Guttibaum
Gentiana stipitata / Enzian
Geranium lucidum / Gewöhnlicher Storchen-
schnabel
Gloriosa superba / Tigerklaue
Grewia titiaefolia / Grewie

Helicteres isora / Schraubenbaum
Hendridemus indicus / Indian Sarsaparilla
Heteropogon contortus / Bartgras
Heritiera fomes / Sundribaum
Hippophae rhamnoides / Sanddorn
Holarrhena antidysenterica / Conessi Bark
Tree
Hydrilla verticillata / Wasserquirl

Imperata cylindrica / Silbergras
Indigofera enneaphylla / Indigokraut
Ipomoea pescaprae / Ziegenfußwinde

Juniperus betula / Wacholder

Kydia calycina / Pula Tree

Lantana camara / Wandelröschen
Laportea crenulata / Teufelsnessel
Lasiurus hirsutus / Sewan-Gras
Leontopodium stracheyi / Himalaya-Edelweiß
Liparis viridiflora / Glanzorchis

Madhuca latifolia / Mahuabaum
Malaxis rheedii / Einblattorchis
Mallotus philippinensis / Kamala Tree
Mangifera indica / Mangobaum
Meconopsis aculeata / Scheinmohn
Mesua ferrea / Eisenholzbaum
Michelia champaca / Champakabaum

Morus alba / Maulbeerbaum
Myricaria germanica / Tamariske
Myriophyllum spicatum / Ähriges
Tausendblatt

Najas minor / Kleines Nixenkraut
Nelumbo nucifera / Lotus
Nipa fruticans / Nipapalme
Nymphoides indica / Indische Seekanne

Oberonia rufilabris / Orchidee
Opuntia dillenii / Feigenkaktus

Paphiopedilum druryi / Venusschuh
Phoenix sylvestris / Walddattel
Pinus griffithii / Tränenkiefer
Piper diffusum / Pfeffer
Piper nigrum / Schwarzer Pfeffer
Pittosporum neelgherrense / Klebsame
Platanus orientalis / Platane
Podocarpus wallichiana / Steineibe
Polygonum affine / Knöterich
Pongamia pinnata / Kasai Tree
Primula denticulata / Kugelprimel
Prosopis juliflora / Mesquitebaum
Prunus armeniaca / Aprikosenbaum
Pterocarpus marsupium / Padoukbaum

Rheum spiciforme / Rhabarber
Rhizophora mucronata / White Candle Man-
grove
Rhynchostylis retusa / Foxtail Orchid
Rosa webbiana / Wildrose

Salix daphnoides / Reifweide
Salvadora persica / Tooth-Brush Tree
Santalum album / Sandelholzbaum

Salvinia natans / Gewöhnlicher Schwimmfarn
Saraca asoca / Ashokbaum
Schleichera oleosa / Macassar Oil Tree
Shorea robusta / Salbaum
Sieversia elata / Nelkenwurz
Sonneratia apetala / Keora
Sorghum halepense / Wilde Mohrenhirse
Spinifex squarrosa / Water-Pink
Spirodela polyrhiza / Teichlinse
Strobilanthes kunthianum / Blaue Blume der
Nilgiris
Syzygicumini / Jambolanapflaume

Tecomella undulata / Indian Weeping Tecoma
Tectona grandis / Teakbaum
Terminalia arjuna / Arjunabaum
Terminalia bellirica / Belleric Myrobalan
Terminalia chebula / Almend
Terminalia paniculata / Flowering Murdah
Terminalia tomentosa / Mathibaum
Themeda arundinacea / Ulla Grass
Themeda triandra / Bartgras
Thespesia populnea / Thespesiabaum
Thysanolaena maxima / Tigergras
Tinospora cordifolia / Gulancha Tinospora
Trichosanthes cucumerina / Schlangenhaar-
gurke

Vallisneria spiralis / Schraubenvallisnerie
Vanda tesselata / Moon Orchid

Xeromphis spinosa / Emetic Nut
Xylocarpus granatum / Dundulbaum

Zizyphus jujuba / Ber-Busch
Zizyphus nummularia / Ber-Baum

Register

Fett gedruckte Seitenzahlen verweisen auf
Fotos, schräg gedruckte auf Essays (im Text
blau unterlegt).

Tiere

Orts- und Sachregister

Seitenzahlen mit dem Zusatz »ff.« bezeichnen den Beginn eines Hauptreiseziels